中国式现代化
区域创新论

李程骅　著

RESEARCH ON REGIONAL INNOVATION OF
CHINESE MODERNIZATION

当代中国出版社
Contemporary China Publishing House

图书在版编目（CIP）数据

中国式现代化区域创新论 / 李程骅著. -- 北京 : 当代中国出版社, 2024. 9. -- ISBN 978-7-5154-1412-6

Ⅰ. D61

中国国家版本馆 CIP 数据核字第 2024TU7796 号

出 版 人　王　茵
责任编辑　乔镜蜚　闫行骏
责任校对　贾云华　康　莹
印刷监制　刘艳平
封面设计　宋　涛　鲁　娟
出版发行　当代中国出版社
地　　址　北京市地安门西大街旌勇里 8 号
网　　址　http://www. ddzg. net
邮政编码　100009
编 辑 部　（010）66572744
市 场 部　（010）66572281　66572157
印　　刷　中国电影出版社印刷厂
开　　本　710 毫米×1000 毫米　1/16
印　　张　19. 25 印张　1 插页　256 千字
版　　次　2024 年 9 月第 1 版
印　　次　2024 年 9 月第 1 次印刷
定　　价　78. 00 元

目录

CONTENTS

在中国式现代化理论逻辑中推进区域创新

“以中国式现代化全面推进中华民族伟大复兴”，是党的二十大报告确定的中心任务与宏伟目标。中国式现代化是中国共产党领导的社会主义现代化，既有各国现代化的共同特征，更有基于自己国情的中国特色：是人口规模巨大的现代化，是全体人民共同富裕的现代化，是物质文明和精神文明相协调的现代化，是人与自然和谐共生的现代化，是走和平发展道路的现代化。[①] 其本质要求和鲜明特色，决定了推进中国式现代化是一项前无古人的开创性事业、探索性事业。一方面，没有坚实的物质基础，就不可能全面建成社会主义现代化强国，新征程上必须把持续推动高质量发展作为全面建设社会主义现代化国家的首要任务，这是实现中国式现代化任务与目标的根本逻辑；另一方面，中国作为一个发展中的大国，地域辽阔，各地发展阶段不同，决定了我们的现代化之路不可能全体同步，先行区域的高质量发展和现代化探索的示范引领非常重要。因此，在中国式现代化的理论体系和实践要求之下，以高质量的区域创新实践打造现代化的先行地、示范地，进而带动整个国家的现代化，既体现了现代化区域发展与创新的规律，也是从根本上破解区域发展不平衡不充分，有序推进中国式现代化伟大事业的战略选择与实践路径。

---

① 参见习近平：《高举中国特色社会主义伟大旗帜 为全面建设社会主义现代化国家而团结奋斗——在中国共产党第二十次全国代表大会上的报告》，人民出版社2022年版，第21—24页。

一 中国式现代化的理论逻辑与实践要求

中国式现代化是中国共产党百年探索的伟大成果，中国式现代化的实现是中华民族孜孜以求的梦想。从新民主主义革命时期到新中国成立，民族独立、人民解放，为实现现代化创造了根本社会条件。新中国成立后社会主义基本制度的确立，实现了中华民族有史以来最为广泛而深刻的社会变革，建立起独立的比较完整的工业体系和国民经济体系，社会主义革命和建设取得了独创性理论成果和巨大成就，为现代化建设奠定了根本政治前提和宝贵经验、理论准备、物质基础。改革开放和社会主义建设新时期，实行社会主义市场经济体制，我国实现了从生产力相对落后的状况到经济总量跃居世界第二的历史性突破，特别是如期实现了全面建成小康社会的“第一个百年”奋斗目标，为中国式现代化提供了体制保证和物质条件。[①] 进入新时代，我们党创立了习近平新时代中国特色社会主义思想，实现了马克思主义中国化时代化新的飞跃，为中国式现代化提供了根本遵循。在庆祝中国共产党成立 100 周年大会上，习近平总书记明确指出：“我们坚持和发展中国特色社会主义，推动物质文明、政治文明、精神文明、社会文明、生态文明协调发展，创造了中国式现代化新道路，创造了人类文明新形态。”[②] 深刻揭示出中国特色社会主义、中国式现代化新道路、人类文明新形态三者的内在逻辑。党的十八大以来，习近平总书记围绕中国式现代化发表了一系列重要论述，进一步深化对中国式现代化的内涵和本质的认识，概括形成中国式现代化的中国特色、本质要求和重大原则，初步构建中国式现代化的理论体

---

① 参见新华社：《习近平在学习贯彻党的二十大精神研讨班开班式上发表重要讲话强调 正确理解和大力推进中国式现代化》，载新华网，http：//m. news. cn/2023 - 02/07/c_1129345744. htm。

② 习近平：《在庆祝中国共产党成立 100 周年大会上的讲话》，载《求是》2021 年第 14 期。

系，使中国式现代化更加清晰、更加科学、更加可感可行。由习近平总书记概括提出并深入阐释的中国式现代化理论，是对我国社会主义现代化建设长期探索和实践的科学总结，也是对世界现代化理论和实践的重大创新。中国式现代化的五大鲜明特色与九个方面的本质要求，不仅具有基于中国特色社会主义理论的严密逻辑体系，为深入推进中国式现代化提供了至为重要的科学理论基础，也体现了道路自信、理论自信、制度自信与文化自信，特别是理论与实践的相贯通，成为引领中国式现代化伟大事业的行动指南。

思想是行动的先导，理论是实践的指南。中国式现代化从开创到全面推进，都是在党的创新理论科学指引下稳步前行的。在中国式现代化的理论逻辑中，坚持以高质量发展为引领推进伟大的创新实践，需要统筹兼顾、系统谋划、整体推进，正确处理好顶层设计与实践探索、战略与策略、守正与创新、效率与公平、活力与秩序、自立自强与对外开放等一系列重大关系。进行顶层设计，需要深刻洞察世界发展大势，准确把握人民群众的共同愿望，深入探索经济社会发展规律，使制定的规划和政策体系体现时代性、把握规律性、富于创造性，做到远近结合、上下贯通、内容协调。① 可见，推进中国式现代化的创新实践，必须牢牢把握高质量发展是中国式现代化的本质要求，必须完整、准确、全面贯彻新发展理念，始终以创新、协调、绿色、开放、共享的内在统一来把握发展、衡量发展、推动发展，推动经济实现质的有效提升和量的合理增长。要在构建高水平的社会主义市场经济体制、建设现代化产业体系、全面推进乡村振兴、促进区域协调发展、推进高水平对外开放的进程中，不断强化教育、科技、人才是基础性、战略性支撑，才能整体发挥创新驱动战略的引领作用，以“新质生产力”的发展壮大来开辟发展新领域新赛道，不断塑造发展新动能新优势。

---

① 参见习近平：《推进中国式现代化需要处理好若干重大关系》，载《求是》2023年第19期。

以新思想为统领，在中国式现代化的理论逻辑与实践要求下推进高质量发展，必须深刻把握中国式现代化的鲜明特征，针对人口规模巨大、推进共同富裕、人与自然和谐共生的特殊国情，在统筹解决区域发展不平衡不充分的基本矛盾上，体现践行新发展理念、推动经济高质量发展的担当和成效。我国作为一个仍处于发展中的大国，东中西与南北的区域资源禀赋不同、发展阶段不同，整体推进中国式现代化，必须充分遵从区域协调与现代化的规律，统筹推进高质量的区域协调发展与高水平的区域创新，以期通过优势互补、协同发展达到地区间的相对平衡。这是建设社会主义现代化国家、稳步推进中国式现代化道路的战略选择。党的十八大以来，习近平总书记关于区域协调发展的一系列重要论述以及亲自擘画的多个重大区域战略，为我们深刻理解区域协调发展与现代化建设互动互为关系明晰了方向，确定了重点，提供了重要依据与行动指南。“协调既是发展手段又是发展目标，同时还是评价发展的标准和尺度……是发展两点论和重点论的统一……是发展平衡和不平衡的统一……是发展短板和潜力的统一。”① 同时，伴随着以人为核心的新型城镇化战略的快速推进，“我国经济发展的空间结构正在发生深刻变化，中心城市和城市群正在成为承载发展要素的主要空间形式”②。因此，以高质量发展推进中国式现代化区域新实践，我们必须适应新形势，应对新挑战，重构要素与空间配置的形态，探索区域协调发展新思路。

在中国式现代化的进程中推进区域的协调发展、创新发展，在一定程度上决定了我国经济高质量发展的成效。从区域现代化的演进规律、经济增长规律来看，现代化新阶段的区域协调发展，必须依托高质量的现代化经济体系运行，创新是核心动能，空间是创新载体。在这一阶段，以创新带动全要素生产率的提高，经济增长从重速度转向更重质量、质

---

① 习近平：《深入理解新发展理念》，载《求是》2019 年第 10 期。

② 习近平：《推动形成优势互补高质量发展的区域经济布局》，载《求是》2019 年第 24 期。

量与速度并举，尤其是推动创新活动在有机的空间里实现高效融合，则需要更大力度突破行政空间格局制约，使市场在资源配置中起决定性作用和更好发挥政府作用，加快培育出一个个新增长极。以重大生产力布局为抓手，实现区域经济的协调发展，向区域协调要红利，在促进区域融合发展、一体化发展中释放创新动能，就成为根本选择。由此，高质量推进区域协调发展，要在中心城市、城市群主导的新的空间格局下，坚持重点突破与整体推进相结合的思路，构建一体化的高质量发展的动力系统，引导各类要素高效集聚，在总体均衡、分类聚集的空间演化中增强创新动能引领，加快构建高质量发展的动力系统、创新集群，形成以现代化城市群和都市圈主导的创新高地，促进不同等级、不同类型区域间的梯次联动和优势互补，不断提升创新发展、协调发展、绿色发展、开放发展、共享发展的整体成效，以现代化的生产力布局为高质量发展提供空间基础和持续的创新动能支持。

中国式现代化建设的关键是实现高水平科技自立自强，科技创新决定区域与国家的竞争力。伴随着我国城镇化进入“下半场”，区域发展的动能加紧转换。新一轮科技革命和产业变革的深入发展，使得区域的创新发展、高质量发展的动能，更多来自科技创新驱动。科技自立自强直接关系到我国现代化建设的全局，要如期实现建成世界科技强国的伟大目标，高水平的科技自立自强是必由之路、必然选择。“实现高水平科技自立自强，是中国式现代化建设的关键。”[①]“关键核心技术是要不来、买不来、讨不来的。”[②] 新时代的十年，我国科技创新的战略方针和谋划部署不断深化，从党的十八大提出坚持走中国特色社会主义的自主创新道路，到党的十九届五中全会把科技自立自强作为国家战略支撑，再到党的二十大报告把科技自立自强作为我国现代化建设的基础性、战略性支

① 《坚定不移全面深化改革扩大高水平对外开放 在推进中国式现代化建设中走在前列》，载《人民日报》2023 年 4 月 14 日，第 1 版。

② 习近平：《努力成为世界主要科学中心和创新高地》，载《求是》2021 年第 6 期。

撑，体现出坚持创新在我国现代化建设全局中的核心地位的重大方略。因此，坚持创新驱动，构建优势互补的产业空间结构与分工体系，最大限度地释放空间一体化的创新动能，是提升区域发展能级，打造高质量发展动力源，推进中国式现代化区域实践的战略选择。以科技创新为引领在区域一体化的空间中构建现代化产业体系，并在城市群、都市圈空间的重要网络节点上打造产业科技创新的新高地新平台，在数智化场景中形成科学的分工体系，以有效驱动整体的质量效率变革，为区域高质量发展提供源源不断的新动能就成为可行的路径。

坚持以高质量发展推动区域创新，以科技创新驱动质量效率的率先变革，要构建基于科技自立自强、具有自主可控能力的现代化产业体系，强化产业集群、科技集群、创新集群的空间协同，以产业科技创新赋能城市与区域一体化发展的空间。要把促进教育、科技、人才的一体化联动作为提升区域高质量发展新动能新优势的基础性、战略性支撑，为区域发展范式的真正转变提供持续动能。要把握数智能化时代的新机遇，在推进新型工业化的进程中发展壮大“新质生产力”。① 新型城镇化带来的城市群、都市圈一体化高质量发展，促进了生产力布局的集成集约式的优化，并锻造出现代化产业体系的新形态，还将打造超级高质量发展的新增长极。特别是数字经济与实体经济的深度融合，现代服务业与先进制造业的耦合联动，重构了服务业的新体系新空间，推进了产业集群、科技集群与创新集群的融合互动，② 不断生成“新质生产力”，开辟创新发展的新赛道。“新质生产力”与“新兴产业”“未来产业”高度关联，其核心是科技创新发挥主导作用，具有高效能、高质量与自主可控的特征，是推动经济高质量发展、区域能级提升的新竞争力和持久动力。推

---

① 参见《习近平在中共中央政治局第十一次集体学习时强调 加快发展新质生产力 扎实推进高质量发展》，载《人民日报》2024 年 2 月 2 日，第 1 版。

② 参见李程骅：《深入把握我国经济发展空间结构变化 以新思路促进区域协调发展》，载《人民日报》2024 年 2 月 8 日，第 9 版。

动中国式现代化区域创新实践，打造科技创新的核心动力，要提前谋划新兴产业科技创新的空间布局，培育新质生产力高地，以区域创新高地的建设为国家整体的高水平科技自立自强、高质量发展贡献力量。

二 中国式现代化创新实践的省域范例

大国区域发展中的不平衡与不均衡规律，决定了其现代化进程必须让有条件的区域率先突破、发挥引领带动作用，而先行地区的优先发展则有利于实施现代化的全局战略。中国式现代化的国情特征，决定了统筹推进现代化实践，必须全力发挥经济社会发展水平较好地区的带动作用，以现代化的先导区、领先区的率先探路，为全国的现代化实践探索规律、积累经验，并在丰富国家现代化内涵的同时，彰显出国家现代化的协同特色。江苏在国家发展全局中地位重要，经济上一直发挥“挑大梁”“压舱石”的作用。在改革开放的进程中，无论是高水平全面建成小康社会，还是建设社会主义现代化国家，“为全国发展探路”成为中央赋予江苏的使命。江苏肩负着“在社会主义现代化建设上走在前列”的重大使命，锚定现代化建设引领区、示范区的目标，建设现代化经济体系，先行实现经济、社会、生态、治理与人的全面发展的现代化，在推动高质量的区域创新发展上理应以更前站位、更高标准、更大力度展现新担当新作为，成为推进中国式现代化实践的省域范例。①

持续推动区域协调发展、一体化发展，无论是在全面建设小康社会的进程中，还是在现代化建设新阶段，江苏一直起到了引领示范作用。改革开放之后，江苏的区域协调发展战略起步早于全国，起点高于东部其他省份，苏南、苏中、苏北三大板块以及各设区市之间呈现出优势互

① 参见苏群：《以高质量发展推进中国式现代化江苏新实践》，载《群众》（思想理论版）2023 年第 5 期。

补、良性互动、竞相发展的良好态势，区域协调发展水平和发展质量不断提高，整体率先实现了经济结构的高质量转变和人口结构的城市化转型。从农村改革率先突破、乡镇企业异军突起，全省经济实现“由农到工”的历史跨越；从大力发展开放型经济，实现了经济发展“由内到外”的重大转变；从大力转变发展方式、率先发展创新型经济，经济发展开启“由大到强”的转折。正是坚持咬定发展目标不动摇，江苏的经济实力才不断增强。进入新时代，江苏人民沿着习近平总书记亲自擘画的“经济强、百姓富、环境美、社会文明程度高”宏伟蓝图，踔厉奋发、勇挑大梁，高水平全面建成小康社会，走在全国高质量发展前列，蓄积起更加强劲的现代化动能，形成了一系列富有开拓性的创新举措。踏上中国式现代化新征程，江苏锚定“在率先实现社会主义现代化上走在前列”“在推进中国式现代化中走在前、做示范”的使命任务，统筹推进“五位一体”总体布局，协调推进“四个全面”战略布局，完整、准确、全面贯彻新发展理念，牢牢把握高质量发展这个首要任务，在全省上下激发敢为、敢闯、敢干、敢首创的担当作为，奋力推进中国式现代化江苏新实践，谱写“强富美高”新江苏现代化建设新篇章。2022 年，江苏 GDP 达到 12. 29 万亿元，人均地区生产总值达 14. 4 万元，居各省（自治区）之首。[①] 江苏一个省的经济规模和同年全球第十一大经济体巴西、第十三大经济体韩国相当，是我国第一个人均 GDP 突破 2 万美元的省份，超过世界银行制定的高收入国家收入标准，跨过发达国家门槛线。

江苏经济的持续高质量发展、区域创新能力居全国前列，与江苏一直高度重视省域内部发展的差异，坚定不移推进区域优化发展、特色发展、协同发展与一体发展，促进苏南、苏中、苏北三大板块之间的均衡发展战略高度相关。党的十八大以来，江苏按照习近平总书记亲自擘画

---

① 参见江苏省统计局、国家统计局江苏调查总队：《2022 年江苏省国民经济和社会发展统计公报》，2023 年 3 月 3 日发布。

的“强富美高”新江苏建设美好蓝图，围绕“要做好区域互补、跨江融合、南北联动大文章”的新要求，高起点高水平重构省域的重点功能区，高位对接融入长江经济带建设、长三角区域一体化等国家战略，在“一体化”与“高质量”上谱写出新的篇章。在推进省域一体化发展的进程中，聚焦基本公共服务均等化、基础设施通达程度比较均衡、人民基本生活保障水平大体相当的目标，不断优化江苏区域协调发展的总体设计，在协同发展中解决不平衡问题，在现代化高质量发展的维度上整体提升省域能级。稳妥推进新型城镇化，是实现江苏区域协调发展的前提和基础。

2013 年，习近平总书记参加党的十二届全国人大一次会议江苏代表团审议时强调，要积极稳妥推进城镇化，促进大中小城市和小城镇协调发展，做到工业化和城镇化良性互动、城镇化和农业现代化相互协调。2023 年，习近平总书记在参加他所在的十四届全国人大一次会议江苏代表团审议时强调：“必须完整、准确、全面贯彻新发展理念，始终以创新、协调、绿色、开放、共享的内在统一来把握发展、衡量发展、推动发展。”① 牢记嘱托，践行使命，江苏始终将协调发展作为省域现代化建设的根本任务与显著标志，不断塑造中国式现代化江苏新实践的区域发展新格局，在更高层次统筹区域高质量发展，特别是实施扬子江城市群、沿海经济带、徐州淮海经济区中心城市、江淮生态经济区“1＋3”重点功能区战略，全面打破原来的区域梯度划分，率先实现行政区经济向功能区经济的转变。在促进南北均衡发展的实践中，要强化全产业链和产业集群建设的带动效应，以园区共建作为南北区域互动和产业联动的重大载体，创新南北帮扶机制，坚持陆海统筹，打造新的经济增长极，不断彰显城乡区域发展新格局，探索出符合现代化特点和江苏实际的高质量空间组织形态，使省域均衡协调发展水平始终走在全国前列。2022 年

① 《习近平在参加江苏代表团审议时强调 牢牢把握高质量发展这个首要任务》，载《人民日报》2023 年 3 月 6 日，第 1 版。

苏中苏北经济总量占全省比重超43%，苏北五市全部进入全国百强市。2012年苏南与苏北人均地区生产总值比值为2.48∶1，2022年已经下降为1.93∶1，是全国区域差距最小的省份之一。①

作为经济大省，进入现代化建设新阶段的江苏，在国家对外开放和协调发展的大布局中，区位优势凸显、使命责任重大。但是，服务构建新发展格局，江苏面临高质量发展的新挑战也越来越突出，长期伴随的土地供应紧张、能源约束以及人才资本等发展要素的制约等问题越来越严峻，特别是在我国城镇化进入“下半场”、区域发展的动力模式发生了根本转变的形势下，经济增长从重速度转向更重质量、质量与速度并举，促进创新活动在有机的空间里实现高效融合，进一步提高全要素生产率，加快培育出一个个新增长极，就需要更大力度的改革来突破行政空间格局制约和要素充分流动的障碍，从而使市场在资源配置中起决定性作用和更好发挥政府作用，在省域加快实现各板块由平面化竞争、单向度的协作向立体式合作、多向度的协调协同转变，推进空间重组、强强联合，动能交换、优势互借，相互赋能、共同发展，不断增强江苏发展空间新动力和国际综合竞争力。鉴于我国经济发展的空间结构正在发生深刻变化，现代化逐步达到较高水平、进入向上攀高的关键突破期，江苏在区域现代化上的先行探路，无疑应更多体现在核心引擎的打造和深层次障碍壁垒的突破上。2022年，江苏常住人口城镇化率达74.4%，居全国各省（区）第二，高于全国平均水平9.2个百分点，进入相对稳定的高级阶段。② 总体来看，江苏的区域协调发展已进入城市群、都市圈主导的一体化融合发展的新阶段，要适应以区域竞争式发展为主向区域协同式发展为主的战略性转变，必须科学规划创新主导的集群单元，重塑江苏区

---

① 2022年5月23日，江苏省人民政府新闻办公室举行“奋进新江苏 建功新时代”经济发展专场发布会，参见《新华日报》2022年5月24日，第3版。

② 参见《2022年江苏省国民经济和社会发展统计公报》，载《新华日报》2023年3月3日，第6版。

域发展的动力机制，培育和打造区域高质量发展引擎：一方面，要加快各领域制度改革联动，进一步优化区域发展战略，加大省级层面的统筹力度，坚持内外协同、大小协同、软硬协同，南北协同、东西协同，充分释放出一体化高质量发展的时间红利与空间红利；另一方面，要把准新技术革命带来的区域增长方式变革的风口，发挥有为政府与有效市场的双重优势，让实体经济和虚拟空间在新的产业平台、创新平台上实现充分融合和集聚生成，不断发展壮大新质生产力，从而在城市群、都市圈的新空间结构中，做强做优现代化产业体系和特色性产业集群，进一步提升区域一体化下的分工合作体系的效能效率，不断释放协同发展、一体化发展的强劲合力。

发达国家走过的区域专业化发展之路及产业分工演进历程表明，现代经济的规模和效率，完全得益于社会分工的形成和协作的深化。区域分工的形成和深化，是现代化国家内部从初期的非均衡发展到更高级发展阶段的普遍规律。中国式现代化不是西方现代化的“翻版”，但也要遵循工业化、城镇化驱动现代化的一般规律。新中国成立后，我们实施赶超型的现代化战略，[①] 从非均衡发展到协调发展的区域战略，是一直奉行的“国策”。进入现代化新阶段，解决区域发展的不平衡不充分问题，必须对照中国式现代化的鲜明特色与本质要求，协同推进区域一体化高质量发展，要注重通过发展方式的转变和主动优化区域定位来实现国家、大区域以及省域的协调发展，这是区域协调发展战略与政策的重要功能。在这一阶段，不同区域要基于差异化区位特征和比较优势，培育发展与自身相适应的产业门类及产业集群，加快形成专业性的空间分工，让工业化、城市化和信息化协同推动经济现代化进程。与此同步，随着区域专业化分工走向成熟，区域经济发展步入一体化阶段，各区域在一体化

---

① 参见罗荣渠：《现代化新论——世界与中国的现代化进程》，商务印书馆 2004 年版，第 523 页。

发展中形成融合互补、既分工又合作的新型关系，促进区域协调发展达到新水平。因此，中国式现代化区域战略的推进，要对各区域的产业分工有明确的战略定位与发展要求，目的就是彰显各自的功能特点、产业优势与区域优势，引导支持主导产业、产业链、产业集群的健康发展。伴随着城市群、都市圈一体化硬件建设的空间均值化，经济的再聚集与空间的耦合性更看重软环境、软要素，区域协调发展在更大的空间尺度上配置资源要素，促进创新链、产业链、价值链在区域一体化层面上进行整合，将会释放出更大的规模效应，由此带动区域能级的整体提升。同样，在新的发展阶段，如果没有新的要素被动员出来，潜在的经济增长率就会有下降的趋势。①

江苏践行现代化建设“走在前、做示范”的使命，稳步实现经济质的有效提升与量的合理增长，要在构建国内统一大市场的新形势下，强化科技创新的关键带动作用，让江苏自身的“1＋3”重点功能区建设与长三角区域一体化战略联动推进，以全要素生产率的增长来实现城市群、都市圈与县域的高质量发展的协同提升，为中国式现代化破解发展不平衡不充分提供省域的实践经验。因此，以重大生产力布局为抓手，形成更合理的区域经济布局与一体化的合力，是推进新型城镇化、构筑高质量的城市群与都市圈生长空间的重要途径。② 从省域一体化高质量发展、高质量推进现代化建设和服务长三角区域一体化等国家战略的使命来看，江苏在现代化建设上应对新挑战，破解长期存在的“顽症”，更需要在区域协调发展的新要求和建设现代化产业体系的重点任务下，进一步打破行政隔离，在省级层面上明确重点功能区的战略定位，突出功能区引领的区域协调发展路径和落实举措的创新，以全面提升现代化协调发展整体能级。可见，在现代化轨道上推进区域协调发展、打造现代化强国建

---

① 参见洪银兴：《中国式现代化论纲》，江苏人民出版社 2023 年版，第 15 页。

② 参见樊杰、赵艳楠：《面向现代化的中国区域发展格局：科学内涵与战略重点》，载《经济地理》2021 年第 1 期。

设省域范例，江苏必须更加注重空间、要素与机制的协同对应，通过内部空间的合理布局、功能升级，提升空间的增长效率，形成创新协同的新布局。推进中国式现代化江苏新实践，让高水平保护与高质量发展互动，必须以现代化产业体系建设为基点，优化区域产业分工新格局，完善区域协作共建新机制，在省级层面上制定更精准更易操作的中观和微观的区域产业发展规划，赋予区域内各单元均等的发展机会，不断激发区域协调发展的内生动力，整体提升高质量发展、高品质生活和高效能治理的引领性与示范性，实现在均衡发展的格局中不断缩小并最大限度地消除区域差距。

在推进中国式现代化的进程中，江苏践行“走在前、做示范”的使命，全力打造中国式现代化省域范例，必须坚持把推进区域协调发展、高质量发展作为重要“基座”和根本任务，在把握创新驱动的机理和规律的前提下统筹城乡发展、区域一体化发展，从服务构建新发展格局的高度出发，尊重经济空间布局规律，进一步强化区域和城乡协调均衡发展优势，构筑带动高质量发展的多个增长极。要加快建立与省域一体化发展战略相适应的治理机制，健全生产力空间布局、现代基础设施互联互通、南北发展帮扶合作等体制机制。要坚决扛起国家科技创新格局“第一方阵”使命，聚力打造具有全球影响力的产业科技创新中心。要在科学研究范式的深刻变革和国家战略科技创新体系的重构中，进一步优化省域创新体系布局，强化战略性前沿性科技力量协作。要依托国家级的实验室与科技平台，促进各类创新要素合理流动和高效集聚。要在创新链产业链布局上下好“先手棋”，以跨地域的科技集群、创新集群建设来提升全省创新体系的整体创新效能，推动产业链、创新链、价值链跨区域一体化联动。要以新型基础设施布局的均衡化、一体化建设，着力提升沪宁科技创新带、沪苏通科技集群和环太湖创新集群等创新空间的承载能力，探索出空间资源转化为创新资源的新路径。[①] 要围绕建设具有

① 参见苏群：《牢牢把握“在科技自立自强上走在前”重大任务》，载《群众》2023年第11期。

全球影响力的产业科技创新中心、具有国际竞争力的先进制造业基地、具有世界聚合力的双向开放枢纽的目标与部署，构建安全可靠的现代化产业体系与特色产业集群，重点在扬子江城市群和苏锡常、南京、徐州都市圈的空间网络节点上打造产业科技创新的新高地新平台，在数智化场景中形成科学的分工体系，以有效驱动整体的质量效率变革，为区域的高质量发展提供源源动能。要以“科创 + 金融”的业态重构，促进科技、产业与金融的良性循环。在科技创新驱动现代化产业体系建设、开辟数字经济发展新领域新赛道的新要求下，提升科技投入效能，加强企业主导的产学研深度融合，提高科技成果转化和产业化水平，积极探索金融支持科技创新、产业科技创新支撑金融产业壮大的新路径，加大科技金融、产业金融以及绿色金融发展的综合改革力度，更加高效地促进金融与科创的“双向奔赴”。据中国宏观经济研究院测算，我国未来实现“双碳”目标所需的投资，要在100万亿元以上，这将大大扩展我国绿色金融市场的空间。江苏在长江大保护行动、长三角一体化进程中，要加强对沿江地区、沿海地区的绿色转型发展的战略统领作用，强化发展绿色金融的综合优势，要在生态产品价值实现路径上提供示范，打造“绿色金融枢纽”，构建绿色金融服务体系，在服务实现“双碳”目标中提升金融服务能级。由此，江苏才能在高质量发展的资源环境约束条件下，通过全要素生产率的提高，确保在未来10年保持5%左右的增长率，率先实现人均GDP达到中等发达国家水平的目标。

三 区域现代化：“人文经济学”的价值导向

中国式现代化是一项伟大而艰巨的事业，中国各地（省、市）域的战略定位与发展阶段不同，决定了现代化之路不可能齐步走，先行地区的示范引领非常重要。这是中国特色社会主义制度的制度优势，也是尊重现代化与区域发展规律之使然。江苏先行先试打造省域现代化范例，有基础有条件有担当。邓小平同志早在 1979 年就提出，我们要实现的“四个现代化”是“中国式现代化”，并在 1983 年苏州之行中擘画了未来中国的“小康”蓝图；2009 年，习近平同志指出，“像昆山这样的地方，包括苏州，现代化应该是一个可以去勾画的目标”；2013 年 3 月，习近平总书记在全国两会期间参加江苏代表团审议时，部署江苏“深化产业结构调整、积极稳妥推进城镇化、扎实推进生态文明建设”三项重点任务；2014 年，习近平总书记到江苏视察，擘画了建设“强富美高”新江苏的宏伟蓝图，提出推动“五个迈上新台阶”的重大要求；2017 年，习近平总书记在党的十九大后首次到地方调研就来到江苏，强调了坚守实体经济、坚持创新发展等六个方面重大工作；2020 年，习近平总书记再次亲临江苏视察，着眼新征程，赋予江苏“在改革创新、推动高质量发展上争当表率，在服务全国构建新发展格局上争做示范，在率先实现社会主义现代化上走在前列”光荣使命；2023 年 3 月 5 日，习近平总书记在全国两会的江苏代表团审议中进一步明确江苏“四个走在前”重大任务：在科技自立自强上走在前、在构建新发展格局上走在前、在推进农业现代化上走在前、在强化基层治理和民生保障上走在前；2023 年 7 月，习近平总书记到江苏省苏州市、南京市考察提出江苏要承担起“四个新”的重大任务：在科技创新上取得新突破、在强链补链延链上展现新作为、在建设中华民族现代文明上探索新经验、在推进社会治理现代化上实现新提升；2023 年 12 月，习近平总书记到江苏省盐城市新四军纪念馆考察时进一步强调，紧紧依靠人民，把强国建设、民族复兴伟业不断推向前进；2024 年 3 月 5 日，习近平总书记在参加全国两会江苏代表团审议时强调，要牢牢把握高质量发展这个首要任务，因地制宜发展新质生产力。这些重要讲话和重要指示精神，体现出以习近平同志为核心的党中央对江苏现代化建设始终高度关注、寄予厚望，也表明了江苏在国家现代化建设全局的重要地位与必须承担的重大使命。

从“勾画现代化目标”到现代化建设“走在前列”，江苏始终以区域协调发展的理念与战略部署来推进省域实践。打造现代化建设的省域范例，就是要以中国式现代化的鲜明特征与本质要求为观照，坚持“强富美高”一张蓝图绘到底，统筹兼顾、系统谋划、整体推进，全面落实“四个走在前”“四个新”的重大任务，聚焦在科技创新、强链补链延链、农业现代化、现代文明建设、社会治理、民生保障等重点领域走在前的阶段性目标以及现代化愿景，真抓实干，循序渐进，久久为功，加快建构“人口规模巨大的现代化”“全体人民共同富裕的现代化”“物质文明和精神文明相协调的现代化”“人与自然和谐共生的现代化”的省域场景，进而为“走和平发展道路的现代化”作出江苏贡献，建构展示“人类文明新形态”的重要“窗口”，用地方的先行实践生动展现出中国式现代化的鲜明特色、本质要求、重大原则和实绩成效。在新征程上，江苏以高质量的区域协调发展打造现代化建设的省域范例，必须坚持“以人民为中心”的发展旨归，以实现人民对美好生活的向往为出发点，坚持以人为本的新型城镇化和激活以人口高质量发展为动力源，以促进全体人民共同富裕为着力点，以人与自然和谐共生为至高追求，创新驱动省域高质量发展，在现代化实践中当好示范。这一切实践探索，都是以围绕“人”的现代化来回应中国式现代化的本质要求，为中国式现代化道路融入更鲜亮的“人文底色”，体现出新时代“人文经济学”的真谛，即通过强化以“人”为载体的主体性现代化，以文兴业，以文赋经，以文化人，以全面高质量发展为在新征程上构建中华民族现代文明、创造人类文明形态提供系统性支撑与价值引领。①

以“人文经济学”的理念引领中国式现代化新实践，是对高质量发展中文化和经济互促互进规律的更高认知与把握。2023 年全国两会期间，习近平总书记在参加江苏代表团审议时指出：“上有天堂下有苏杭，苏杭

---

① 参见新华社智库报告：《新时代人文经济学》，载《瞭望》2023 年 12 月第 50 期。

都是在经济发展上走在前列的城市。文化很发达的地方，经济照样走在前面。可以研究一下这里面的人文经济学。”2023 年 7 月，习近平总书记在江苏省苏州市考察时指出：“中华优秀传统文化代代相传，表现出的韧性、耐心、定力，是中华民族精神的一部分。”“我慕名而来，……苏州在传统与现代的结合上做得很好，这里不仅有历史文化的传承，而且有高科技创新和高质量发展，代表未来的发展方向。”从中国式现代化理论体系与实践要求来认知这些重要论述，“人文经济学”理念无疑是马克思主义中国化时代化思想的最新表达，是把马克思主义政治经济学的普遍原理与中国经济社会实践有机融合，建构了以人为核心的文化与经济协调发展的新话语体系，超越了以往的“人文”或“经济学”话语范畴，昭示的是以人为本的中国式现代化的核心准则与价值导向，充分体现出物质文明和精神文明相协调的现代化的中国特色，表明了经济发展中人文价值的先导性以及经济与文化双向转化蕴含的辩证关系，为中国式现代化明确了方向和重点任务。对照中国式现代化的鲜明特色、目标与任务，经济和人文共同繁荣应当成为中国式现代化的重要表征。[①]“观乎天文，以察时变；观乎人文，以化成天下。”中国式现代化扎根中华大地，深化推进中国式现代化区域实践必须准确领悟“人文经济学”的要义，进一步续接中华优秀传统文化根脉，依靠新创造的中华现代文明引领现代化未来的方向，在具体实践中要更加注重传统与现代的结合、文化传承与经济高质量发展的同步，充分发挥科技创新对经济高质量发展的主导作用。可见，在新的文化环境与数字技术广泛应用的背景下，聚力促进人文与经济的融合发展、文化与科技的相互融入，以物质与精神文明的双重依托加快实现人的现代化，是中国式现代化实践的必然选择。以“人文经济学”的理念来观照中国式现代化江苏新实践，要根据人文经济

---

① 参见洪银兴：《经济和人文共同繁荣：人文经济学的真谛》，载《群众》2024 年 1 月第 1 期。

发展新使命新要求，重新修正经济社会的发展目标与一些具体指标，优化现代化发展战略，推动经济与人文的结合，促进文化赋能科技创新、科技与文化的深度融合，更加彰显科技创新与经济高质量发展的人文价值导向。“推动高质量发展，文化是重要支点；满足人民日益增长的美好生活需要，文化是重要因素。”① 高质量发展是对经济社会发展方方面面的总要求，文化和经济双轮驱动，相互赋能，交相辉映，经济高质量发展才会有源头活水，文化高质量发展才会凝聚力量，协同激发创新动力，开辟区域高质量发展的新领域新赛道。在推进现代化建设的进程中，经济高质量发展的目的是促进社会全面发展进步，提升社会文明程度，终极表现是人们追求美好生活的精神归属与自身价值的实现。要始终坚持将科技现代化和中华民族现代文明放在一起去研究、去发力，坚持以人为本、文化赋能经济、经济“活化”文化。要将“两个文明”一体深化实施，持续推进文化与经济相互交融、共进互动、融合发展的良性循环，为省域的现代化发展聚集充足的物质基础和精神力量。因此，构筑“强富美高”现代化新江苏的新场景新样态，必须把“以人为本”作为现代化建设的核心原则与至高追求，把“人文经济强”作为现代化建设的重要指向，坚持在践行文化传承的使命中，以文兴业，以文聚智，以文化经，集聚高端发展要素，优化资源配置效率，不断提升区域创新能力和核心竞争力。

在中国式现代化的理论体系与实践要求下强化“人文经济学”的价值导向，并以此观照苏州与江苏省域的现代化建设，对推进以人为本的中国式现代化具有重要的实践意义。从大历史观与经济社会发展的长周期来看，文化发达的地方能同步做到经济发展也很好是非常不易的，因为文化的厚重与经济发展、科技创新的活力往往存在阶段性的错位，只

---

① 新华社：《习近平：在教育文化卫生体育领域专家代表座谈会上的讲话》，载新华网，http：//www. xinhuanet. com/politics/2020－09/22/c_1126527570. htm。

有把城市与地域文化“活化”、创造性转化，转变为激发经济社会发展的内在驱动力，才能让文化发达与经济发展形成空间耦合，生成创新创造的动能，培育出一种价值共识。

从中国式现代化的特征与本质要求来看，苏州“人文经济学”命题的样本意义，最直接地表现出物质文明和精神文明的相协调，背后的支撑是基于历史文化传承的高科技创新和高质量发展，文化与经济形成互促互动。从历史上看，苏州等江南地区自然基础条件好、自身发展能力强，充溢着“敢为天下先”的开放创新精神，且具有抗风险能力与韧性，这和该地域的人文与经济有机互动、相互涵养直接相关，而起决定性作用的商品经济与江南文化耦合而成的自主创造与开放包容精神。从现实来看，以苏州为代表的苏南及沿江地区，在改革开放的进程中能洞察先机、站在潮头、开拓创新，不断创造发展的奇迹，从乡镇企业的“四千四万”精神，到对外开放与创新转型的“昆山之路”“张家港精神”“园区经验”以及吴江的民营经济领军现象，无不与地域的人文精神，特别是企业家精神高度相关，而这种精神在一定程度上是对江南文化中家国情怀、创造创新精神的传承弘扬。可见，在新阶段把握“人文经济学”命题的核心要义，就是要从历史与现实的相互映照中，突出以文聚力，激活现代化发展更深层、更持久、更稳健的文化力量，清晰展现苏州与苏南环太湖及沿江地区秉持崇文重教、自主发展、开放包容、共同富裕、美美与共的理念与追求，以工匠精神、商业实践与精神风貌所体现的中华民族现代文明特质，为中国式现代化注入深厚的人文精神动能。

江苏践行现代化建设“走在前、做示范”的使命，突出“人文经济学”的价值引领，全力打造中国式现代化的省域范例。一方面，要在传承江南地区人文精神的基础上，进一步弘扬激发扎根本土的企业家文化，以文化和经济的良性互动，强化以高科技创新支撑高质量发展、壮大新质生产力的导向和氛围，加快构建数字化场景中经济和文化双向转化形成高质量发展的动力机制，围绕新质生产力布局产业链，让文化为经济活动与智造产品赋能增值，持续提升城市与区域文化软实力，成为展示“人类文明新形态”的重要“窗口”；另一方面，要在深化推进长三角区域一体化发展的国家战略中，主动顺应城市群、都市圈的产业、科技、文化一体化的趋势与规律，探索在苏南及沿江地区率先打造“人文经济学的样板区”，即以苏州全域为核心样本区，同时将江南文化、长江文化、大运河文化共同哺育的无锡、常州、南通、镇江以及南京、扬州、泰州等城市的沿江地区一体整合，规划建设基于整个沿江地区的“扬子江人文城市群”。这一地区处在江苏“1+3”重点功能区的扬子江城市群空间范围，是长三角地区的核心腹地，既有苏州、无锡、常州、南通与南京等共同托起的“万亿 GDP 城市群”，还有这些城市与 20 多个县区全覆盖的“全国文明城市群”。依托这一区域，在省级以上层面深化重点领域和关键环节的集成改革，进一步强化文化引领、人文聚力、创新带动、绿色转型，大力发展新型文化产业，可以协同打造长三角和国内最令人向往的创业生活之地，让教育、科技、人才资源充分奔涌，人文与经济的有机互动互促，激发创新的发展活力，大幅提高全要素生产率，整体提升社会治理水平，全力促进社会共同富裕，在不断超越自我中“走在前、做示范”，谱写出“汇通江淮之气概，畅达黄海之辽阔”的人文江苏新篇章，为建设“强富美高”的现代化新江苏提供重要的空间与动能支撑。①

遵循中国式现代化的理论逻辑，坚持以“人文经济学”的理念深化推进区域现代化实践，是顺应我国社会主要矛盾的历史性变化、满足人民日益增长的美好生活需要的战略选择，是推动高质量发展的现实要求，是激发科技创新活力的重要路径，是促进全体人民共同富裕的必由之路，是加快提升文化领导力、助力创造人类文明新形态的价值旨归。未来社

① 参见苏群：《领悟“人文经济学”要义 推进新质生产力发展》，载《群众》2024 年 3 月第 5 期。

会必然是超越“物”的追求、人的全面发展的社会，是人与人、人与空间、人与自然环境高度和谐相处的社会。把握“人”这个核心，坚持文化和经济双轮驱动创新发展，让经济夯实现代化的物质基础，把文化作为高质量发展的动力和价值导向，不断丰裕社会发展的人文内涵，进而实现像马克思畅想的未来社会以“新的技术人类生活共同体”来展现文化多样、文明互鉴，并提升社会主义的文化领导力，① 从而让“人文经济学”放射出更耀眼的时代光芒。

在这样的认知与共识中，推动区域现代化的创新实践，构建中国式现代化的重要“窗口”，我们必须全面系统地读懂中国式现代化的“人文经济学”真义，从中国共产党的百年现代化追求、从中国特色社会主义的“四个自信”、从中国式现代化创造人类文明新形态的历史使命等方面，来把握中国式现代化的实践要求与创新路径。要始终坚持以人民为中心的出发点，以人的全面发展和社会的全面进步来回答好现代化建设是为了谁、依靠谁、发展成果如何共享的时代命题。要从中国式现代化的鲜明特征与本质要求，来落实好中国共产党领导的现代化的主体性问题，在实践中处理好党的全面领导与政府有为、市场有效的关系。要从在尊重现代化一般规律的基础上开辟世界现代化新道路的使命高度，表明中国式现代化走的是主动型的中国特色的现代化之路，而不是被动的跟随西方的现代化之路，并将继续以高科技创新与高质量发展实现建设社会主义现代化强国的使命。要把握中国式现代化的首要任务是高质量发展，关键在于科技自立自强的要义，以教育、科技、人才一体推进来夯实高质量发展的长久基础，在推进现代化实践中以文化人、以文兴业，不断激发全社会创新创造的活力，让基于历史文化传承的人文精神转化为推进文化创新、科技创新与制度创新的内生力量，更有效培育发展数

① 参见高世名：《“数智社会”与21世纪社会主义文化领导力》，载《文化纵横》2023年6月第3期。

智社会新质生产力的新动能。担起构建人类命运共同体的大任，要从文化的主干、中华文明的根脉传承，来展现优秀传统文化、社会主义先进文化与物质文明与精神文明协调发展的中国式现代化的重要作用，在“发展面向现代化、面向世界、面向未来的，民族的科学的大众的社会主义文化，激发全民族文化创新创造活力”① 的进程中，用“人文经济学”的新范式、新成果，来展现人文与经济高度融合、互促共进的“中国路径”与“中国表达”，加快探索出更富成效的建设中华民族现代文明的新路径，率先打造出人类文明新形态的中国式现代化的生动场景与美好样态。

① 习近平：《高举中国特色社会主义伟大旗帜 为全面建设社会主义现代化国家而团结奋斗——在中国共产党第二十次全国代表大会上的报告》，人民出版社 2022 年版，第 43 页。

第一章

中国式现代化视域下区域协调发展的新方略新路径

高质量发展是我国全面建设社会主义现代化国家的首要任务。党的二十大报告指出，“没有坚实的物质技术基础，就不可能全面建成社会主义现代化强国”①。全力推进中国式现代化，必须坚持高质量发展这个主题，加快建设现代化经济体系，更大力度促进城乡融合和区域协调发展，在深入实施区域协调发展战略、区域重大战略、主体功能区战略、新型城镇化战略，优化重大生产力布局，构建优势互补、高质量发展的区域经济布局和国土空间体系等方面展现新作为、见到新成效，以创新驱动走出系统破解区域发展不平衡不充分问题的新路径。

中国的现代化是世界现代化进程的重要组成部分。通过大力发展生产力，由工业化、城镇化到整体的现代化，是世界主要现代化国家的共同路径。中国式现代化既有各国现代化的共同特征，更有基于自己国情的中国特色，即中国式现代化是人口规模巨大的现代化、是全体人民共同富裕的现代化、是物质文明和精神文明相协调的现代化、是人与自然和谐共生的现代化、是走和平发展道路的现代化。② 对照中国式现代化的鲜明特色和本质要求，我们在建设社会主义现代化强国进程中必须更加

① 习近平：《高举中国特色社会主义伟大旗帜 为全面建设社会主义现代化国家而团结奋斗——在中国共产党第二十次代表大会上的报告》，人民出版社 2022 年版，第 28 页。

② 参见习近平：《高举中国特色社会主义伟大旗帜 为全面建设社会主义现代化国家而团结奋斗——在中国共产党第二十次代表大会上的报告》，人民出版社 2022 年版，第 22—23 页。

强化区域协调发展的战略引导，完整准确全面系统践行新发展理念，促进区域协调协同政策体系落实落细，以高质量发展促进区域与整体、区域与区域以及区域内部的协同发展和一体化发展，不断释放区域协调发展的创新动能，为实现中国式现代化提供重要支撑。

一 把握推进区域高质量协调发展的根本要求

完整准确全面系统贯彻落实新发展理念，促进区域协调发展向更高质量更深层次迈进，从根本上解决发展不平衡不充分的问题，是全面建成社会主义现代化强国、稳步推进中国式现代化的战略选择。党的十八大以来，习近平总书记关于区域协调发展的一系列重要论述，形成了完整的区域协调发展战略体系，为我国区域协调发展赋予了新的时代内涵，明确了重大战略引领区域协调发展的新路径，是我们深刻理解区域协调发展与中国式现代化建设互动互为关系的重要依据，也是服务构建新发展格局、高质量推进区域协调发展的行动指南。我们要全面把握高质量推进区域协调发展的根本要求，落实好推进中国式现代化的区域协调发展新方略，展现区域高质量协调发展的新成效。

1. 区域协调发展是实现我国整体高质量发展的制胜要诀

我国幅员辽阔、人口众多，各地区自然资源禀赋差别较大，统筹区域发展从来都是一个重大问题。长期以来，独特的地形和气候特征使我国整体国土空间形成了以“胡焕庸线”[①] 为界的人口地理分界线，东南人口密集，西北人口稀疏，区域发展差别大问题十分显著。这样的地理条

---

① 20 世纪 30 年代，地理学家胡焕庸提出，中国人口的地域分布线以东北的瑷珲—西南的腾冲一线为界，分为东南与西北两大基本差异区。此线右侧的国土以 36% 的土地养活全国 96% 的人口，此线左侧 64% 的国土只承载了全国 4% 的人口。2010 年全国第六次人口普查数据表明，二者的人口比例仍分别约为 94% 和 6% 。

件和特殊国情，虽然具有形成广泛分工、强大市场和广阔回旋余地的优势，但同时也会产生突出的区域发展不平衡不协调问题。[①]

进入新时代，习近平总书记鲜明提出创新、协调、绿色、开放、共享的新发展理念，强调区域协调发展是高质量发展的制胜要诀，“协调既是发展手段又是发展目标，同时还是评价发展的标准和尺度”，“协调是发展两点论和重点论的统一，一个国家、一个地区乃至一个行业在其特定发展时期既有发展优势、也存在制约因素，在发展思路上既要着力破解难题、补齐短板，又要考虑巩固和厚植原有优势，两方面相辅相成、相得益彰，才能实现高水平发展”。[②] 从我国经济发展的基本特征出发，习近平总书记深刻指出：“新形势下促进区域协调发展，总的思路是：按照客观经济规律调整完善区域政策体系，发挥各地区比较优势，促进各类要素合理流动和高效集聚，增强创新发展动力，加快构建高质量发展的动力系统，增强中心城市和城市群等经济发展优势区域的经济和人口承载能力，增强其他地区在保障粮食安全、生态安全、边疆安全等方面的功能，形成优势互补、高质量发展的区域经济布局。”[③]

新发展理念强调协调发展，具有中国特色的区域协调发展的要义是既要实施整体的协调统筹，更要注重资源禀赋与发展定位的不同，突出优势互补。习近平总书记深刻指出：“不平衡是普遍的，要在发展中促进相对平衡。这是区域协调发展的辩证法。”[④] “协调是发展平衡和不平衡的统一，由平衡到不平衡再到新的平衡是事物发展的基本规律。平衡是相对的，不平衡是绝对的。强调协调发展不是搞平均主义，而是更注重发展机会公平、更注重资源配置均衡。”[⑤] 完整准确落实区域协调发展战略，

---

① 参见《求是》杂志编辑部：《新时代推动区域协调发展的科学指导》，载《求是》2019 年第 24 期。

② 习近平：《深入理解新发展理念》，载《求是》2019 年第 10 期。

③ 习近平：《推动形成优势互补高质量发展的区域经济布局》，载《求是》2019 年第 24 期。

④ 习近平：《推动形成优势互补高质量发展的区域经济布局》，载《求是》2019 年第 24 期。

⑤ 习近平：《深入理解新发展理念》，载《求是》2019 年第 10 期。

须以“实现基本公共服务均等化，基础设施通达程度比较均衡，人民生活水平大体相当”[①] 为目标。因此，“不能简单要求各地区在经济发展上达到同一水平，而是要根据各地区的条件，走合理分工、优化发展的路子”[②]。党的十九大报告、二十大报告提出的深入实施区域协调发展战略，为统筹区域发展提供了科学指引，那就是必须围绕高质量发展这个首要任务，着力推进城乡融合和区域协调发展，为推动经济实现质的有效提升和量的合理增长提供坚实支撑。在推进中国式现代化进程中，只有从根本上处理好区域关系和城乡关系，才能确保我国全面建成社会主义现代化强国“两步走”战略目标顺利实现。

2. 推进区域协调发展战略必须顺势而为、因势利导

中国式现代化道路不同于西方发达国家走过的现代化道路，我国发展是一个“并联式”的过程，工业化、信息化、城镇化、农业现代化是叠加发展的。[③] 城镇化是现代化的必由之路，顺应我国的城镇化规律，因势利导对国土空间发展布局进行统筹协调极为重要。近年来，我国区域经济发展分化态势显著，发展动力极化现象日益突出，经济和人口向大城市及城市群集聚的趋势比较明显，部分区域发展面临较大困难，“总的来看，我国经济发展的空间结构正在发生深刻变化，中心城市和城市群正在成为承载发展要素的主要空间形式”[④]。面对这样的“新情况新问题”，习近平总书记明确指出，“产业和人口向优势区域集中，形成以城市群为主要形态的增长动力源，进而带动经济总体效率提升，这是经济规律。要破除资源流动障碍，使市场在资源配置中起决定性作用，促进各类生产要素自由流动并向优势地区集中，提高资源配置效率”[⑤]。作为

---

① 《中央经济工作会议在北京举行》，新华社，2017 年 12 月 20 日。

② 习近平：《推动形成优势互补高质量发展的区域经济布局》，载《求是》2019 年第 24 期。

③ 参见习近平：《在十八届中央政治局第九次集体学习时的讲话》（2013 年 9 月 30 日），载《习近平关于城市工作论述摘编》，中央文献出版社 2023 年版，第 19 页。

④ 习近平：《推动形成优势互补高质量发展的区域经济布局》，载《求是》2019 年第 24 期。

⑤ 习近平：《推动形成优势互补高质量发展的区域经济布局》，载《求是》2019 年第 24 期。

新型城镇化的主体形态，城市群既是城市发展到成熟阶段的高级空间组织形式，是国家经济发展的重要增长极、参与全球竞争的战略区域，也是统筹空间、规模、产业三大结构的重要平台，[①] 因此，要推动一些中心城市地区加快工业化城镇化，提升城市群功能，增强中心城市辐射带动力，形成高质量发展的重要助推力，共同形成推动高质量发展的动力系统。[②]

我国京津冀、粤港澳、长三角、成渝等主要城市群承载了全国约80%的人口，贡献了超过80%的地区生产总值，成为聚集优质资源要素、引领经济发展、驱动创新创业的主要空间载体。如何顺应以城市群、都市圈为依托重构我国区域经济发展版图的新形势新趋势，建立城市群发展协调机制？对此习近平总书记指出，要以城市群为平台，推动跨区域城市间产业分工、基础设施、生态保护、环境治理等协调联动，破除行政壁垒和市场分割，促进生产要素自由流动和优化配置。[③] 习近平总书记还从国家空间战略布局的角度，提出要优化提升东部城市群，使其继续在制度创新、科技进步、产业升级、绿色发展等方面走在全国前列。在中西部地区培育发展一批城市群、区域性中心城市，促进边疆中心城市、口岸城市联动发展，形成带动区域经济发展和对外开放的新增长极。[④]

优化城镇化空间布局和形态是我国推进区域协调发展战略的重要支撑。针对全国主体功能区规划对城镇化总体布局的安排，习近平总书记

---

① 参见习近平：《做好城市工作的基本思路》（2015 年 12 月 20 日），《十八大以来重要文献选编》（下），中央文献出版社 2018 年版，第 80 页。

② 参见习近平：《在中央经济工作会议上的讲话》（2018 年 12 月 19 日），《习近平关于城市工作论述摘编》，中央文献出版社 2023 年版，第 59 页。

③ 参见习近平：《做好城市工作的基本思路》（2015 年 12 月 20 日），《十八大以来重要文献选编》（下），中央文献出版社 2018 年版，第 80 页。

④ 参见习近平：《做好城市工作的基本思路》（2015 年 12 月 20 日），《十八大以来重要文献选编》（下），中央文献出版社 2018 年版，第 80 页。

强调，“两横三纵”① 的城镇化战略格局，这是全局、大局，要一张蓝图干到底。“各地区要坚定不移实施主体功能区制度，严格按照主体功能区定位推动发展和推进城镇化。”② 城市则要根据自身资源禀赋，立足发展定位和方向，培育发展各具特色的产业体系，强化专业化分工协作、大中小城市和小城镇产业协作协同，逐步形成横向错位发展、纵向分工协作的发展格局，共同做好区域协调发展“一盘棋”的大文章。

3. 新时代推进区域高质量协调发展应强化重大战略的示范引领作用

下好“全国一盘棋”，协调发展是制胜要诀，统筹区域发展堪称“国之大者”。我国过去长期存在的东中西以及南北地区的区域发展不平衡不充分等问题，不可能一蹴而就，在短时间内得到根本解决。从 20 世纪末开始，为应对区域发展严重失衡的问题，我国全面启动并不断完善以西部、东北部、中部、东部“四大板块”为引领的区域协调发展战略，推动西部大开发形成新格局、东北振兴取得新突破、中部地区加快崛起以及东部地区先行探路现代化，促进了国土空间的东西互济、南北协同与陆海统筹。党的十八大以来，以习近平同志为核心的党中央系统提出促进区域协调发展的方略和根本要求，推动一系列区域重大战略实施落地，注重促进区域协调发展战略、区域重大战略、主体功能区战略等深度融合，不断优化重大生产力布局，有效促进各类要素合理流动和高效集聚。为进一步加快推动我国区域经济高质量发展，习近平总书记亲自谋划、亲自部署、亲自推动京津冀协同发展、长江经济带发展、粤港澳大湾区建设、长三角一体化发展、黄河流域生态保护和高质量发展等一系列区域重大战略，并在此基础上进一步提出高标准、高质量推进雄安新区建

① “两横三纵”城镇化战略格局是指以陆桥通道、沿长江通道为两条横轴，以沿海、京哈京广、包昆通道为三条纵轴，以轴线上城市群和节点城市为依托、其他城镇化地区为重要组成部分的我国城镇化战略格局。

② 习近平：《在中央城镇化工作会议上的讲话》（2013 年 12 月 12 日），载《十八大以来重要文献选编》（上），中央文献出版社 2014 年版，第 600 页。

设，推动成渝地区双城经济圈建设。伴随这些区域重大战略的实施，我国区域协调发展体制机制逐渐建立健全，区域板块发展的平衡性显著增强，各区域间相互融通的区域发展新格局加快形成，各区域基本公共服务均等化水平有所提高，区域间基本生活保障水平接近，动力源地区引擎带动作用明显，区域开放水平跃上新台阶。2022 年，我国中部和西部地区生产总值分别为 26. 7 万亿元、25. 7 万亿元，占全国生产总值的比重由 2012 年的 21. 3%、19. 6% 提高到 2022 年的 22. 1%、21. 4%；东部与中部、西部地区的人均地区生产总值之比分别从 2012 年的 1. 69、1. 87 缩小至 2022 年的 1. 50、1. 64。[①] 与此同步，针对我国国土空间的多样性、非均衡性和脆弱性三大特点，为促进区域人口与环境、人口与社会经济协调发展，我国进一步完善主体功能区战略和制度，通过重点编制“多规合一”的空间规划，科学统筹布局城镇空间、农业空间、生态空间等功能空间，将国土空间划分为优化开发、重点开发、限制开发和禁止开发四类区域，夯实了高效统筹重点开发地区、生态脆弱地区、能源资源地区等地区发展的差异性制度安排。

4. 推进区域协调发展要坚持以人为核心的新型城镇化

区域协调发展是推动高质量发展的关键支撑，是推进中国式现代化的重要内容。党的十八大以来，我国区域重大战略引领性不断增强，主体功能区定位更加明确，新型城镇化战略格局基本形成，区域发展的协调性明显提升。特别是以人为核心的新型城镇化战略的深入实施，直接推动形成了区域高质量发展新格局。2013 年 12 月，习近平总书记在中央城镇化工作会议上强调，在我们这样一个拥有 13 亿多人口的发展中大国实现城镇化，在人类发展史上没有先例。粗放扩张、人地失衡、举债度日、破坏环境的老路不能再走了，也走不通了。在这样一个十分关键的

① 参见《国务院关于区域协调发展情况的报告：区域协调发展呈现出崭新局面》，载《人民日报》2023 年 6 月 28 日，第 6 版。

路口，必须走出一条新型城镇化道路。[①] 党的十八大以来，以习近平同志为核心的党中央明确提出走以人为本的中国特色新型城镇化道路。党的二十大报告进一步阐述了新型城镇化战略，提出“推进以人为核心的新型城镇化”，为推动新型城镇化高质量发展提供了指引和遵循。

推进以人为核心的新型城镇化战略，需进一步优化我国城镇空间布局，全面促进城乡融合发展，打破原来大中小城市、城镇与乡村等级化、不平等的发展格局，有效促进人口经济和资源环境在国土主体功能空间上的基本均衡。为此，必须加快建立高质量的区域协调发展新机制，充分发挥制度优势与市场力量在资源配置中的决定性作用。以京津冀协同发展为例，这一国家区域发展的重大战略通过疏解北京非首都功能来调整京津冀经济结构和空间结构，探索人口经济密集地区优化开发的模式，促进区域高质量协调发展，形成新增长极。伴随京津冀协同发展重大战略的深入推进，京津冀三地在交通一体化、生态环境保护、产业升级转移三大重点领域协同推进，在产业领域基本形成了“京津研发、河北制造，北京研发、津冀转化”的空间布局。[②] 雄安新区的设立，构筑了京津冀协同发展的新引擎、新高地，在承接北京非首都功能疏解的同时，也将进一步推进京津冀区域协调发展。

在区域协调发展中深入推进以人为核心的新型城镇化，加快转变城市与区域发展方式，持续提升城乡一体化水平，还须推进以县城为载体的城镇化建设。党的二十大报告进一步明确提出，“以城市群、都市圈为依托构建大中小城市协调发展格局，推进以县城为重要载体的城镇化建设”[③]。县城是我国城镇体系的重要组成部分，以县城为载体的城镇化在

① 参见习近平：《在中央城镇化工作会议上的讲话（2013 年 12 月 12 日）》，载《十八大以来重要文献选编》（上），中央文献出版社 2014 年版，第 590 页。

② 参见智库圆桌：《纵深推进京津冀协同发展》，载《经济日报》2023 年 5 月 5 日，第 12 版。

③ 习近平：《高举中国特色社会主义伟大旗帜 为全面建设社会主义现代化国家而团结奋斗——在中国共产党第二十次代表大会上的报告》，人民出版社 2022 年版，第 32 页。

我国新型城镇化战略体系中占有重要地位。“2021 年年底，我国城镇常住人口为9.1 亿人。其中，1472 个县的县城常住人口为1.6 亿人左右，394 个县级市的城区常住人口为0.9 亿人左右，县城及县级市区人口占全国城镇常住人口的近 30%，县及县级市数量占县级行政区划数量的约65%。”① 2022 年7 月，我国《“十四五”新型城镇化实施方案》明确提出，把农业转移人口市民化作为新型城镇化的首要任务，到2025 年以县城为重要载体的城镇化建设取得重要进展。在现代化的轨道上推进高质量的区域协调发展，要把握好县域的功能定位，立足资源环境承载能力、产业基础与特色优势，统筹县城生产、生活、生态、安全需要，科学规划不同类型县城的发展战略。一方面，对于处于城市群和都市圈范围内的县城，要加快融入邻近大中城市的交通服务体系和产业网络，明确功能互补、产业配套的卫星县城定位，有效承接中心城市的资源要素转移输出；另一方面，对那些远离大中城市、自身独立发展能力较强的县城，需着力突出其专业与特色功能，促进县城产业配套设施水准提升、公共服务体系相对完善、县镇与乡村功能衔接互补，满足县城生产生活的基本需要，使农业转移人口在教育、医疗、就业等关系切身利益的领域可以享受到城镇居民的同等待遇。在中西部地区，应立足县域特色产业、特色经济，加大对薄弱县区“一对一”“多对一”结对合作帮扶，精准实施“一县一策”，优化资源配置方式，激发民间资本投入，着力培育区域发展的内生动力。深入推进以县城为重要载体的城镇化建设，还要强化县域与以城市群、都市圈为依托的大中小城市和小城镇空间格局的协调协同，体现出我国以人为核心的新型城镇化战略的全域覆盖与重点兼顾，这也是扎实推进共同富裕的现代化、加快补齐县域发展短板的必然选择。由此，中国式现代化的发展成果才能为全民共享，城乡融合发展才会落

---

① 国家发展和改革委员会负责人就《中共中央办公厅 国务院办公厅印发〈关于推进以县城为重要载体的城镇化建设的意见〉的通知》答记者问，中国政府网，https：//www.gov.cn/zhengce/2022－05/07/content_5689006.htm。

到实处，人的全面发展才有可能。

二 以区域高质量协调发展推进中国式现代化

中国式现代化是具有鲜明协调指向的现代化，促进区域协调发展是实现中国式现代化的关键支撑。在以高质量发展推进中国式现代化的进程中，从我国区域协调发展大格局看，如何应对东中西和南北地区的区域发展差异问题，依然是“十四五”和今后一段时期内从根本上破解我国区域发展不平衡不充分难题的关键所在。地区发展格局和模式的变化，要求我们以更加整体、综合和动态的视野看待区域经济发展，在全面贯彻新发展理念的基础上，因地制宜和与时俱进地做出新的战略思考。① 党的二十大报告提出促进区域协调发展的新要求，部署了包括区域协调发展战略、区域重大战略、主体功能区战略、新型城镇化战略等一系列相辅相成的国家重大区域发展战略，并进一步强调要优化重大生产力布局，构建优势互补、高质量发展的区域经济布局和国土空间体系。② 这些部署着眼于以更完整、更富有全局性的区域发展战略体系来优化重大生产力布局，彰显了顺应我国经济发展阶段变化特征、服务构建新发展格局的战略共识。在全面建成小康社会的基础上推进中国式现代化，创造人类文明新形态，必须在全方位推进高质量发展的新要求下完善区域战略统筹机制、健全市场一体化发展机制、深化区域合作机制、创新区域政策调控机制。无论是围绕全面建成社会主义现代化强国“两步走”战略安排还是构建新发展格局的阶段性要求，我国的区域协调发展政策和机制都必须在充分尊重区域经济发展规律的前提下，依据国情和各地自然禀

---

① 参见蔡昉：《区域协调发展战略新特征》，载《北京日报》2023 年 4 月 3 日，第 9 版。

② 参见习近平：《高举中国特色社会主义伟大旗帜 为全面建设社会主义现代化国家而团结奋斗——在中国共产党第二十次代表大会上的报告》，人民出版社 2022 年版，第 31—32 页。

赋与发展能力制定适合的方案，统筹推进各大板块发展，在增强发展平衡性、协调性的基础上实现更大范围、更高水平的区域发展均衡。

对照中国式现代化的根本特征和本质要求，以高质量的区域协调发展推进建设社会主义现代化强国的目标任务，必须牢牢把握新发展理念统领下的协调要义、协同基调，在服务构建新发展格局中，最大限度释放以往被压抑的区域之间及区域内部的空间红利，通过空间重组和机制创新再造我国现代化建设的新动能新优势，助力实现区域经济规模协调、区域发展水平趋近、区域发展差距持续缩小、基本公共服务适度均衡、人民群众福祉趋于均等化的现代化国家建设目标。

1. 以区域“人口红利”与“人才红利”双重优势推进人口规模巨大的现代化

就人口规模巨大的现代化而言，我国拥有14亿多人口，占世界总人口的18.3%，规模超过现有发达国家大约10亿人口的总和。在这样一个人口大国整体推进现代化，是人类历史上从未有过的大事，也将彻底改写现代化的世界版图。因此，如何发挥我国人口规模巨大优势对区域协调发展的正向作用至关重要。深入推进区域协调发展，需把握好区域人口数量与结构的新趋势，在实施新型城镇化战略过程中持续挖掘“人口红利”，并推动“人口红利”向“人才红利”转变，不断放大人口规模巨大的现代化的发展优势。目前，我国80%以上的经济总量产生于城市，50%以上的人口生活在城市，与常住人口城镇化率的迅速提高相比，户籍人口城镇化进程滞后。深入推进农业转移人口市民化，有助于释放“人口红利”。根据《中华人民共和国2022年国民经济和社会发展统计公报》，2022年末，我国城镇化率达到65.22%。依据城市化与区域经济的基本规律，城镇化率超过65%后，整体的城镇化速度会明显减缓，人口会加速向中心城市、城市群聚集。这种人口流动趋势与城市群的人才规模优势将有利于加快形成相对完整的区域性产业体系和大市场，有效拓展生产与消费共同支撑的高质量发展的新空间。

2. 以协调发展、协同发展和共同发展扎实推进全体人民共同富裕的现代化

共同富裕是中国式现代化的基本特征，是社会主义的本质要求。区域协调发展是实现共同富裕的重要途径和必然要求。全体人民共同富裕的现代化具有鲜明的时代特征和中国特色，生活富裕富足、精神自信自强、环境宜居宜业、社会和谐和睦、公共服务普及普惠是其基本特征，终极目标是实现人的全面发展和社会全面进步。因此，多维度、多层面推动实现区域高质量协调发展，使全体人民共享改革发展成果、共创幸福美好生活，是稳步实现全体人民共同富裕的必然选择。在全面建设社会主义现代化国家的新征程上，区域发展要真正践行以人民为中心的现代化理念，以协调发展、协同发展和共同发展来扎实推进共同富裕。我国各地区推动共同富裕的基础和条件不尽相同，应加快缩小地区差距，有效平衡地区发展，在优化生产力布局过程中，通过优化资源配置、构建产业链供应链协同发展机制，促进经济均衡增长，为实现共同富裕创造条件。统筹推进共同富裕，不同区域间及同一个区域内，应加快在居民收入、生活水平、公共服务以及社会福利等方面实现基本均衡。对照基本公共服务均等化、人民基本生活保障水平大体相当的目标要求，分类施策、如期完成阶段性的民生建设目标，更高水平推进幼有所育、学有所教、劳有所得、病有所医、老有所养、住有所居、弱有所扶，使城乡区域公共服务更加普惠均等，不断满足人民日益增长的美好生活需要，持续提升全体人民的获得感和幸福感。

3. 以鲜明的文化价值导向引领物质文明和精神文明相协调的中国式现代化

建设物质文明和精神文明相协调的中国式现代化，核心是人的全面发展，让现代化见物更见人，全体人民不仅要在物质上富足，更要在精神上富有，并且要在实现物质富足的同时达到精神富有，物质需要和精神需要都能得到满足。扎根中华大地的中国式现代化与重在追求物质文明层面的西方式现代化的重要不同，就在于中国式现代化在注重物质文明发展的同时更强调精神文明，这实际上凸显了中国优秀传统文化和璀璨的中华文明在现代化进程中的价值导向作用。“中国式现代化赋予中华文明以现代力量，中华文明赋予中国式现代化以深厚底蕴。”① 由此，中国式现代化的区域实践，应把握以人为核心的新型城镇化战略的精髓，在优化生产力布局、提升全要素生产率的同时，也必须将文化与社会事业的发展上升到更为重要的地位。在城乡融合发展过程中，要强化现代化产业体系与产业结构的协调性，让文化产业、现代服务业、公共服务等形成系统性的支撑，不断提高城乡及区域间基本公共文化服务的均等化水平。中华优秀传统文化是中国式现代化的文化根基，要以社会主义核心价值观为引领，发挥社会主义先进文化的引领作用，把教育、科技、人才的一体化发展作为现代化建设的基础性、战略性支撑，培育与现代化要求相适应的精神文化内核，整体提升社会文明程度，增强区域与城市文化软实力，协力建设中华民族的现代文明，为中国式现代化创造的人类文明新形态提供鲜明的价值导向。

4. 以生产、生活、生态的统筹布局推进人与自然和谐共生的现代化

在我国推进中国式现代化的区域协调发展实践中，习近平生态文明思想具有全局性、整体性的战略指导作用，也是中国式现代化的根本遵循。进入新时代以来，习近平总书记创造性提出一系列富有中国特色、体现时代精神、引领人类文明发展进步的新理念新思想新战略，为我国生态文明建设提供了思想指引和行动指南。经济发展与生态环境保护是辩证统一的关系，不能为了经济发展对资源和生态环境竭泽而渔，坚持“绿水青山就是金山银山”的理念，坚持以绿色发展促进经济社会发展全面绿色转型，遵循生态系统的整体性、系统性及其内在发展规律，持续

① 新华社：《习近平在文化传承发展座谈会上强调：担负起新的文化使命 努力建设中华民族现代文明》，新华网，http：//www. news. cn/mrdx/2023 – 06/03/c_1310724414. htm。

打好大气、水、土壤污染防治攻坚战，实现人与自然和谐共生。

就区域和城市的高质量发展而言，要把生态文明理念和原则全面融入区域协调发展全过程，走集约、智能、绿色、低碳的新型城镇化道路，把握好生产空间、生活空间、生态空间的内在联系，实现生产空间集约高效、生活空间宜居适度、生态空间山清水秀。坚持集约发展，树立“精明增长”“紧凑城市”理念，科学划定城市开发边界，推动城市发展由外延扩张式向内涵提升式转变。① 推进人与自然和谐共生的中国式现代化区域实践，必须坚定走好生态优先、绿色发展之路，加快生产方式和生活方式绿色转型，强化发展生态产业是财富和福利而非成本支出的观念引导，在全社会形成绿色发展的共识和氛围。要让良好生态环境成为经济社会持续高质量发展的支撑点，在区域融合发展和一体化发展进程中持续优化产业结构和能源结构，科学布局生产空间、生活空间、生态空间，全面提升城镇空间、农业空间、生态空间的品质。着力支持城市化地区高效集聚人口和经济、农产品主产区增强农业综合生产能力、生态功能区保护修复生态环境和提供优质生态产品，实现城市化地区、农产品主产区、生态功能区协同增效，形成主体功能明显、优势互补、高质量发展的国土空间开发保护新格局。

5. 以开放包容、合作共赢的区域发展理念助力走和平发展道路的现代化

中国式现代化是走和平发展之路、合作共赢之路的现代化，这为我国区域协调发展赋予了新的使命，创造了更多的战略机遇。“一带一路”倡议和全球发展倡议既是我国向国际社会提供的公共产品，也是实现共同发展、共同富裕的开放平台。我国把构建新发展格局同实施区域协调发展战略、建设自由贸易试验区等衔接起来，全方位深化经贸、投资、

① 参见习近平：《努力把城市建设成为人与人、人与自然和谐共处的美丽家园》（2015 年 12 月 30 日），载《论坚持人与自然的和谐共生》，中央文献出版社 2022 年版，第 125—128 页。

产能、科技、互联互通等领域对外合作，增强了现代化产业体系的开放包容性。特别是以共建“一带一路”推动建设合作共赢的开放体系，构建面向全球的高标准自由贸易区网络，为原来处于地缘劣势的西部区域与城市在打造改革开放新高地、率先探索形成新发展格局方面提供了重大机遇与制度性支持。“丝绸之路经济带”上的重要城市如重庆、西安、兰州、乌鲁木齐等，以亚欧大陆桥上陆港城市的新定位，促进了我国海洋经济与陆地经济互相联动，成为对外开放的新的前沿地带，由此形成的规模化产业集群提升了人口集聚和文化交融程度，促进了城市与区域的繁荣，提升了国内城市在国际产业体系、世界城市体系中的节点能级，也增强了我国东中西地区发展与安全的整体平衡性，为我国的高水平开放增加了新平台，提供了新动能。走好中国式现代化道路，我国的区域协调发展新战略要在构建以国内大循环为主体、国内国际双循环相互促进的新发展格局中，以更高水平的开放行动，在促进“一带一路”共同发展、国际经贸规则制定等方面体现新担当，为推动构建人类命运共同体、创造人类文明新形态提供多向的开放空间、枢纽平台与制度体系支撑。

三 坚持以创新驱动区域高质量协调发展

创新是引领发展的第一动力，是建设现代化经济体系的战略支撑。伴随我国城镇化格局进入稳定优化期，由土地、劳动力等传统要素支撑的区域与城市发展之路已经难以为继，创新驱动区域协同发展、一体化发展的特征越来越突出。因此，推进中国式现代化，必须在更高水平的区域协调发展中构筑新高地新平台，加快推动城市发展由外延扩张式向内涵提升式转变，为高质量的区域协调发展提供动能支撑。要统筹改革、科技、文化三大动力，提高城市发展持续性。[①] 把握城市群、都市圈的功能特征及其内部的要素集聚规律，完善空间治理，在区域一体化发展的进程中向主体功能要质量、向空间重组要动力，[②] 精准施策，促进各类要素合理流动和高效集聚，大力提升全要素生产率。概言之，唯有全力发挥创新驱动对现代化产业体系、生产力空间以及城市群、都市圈的核心引领和布局优化作用，才能增强城市与区域协调发展、高质量发展的持续性。

1. 以创新驱动区域高质量协调发展，须加快培育区域高质量发展的新增长极

我国城市群、都市圈在经济规模、创新驱动与空间融合等方面集中性高、集约性强，已经成为承载和推动高质量发展的“压舱石”“增长极”与“动力源”，在今后相当长的阶段，城市群、都市圈的这种核心地位不会改变。因此，高质量推进城乡融合和区域协调发展，推动经济发展实现质的有效提升与量的合理增长，必须在城市群、都市圈发展的质量效率变革上率先实现转型，在一体化的空间内充分尊重要素聚集规律，深化创新驱动，牢牢把创新作为引领发展的第一动力，强化创新对现代化经济体系的战略支撑作用，形成更合理的区域经济布局与一体化合力。中国式现代化的关键在于科技现代化，应坚持创新驱动在中国式现代化建设全局中的核心地位，让科技创新赋能区域高质量协调发展，这不仅有利于高起点破解区域发展的不平衡不充分问题，也有助于培育城市群、都市圈内的区域创新共同体和带动区域高质量发展的新增长极。如我国“3 +4”区域创新高地[③]作为重要科技创新策源地和区域发展增长极，辐

---

① 参见习近平：《做好城市工作的基本思路》（2015 年 12 月 20 日），载《十八大以来重要文献选编》（下），中央文献出版社 2018 年版，第 85 页。

② 参见李程骅：《中国特色城市群现代化道路的价值引领与实践进路——以扬子江城市群为样本》，载《江海学刊》2022 年第 2 期。

③ 即我国推进科技强国建设布局的北京、上海、粤港澳大湾区三大国际科技创新中心和北京怀柔、上海张江、安徽合肥、粤港澳大湾区四个综合性国家科学中心。

射带动国内创新发展，深度参与全球科技产业竞争合作，在国内大循环和国内国际双循环中发挥了关键作用。因此，在以创新驱动区域一体化发展的进程中，要引导各板块各单元由平面化竞争、单向度协作转向立体式合作、多向度协调协同，整体实现动能交换、优势互借、相互赋能、共同发展，全方位破除影响创新要素自由流动的瓶颈和制约，进一步激发各类创新主体活力，协力构建多层级的国家与区域性科技创新中心，综合提升区域科技创新策源能力和全球资源配置能力。

2. 建立健全高效的区域合作机制，以区域市场一体化培育适应创新要素集聚的空间形态与开放平台

推进中国式现代化的区域协调发展，不仅要实现中央部署与地方行动、上级战略与下级方案的协调，也要实现重大区域内部、城市群与都市圈内部之间的协调，从过去的单一行政治理向区域联合治理转变①，以更高质量的区域协调发展成效服务构建新发展格局。我国的城市群、都市圈应在建立统一开放、竞争有序的市场体系上率先而为。《中共中央国务院关于加快建设全国统一大市场的意见》明确提出，“结合区域重大战略、区域协调发展战略实施，鼓励京津冀、长三角、粤港澳大湾区以及成渝地区双城经济圈、长江中游城市群等区域，在维护全国统一大市场前提下，优先开展区域市场一体化建设工作，建立健全区域合作机制，积极总结并复制推广典型经验和做法”②。这表明在城市群、都市圈率先开展区域市场一体化建设，有助于建立健全区域合作机制，为国家层面的区域协调发展提供新的动力机制与制度保障。全国统一大市场建设就是把我国的超大规模市场作为一种资源，为区域协调发展注入新动能，重点突出市场的规则导向；同时运用区域协调发展新机制，破除有形与

---

① 参见刘西忠：《中国式现代化区域协同的空间战略红利》，载《中国国情国力》2023 年第 5 期。

② 《中共中央 国务院关于加快建设全国统一大市场的意见》，载《人民日报》2022 年 4 月 11 日，第 1 版。

无形壁垒。建立全国统一大市场，需要在区域间、区域内同步推行一体化的政策机制。城市群、都市圈涵盖大中小城市、城镇与毗邻区域，突出其市场机制的功能性引领，打破原来的行政单元治理格局，有助于实现空间组织与政策机制的高度对应，让区域协调发展与一体化市场建设形成良性互动，加快实现从时间维度到空间维度的新转变、从行政区域竞争向功能性区域协同的新跃升，推动创新要素向城市群、都市圈集聚，不断生成打造新的平台与创新共同体，为创新主体提供更公平、更高效的服务，强化区域创新的集聚效应，提升区域创新的综合效益。

3. 以协同打造现代化产业体系为牵引，促进区域合理分工与优化发展

进入新发展阶段，城市群、都市圈成为新型城镇化的主体形态，区域空间一体化深入推进，高质量发展的空间协同价值凸显。区域内的高质量协同直接影响高质量发展的成效，必须更大力度鼓励区域内部以及相邻区域之间加强合作协同，尤其是要实现从区域竞争到区域协同的理念转变，促使行政区之间的内在张力转化为整体的对外引力。因此，以区域高质量协调发展推进中国式现代化实践，必须把握“中国情景”下城市群、都市圈的成长规律，更大力度促进区域经济的协同高效发展。① 其中，促进区域内的合理分工是优化发展的前提，优化发展是合理分工的判断标准和目的。城市群区域要坚持创新主导的现代化产业体系建设，全力发挥好大中小城市及县域等区域内成员的比较优势，走好合理分工、优化发展、协同共进的新路子，在融合发展、一体化发展中实现整体能级提升，助力实现区域整体高质量发展。事实上，在京津冀、长三角和粤港澳大湾区，由于交通基础设施的一体化发展，产业链、资本链、创新链正随着生产力布局日益优化，协同打造现代化产业体系已经成为自觉的行动，区域内市场化资源配置效率由此加速提升，原来的梯次落差

① 参见李程骅：《建设现代城市群 提升区域发展能级》，载《扬子江城市群与区域一体化战略研究》，中国社会科学出版社 2021 年版，第 6 页。

逐步降低，为跨行政区实现共同富裕的现代化探出了新路。以长三角地区的G60科创走廊为例，上海松江，江苏苏州，浙江嘉兴、杭州、金华、湖州和安徽的宣城、芜湖、合肥九地，依托G60高速公路携手打造科技创新共同体，以创新要素的高效配置、多元主体的有效协同和比较优势的高度互补，在这个跨越沪苏浙皖四个省级行政区、覆盖面积7.62万平方公里的城镇带上，共建现代化产业体系，实现了九城资源共用、难题共解、成果共享，共同培育区域创新生态，为长三角地区一体化发展的科技创新、制度创新联动提供了示范效应。

概言之，以创新驱动区域高质量协调发展，必须强化城市群、都市圈的产业空间协同，以重大生产力布局为抓手，把握科技创新的关键驱动力，依托先进制造业基地、现代服务业发展，加速打造具有全球影响力的产业科技创新中心，培育全球科技创新高地和新兴产业重要策源地，建设具有核心竞争力和高度安全的现代化产业体系。要围绕建设创新型国家的战略目标要求，打造跨越行政层级和地域界限的网络型创新空间，构建城市群、都市圈内多向支撑的创新空间载体，不断培育集群化特色化的创新单元。[①] 通过扎实推进科技、人才与教育的一体化战略，建设重大科技基础设施和高水平创新平台等途径，整合优质创新资源，构筑世界级原始创新高地，以此聚集全球顶级人才和高水平人才团队，壮大科技领军人才队伍。充分发挥国家重大科技平台在城市群、都市圈的一体化发展中的"聚能"作用，促进产业集群、科技集群、创新集群联动发展，以高水平的开放开源与安全包容，构筑创新载体集聚地，建立高效率的创新生态系统，率先在京津冀、长三角、粤港澳大湾区等创新高地培育出新技术新赛道上的领军企业和载体空间，协力打造数智时代高质量发展的新增长极，高水平构建我国区域协调发展的新引擎，在新的历

① 参见李程骅：《建立更加有效的区域协调发展新机制》，载《光明日报》2018年2月23日，第6版。

史起点上创造出中华民族现代文明的生动场景与魅力形态，为中国式现代化提供硬核支撑与不竭动能。

（原载《天津社会科学》2023 年第 5 期）

第二章

中国式现代化区域新实践：范式转变与动能提升

对照中国式现代化的鲜明特色与本质要求，全力推进中国式现代化的区域新实践，必须坚持高质量发展这个主题，加快建设现代化经济体系，更大力度促进城乡融合和区域一体化发展，深入实施区域协调发展战略、区域重大战略、主体功能区战略、新型城镇化战略，优化重大生产力布局，构建优势互补、高质量发展的区域经济布局和国土空间体系。要顺应城乡融合发展和区域一体化进程的规律和新要求，加快转变区域发展方式，着力实现区域经济的高质量发展与区域治理的高质量协同。为中国式现代化区域新实践提供持续动能。要针对我国城镇化进入“下半场”，城市群、都市圈已经成为新型城镇化主体形态的阶段性特点，加快构建优势互补的产业空间结构与分工体系，最大限度地释放区域空间一体化的创新动能，向区域空间重组要品质、向一体化发展要力量、向治理协同要效率，让创新要素的“空间再生产”为提升区域发展能级、打造高质量发展动力源提供重要支撑。

一 主动应对区域高质量发展的范式转换：增强中心城市与城市群带动的一体化战略选择

党的二十大报告提出的实施区域协调发展战略，为统筹区域发展提供了新任务新要求，即围绕高质量发展这个首要任务，着力推进城乡融合和区域协调发展，为推动经济实现“质的有效提升和量的合理增长”提供坚强的可持续支撑。在中国式现代化的理论体系指导下，坚持以高质量发展推进中国式现代化的区域实践，要从根本上处理好新形势下的区域关系和城乡关系，特别是在城市群、都市圈主导的区域空间一体化发展格局中，要加快推进从原来的规模扩张为主导的粗放式、规模化增长向以质量效益为重点的可持续发展、创新发展的转变，实现区域发展的核心要素从土地、劳动力等转向科技、人才主导的创新驱动，更大力度促进城乡融合和区域一体化发展，最大限度地发挥空间一体化发展的创新带动作用，以源源不断的高质量发展动能确保我国现代化建设“两步走”目标的顺利实现。

1. 全面把握经济和人口集聚的规律与趋势

与西方发达国家走过的现代化之路不同，改革开放以来的中国式现代化道路虽然是以土地城镇化和人口城镇化起步，但在进入城镇化中期之后，工业化、信息化、城镇化、农业现代化是叠加发展的，特别是大城市的快速发展和城市群、都市圈的崛起，成为令世界瞩目的现象。在这种快速的“压缩型”城镇化之路影响下，“我国经济发展的空间结构正在发生深刻变化，中心城市和城市群正在成为承载发展要素的主要空间形式”，发展动力极化现象日益突出，经济和人口向大城市及城市群集聚的趋势比较明显。[①] 从 1978 年到 2022 年，我国的城镇常住人口从 1.7 亿增加到 9.2 亿。国家统计局发布的 2022 年国民经济和社会发展统计公报显示，2022 年末全国常住人口城镇化率为 65.22%，近 2/3 的中国人目前生活在城镇。与此对应，全国 80% 以上的经济总量产生于城市。京津冀、粤港澳、长三角、成渝等主要城市群，承载了全国约 80% 的人口，贡献了超过 80% 的地区生产总值，成为集聚优质资源要素、引领经济发展、驱动创新创业的主要空间载体，带来了我国区域经济高质量发展的范式转换。对此，习近平总书记深刻指出，要推动一些中心城市地区加快工业化城镇化，提升城市群功能，增强中心城市辐射带动力，形成高质量发展的重要助推力，共同形成推动高质量发展的动力系统。[②]

从世界城镇化的阶段性发展规律来看，现阶段我国区域发展范式的转换，是由我国城镇化进入“下半场”的现实基础以及高质量发展的要求所决定的。依据城市化与区域经济的基本规律，我国的城镇化率在超过 65% 之后，城镇化速度会明显减缓，但人口加速向中心城市和城市群、都市圈聚集的趋势不会改变。发达国家的现代化进程表明，特别是东亚的日本、韩国等这些人口密度高的国家，在城镇化到了这一阶段后，都出现了人口更多向东京、首尔集聚的情况。依照这样的规律与人口流动趋势，我国未来的人口也会加速向中心城市以及都市圈、城市群集聚，如果不在战略上进行引导，会导致区域之间的发展差距加大。伴随着以土地城镇化为主导的城镇化增长速度的放缓，加上受人口总量提前达峰的影响，未来我国城镇人口增量将持续下降，逐步转向平台发展期，人口跨部门跨区域配置带来的增长动能也将有所减弱。[③] 鉴于我国城市与区

---

① 参见习近平：《推动形成优势互补高质量发展的区域经济布局》，载《求是》2019 年第 24 期。

② 参见习近平：《在中央经济工作会议上的讲话》（2018 年 12 月 19 日），《习近平关于城市工作论述摘编》，中央文献出版社 2023 年版，第 59 页。

③ 参见杨荫凯：《推进以人为核心的新型城镇化》，载《习近平经济思想研究》2023 年第 4 期。

域发展的逻辑已经改变，如果再坚持对以往路径的依赖，很容易引发经济与社会的系统性风险。应对这种发展趋势与范式的转换，必须强化战略前瞻与规划引领，确保我国的新型城镇化的可持续性，并为中国式现代化的高质量发展提供重要支撑。

2. 增强中心城市与城市群高质量发展的带动力

在中心城市引领的城市群、都市圈的空间扩展新格局中，必须采取更有效的规划政策，提高土地利用率，转变城市与区域发展方式，着力提升以人为核心的城镇化的成效，在推进高质量发展中全面提升公共服务水准，更好促进人的全面发展，以有效遏制区域发展的不平衡不充分问题。区域一体化发展带来的空间再生产效应，也促进了我国从粗放型、速度型的城镇化向高质量的新型城镇化的转变。特别是在区域一体化进程中教育、科技、人才等主导的创新驱动力的增强和全要素生产率的不断提高将为经济和区域的高质量发展提供可持续的后劲。一方面，我国在现代化建设中着力推进的新型城镇化战略，包括区域协调发展战略、区域重大战略、主体功能区战略等，必须顺应城市群、都市圈正在重构我国区域经济发展版图的趋势，即坚持以城市群、都市圈为依托，构建大中小城市协调发展格局。“从全国看，大中小城市和小城镇、城市群科学布局，与区域经济发展和产业布局紧密衔接，与资源环境承载能力相适应。”① 城市群、都市圈的崛起带来了区域发展范式的转变，一体化的空间重组将强化创新发展、协同发展和生产力布局的优化。另一方面，推进以人为核心的新型城镇化是中国式现代化的重要标志，也是促进人的全面发展和走好共同富裕之路的要义所在。城市群、都市圈不仅是新型城镇化的主体形态，也是支撑我国经济高质量发展的主要平台。《中华人民共和国国民经济和社会发展第十四个五年规划和2035年远景目标纲

① 习近平：《在中央经济工作会议上的讲话》（2012年12月15日），《习近平关于城市工作论述摘编》，中央文献出版社2023年版，第45页。

要》对我国已经确定的19个不同发展阶段的城市群提出了具体规划要求，特别强调要优化提升京津冀、长三角、珠三角、成渝、长江中游五大城市群。党的二十大报告进一步明确，要“推进以人为核心的新型城镇化，加快农业转移人口市民化。以城市群、都市圈为依托构建大中小城市协调发展格局，推进以县城为重要载体的城镇化建设”①。因此，以高质量发展引领中国式现代化区域实践，必须把准新城市群、都市圈的功能特征和创新要素集聚的机理，在推进更高水平的区域发展中构筑新高地新平台，持续增强中心城市与城市群高质量发展、创新发展的带动力，不断提升服务构建新发展格局的核心优势。

3. 积极应对区域现代化发展范式的重大转变

党的二十大报告提出促进区域协调发展的新要求，进一步强调要构建优势互补、高质量发展的区域经济布局和国土空间体系，充分体现了区域协调发展、高质量发展在我国现代化建设中的重要性。在我国城镇化进入“下半场”后，把以城市群、都市圈为依托构建大中小城市协调发展格局上升到推进中国式现代化的总体性、全局性的战略任务，重构区域经济布局，重塑区域发展的动能，在主要城市圈区域一体化建设产业体系、创新体系以及对应的要素配置与流动机制。这实际上意味着我国区域现代化发展范式的重大转变。对此，习近平总书记曾深刻指出，“要推动城市组团式发展，形成多中心、多层级、多节点的网络型城市群结构”②。落实这一要求，必须因城施策、分类引导、标本兼治，协同推进城市群、都市圈的生产力布局和要素平台规划建设，形成疏密有致、分工协作、功能完善的城镇化空间格局。从宏观来看，我国覆盖国土的“两横三纵”城镇化战略格局已经形成，19个城市群及多个现代化都市圈成为支撑高质量发展的骨架和高地。我国已经建成世界上规模最大、现

---

① 习近平：《高举中国特色社会主义伟大旗帜 为全面建设社会主义现代化国家而团结奋斗——在中国共产党第二十次代表大会上的报告》，人民出版社2022年版，第32页。

② 习近平：《国家中长期经济社会发展战略若干重大问题》，载《求是》2020年第21期。

代化水平最高的高速铁路网，高铁已覆盖全国92%的50万人口以上的城市，区域间的高效互联互通大幅压缩了传统的地理空间，由此带来城市格局、人口布局、经济版图的变化。以城市群为单元的1—2小时交通圈，为人口流动、产业重组、要素重构和创新资源的高效集聚提供了新的平台。[①] 从具体的空间形态来看，在一个超级城市群的空间中，单中心或多中心的现代化都市圈，在经济发展与创新活动中持续提升全要素生产率，发挥的集中与带动作用越来越突出。以城市群、都市圈周边地区为腹地，统筹推进产业基础高级化和产业链现代化，一体化建设产业体系、创新体系、消费体系和国际交往体系，有助于加快形成经济体系相对完整的经济圈，并建设现代化经济体系的新形态。国家发展和改革委员会《关于培育发展现代化都市圈的指导意见》对城市群和都市圈的边界与功能作出明确界定："城市群是新型城镇化主体形态，是支撑全国经济增长、促进区域协调发展、参与国际竞争合作的重要平台。都市圈是城市群内部以超大特大城市或辐射带动功能强的大城市为中心、以1小时通勤圈为基本范围的城镇化空间形态。"[②] 可见，全面贯彻落实新发展理念，以高质量发展推进中国式现代化实践，必须顺应新时代我国区域发展范式的重大转变，在空间格局相对稳定的基础上，以创新行动挖掘城市群、都市圈的空间动力源功能，以现代化产业体系的建设进一步强化中心城市对城市群发展、区域一体化发展的带动作用，持续增强城市群、都市圈对周边地区的辐射功能，并通过优化重大基础设施、重大生产力和公共资源布局以及区域中心城市发展布局来造就新平台新动能，吸引与集聚各类创新要素，促进全要素生产率提高，整体提升中心城市与城市群的核心竞争力与综合实力，促进区域协同发展、一体化发展，对促进中国式现代化区域实践的集约发展、优化发展、共享发展意义重大。

---

① 参见陆东福：《打造中国高铁亮丽名片》，载《求是》2021年第15期。

② 《国家发展改革委关于培育发展现代化都市圈的指导意见》，2019年2月。

（二）深化城市群、都市圈空间一体化发展的战略统筹，协力提升区域一体化发展的实践成效

在当今全球化产业分工体系中，创新活动越来越向中心城市、城市群区域集中，城镇化和城市群主导的区域一体化发展，是建立起现代化经济体系、集聚起高端化的创新要素的基础。就当代中国改革开放以来城镇化的进程来看，区域经济社会一体化发展，既是长期自然历史演化过程自我选择的结果，也是国家战略主动引领与实践选择的产物，二者互动推进、交织演进，使城市群、都市圈具有突破行政区划限制但又遵循经济规律的最佳空间结构形态，由此成为现代化国家空间布局战略体系的核心内容，承担起驱动高质量发展的强大“发动机”和“推进器”的使命。[①] 可见，只有把城市群、都市圈打造成更高质量发展的动力源，建立起高度开放、自主可供的现代化经济体系，方能带动大中小城市和小城镇的协调发展。[②] 由于我国各地区发展阶段不同，经济社会水平存在差距，解决区域发展的不平衡不充分问题仍需要一定时间，并更多体现为要素的空间调整。[③] 这就决定了中国式现代化的整体目标任务在各区域不可能同步同水平实现，需要发挥先行地区的探索示范作用。进一步放大城市群、都市圈以及中心城市的辐射带动效应、要素配置枢纽效应和创新引领效应，是促进城市群及周边地区共同发展，推进实现协同发展、

① 参见唐亚林：《构建新时代社会主义现代化国家的空间布局战略体系——基于城市化发展的考察》，载《同济大学学报（社会科学版）》2021 年第 1 期。

② 参见李程骅：《建立更加有效的区域协调发展新机制》，载《光明日报》2018 年 2 月 23 日，第 6 版。

③ 参见刘西忠：《中国式现代化区域协同的空间战略红利》，载《中国国情国力》2023 年第 5 期。

共同富裕的可行选择。[①] 因此，在东部发达地区，深化城市群、都市圈高质量发展的战略统筹，创新推进区域一体化的实践行动，提升一体化发展水平，加快打造出中国式现代化区域高质量发展的引领区、示范区，具有重大实践意义。

1. 加快建立基于城市群、都市圈的现代化区域发展体系

从我国国土空间格局优化与区域空间再生产的角度来看，构建依托城市群、都市圈大空间平台的高质量发展动力系统，在城市群与都市圈的内部推进一体化发展战略，有助于高效破解区域内外发展落差和加快建立起重大区域—城市群—都市圈—中心城市——般城市—县城区域—城镇乡村等多层级、网络化的现代化区域发展体系。从区域经济运行的机理来看，通过中心辐射、以点带面、以强带弱、以城带乡，有助于打通区域经济发展经络，畅通国民经济循环，加快形成全方位、多层次、多形式的区域联动格局。"我国各地情况千差万别，要因地制宜推进城市空间布局形态多元化。东部等人口密集地区，要优化城市群内部空间结构，合理控制大城市规模，不能盲目'摊大饼'。"[②] 伴随着我国区域发展范式的转变，针对京津冀、长三角、粤港澳大湾区以及成渝与中部城市群等地区存在的不均衡甚至巨大落差问题，一方面需要加强国家规划的战略与制度层面的统筹，注重以区域经济一体化推动重大区域内部、城市群内部、现代化都市圈内部之间的协调协同发展；另一方面是要建立健全高效的城市群区域协商机制以及刚性的行动约束，务实推动单一的行政治理向区域之间的联合治理转变，促进各类要素资源的充分流动，整体提升资源配置效率，为区域高质量的协同发展、共享发展提供系统性的保障。京津冀地区是我国经济最具活力、开放程度最高、创新能力最强、吸纳人口最多的区域之一，打造京津冀世界级城市群，是构建新

---

① 参见李程骅：《中国特色城市群现代化道路的价值引领与实践进路——以扬子江城市群为样本》，载《江海学刊》2022 年第 2 期。

② 习近平：《国家中长期经济社会发展战略若干重大问题》，载《求是》2020 年第 21 期。

发展格局、推动中国式现代化的新时代方略。但京津冀地区的区域落差显著、生态环境脆弱等问题越来越突出，通过深化改革、协同发展打破传统的行政分割和“一亩三分地”思维定式，促使生产要素在更大空间尺度内进行流动和组合，探索超级城市群地区集约发展新路子，既是解决本地特性问题的需要，又是先行探索解决全国共性问题的使命所在。《京津冀协同发展规划纲要》从战略意义、总体要求、定位布局、有序疏解北京非首都功能、推动重点领域率先突破、促进创新驱动发展、统筹协同发展相关任务、深化体制机制改革、开展试点示范、加强组织实施等方面描绘了京津冀协同发展的宏伟蓝图。① 京津冀协同发展作为国家区域发展重大战略，通过疏解北京非首都功能，调整京津冀经济结构和空间结构，探索出超级城市群人口经济密集地区优化开发的新模式，促进了区域高质量协调发展。伴随这一重大战略的深化推进，京津冀交通一体化、生态环境保护、产业升级转移三大重点领域协同推进“京津研发、河北制造，北京研发、津冀转化”的空间布局演化。京津冀三次产业结构也从2013年的6.2∶35.7∶58.1转变为2022年的4.8∶29.6∶65.6，产业结构优化升级成效显著。②

2. 坚定不移地以城市群为主体形态推进新型城镇化

我国区域高质量发展离不开中心城市和城市群的带动辐射。城市群是统筹空间、规模、产业三大结构的重要平台，是人口大国城镇化的主要空间载体。以城市群、都市圈的一体化来构建区域协调发展、高质量发展的新格局，一方面要继续提升特大城市、超大城市核心功能，疏解承接特大城市、超大城市非核心功能；另一方面要在推进以人为核心的新型城镇化政策的精细度上下功夫，统筹运用好各类区域政策措施，提高区域政策的实施效果。首先，要着重提高城市群的辐射性和带动力，

① 中共中央、国务院：《京津冀协同发展规划纲要》，2015年6月印发。

② 参见《纵深推进京津冀协同发展》，载《经济日报》2023年5月5日，第12版。

在城市群的区域空间中实现高质量发展的相对平衡与持续增长。其次，要更加突出协同发展、共享发展的理念，加快建立起系统协作的组织体系、利益协调与治理机制，让各相关主体在资源配置中实现合作共赢。最后，要针对城市群各区域以及大中小城市及城镇因行政层级不同所造成的一体化发展的障碍，加快建立起“顶层设计”主导的行政区间利益共享机制，促进区域的空间规划、产业规划与各城市规划的衔接配合，尤其要在产业协同方面保持政策连贯性，做到“一张蓝图绘到底”。以长三角地区为例，其区域一体化发展上升为国家战略之后，对照建设世界级城市群的目标，在以上海为龙头的沪苏浙皖联动发展中，国家发展改革委针对安徽整体发展水平落后于江苏和浙江，特别是皖北地区的“洼地”效应加大的现实，决定加大长三角区域的合作帮扶力度，由沪苏浙的实力城市一对一帮扶皖北经济薄弱的八个城市。① 结对帮扶的重点是共建省际产业合作园区，探索创新飞地、园中园等模式和成本共担、利益共享等机制，积极推进产业转移与承接，构建产业、技术、人才、资本、市场等结合的合作帮扶工作格局。这些共建的省际产业合作园区，在成为结对城市产业协同主抓手之后，不仅深化区域内产业链供应链创新链的协作融合，也成为跨省合作一体化高质量发展的重要平台。长三角地区这种探索区域内合作帮扶欠发达地区的实践行动，在一定程度上也为其他城市群提供了可复制可推广的高质量协同发展新模式，探索出区域整体高质量发展引领中国式现代化实践的新路径。

3. 率先建立健全城市群、都市圈的一体化市场体系

深入全面践行新发展理念，推进区域高质量协调发展，既需要政府层面的高质量协同治理政策的引领，也需要充分发挥市场对资源的优化

---

① 国家发展改革委2021年12月发布《沪苏浙城市结对合作帮扶皖北城市实施方案》，具体结对安排是：上海闵行区与淮南市、松江区与六安市、奉贤区与亳州市，江苏南京市与滁州市、苏州市与阜阳市、徐州市与淮北市，浙江杭州市与宿州市、宁波市与蚌埠市。结对合作帮扶的期限为2021年至2030年。

配置作用，率先在主要城市群建立健全一体化的市场体系，为服务构建新发展格局提供双向支撑。在新一轮城市群、都市圈大尺度空间的一体化进程中，统一大市场带动经济带、经济区和功能区的耦合，进一步畅通国民经济循环，也有利于形成更加集中集约的都市圈多支点支撑的网络化空间格局，提升区域协调发展的质量和能级。都市圈是我国城镇化总体格局中承上启下的关键环节，是连接城市群和中心城市的核心链条和地带，也是实现大中小城市协调发展的关键平台。服务构建新发展格局、促进城市群内外部的协调联动，必须把培育发展现代化都市圈作为重点选项。建设现代化都市圈是推进新型城镇化的重要手段，在优化人口和经济的空间结构的同时，还能激活有效投资和潜在消费需求，强化内生发展动力。都市圈在城市群内部的率先深化区域一体化和协同发展，展现交通设施与服务机制的“同城化”效应，有助于加快打造发展高地与合作平台。“以创新体制机制为抓手，以推动统一市场建设、基础设施一体高效、公共服务共建共享、产业专业化分工协作、生态环境共保共治、城乡融合发展为重点，培育发展一批现代化都市圈，形成区域竞争新优势，为城市群高质量发展、经济转型升级提供重要支撑。”①

4. 打造体现中国式现代化鲜明特色的区域一体化发展示范地

放大中心城市与城市群的协同效应，建立区域一体化的市场体系与城市群、都市圈内部高效联通的交通体系，提升资源配置与要素流动的效率，促进大城市连绵区和“同城化”区域的融合发展、协同发展与合理分工，是推动区域高质量发展的重要路径。以长三角地区为例，国家层面的《长江三角洲区域一体化发展规划纲要》将其核心圈层分为“1+5”都市圈，分别是上海大都市圈、苏锡常都市圈、南京都市圈、杭州都市

---

① 《国家发展改革委关于培育发展现代化都市圈的指导意见》，2019 年 2 月。

圈、宁波都市圈与合肥都市圈。[①] 上海大都市圈的“1+8”规划，以上海市域为核，涵盖了江苏的苏州、无锡、常州和南通4市，浙江的宁波、嘉兴、舟山、湖州4市。以上海大都市圈为核心，这五个都市圈均有明确的分工，都被要求以基础设施一体化和公共服务一卡通为着力点，加快提升同城化发展水平。从这个超级城市群的“次序格局”来看，在江苏的行政区域中，有苏锡常都市圈、南京都市圈以及北向的沿海发展带的支撑，苏锡常通四市是上海大都市圈的重要成员，上海大都市圈与苏锡常通区域形成叠加发展之势，上海与苏州的同城化程度加深。都市圈的最重要特征是轨道交通的网络化、便利化。在推进中国式现代化的进程中，长三角地区是引领区、先行区，被赋予全国区域一体化发展示范区的重任，其核心空间骨架是上海大都市圈的轨道交通网络。《长江三角洲地区多层次轨道交通规划》提出共建轨道上的长三角，推动构建功能定位精准、规划布局合理、网络层次清晰、衔接一体高效的现代轨道交通系统。这种密集网络化轨道交通体系的建立，一方面，是对区域发展轴带和经济节点的锚固，将高效支撑引领长三角地区核心区域的经济高质量发展；另一方面，由此形成的都市连绵区，让上海与苏州、无锡以及嘉兴等地的资源要素高效流动，有助于长三角地区新产业集群、科技集群、创新集群的生成生长，促进大中小城市和小城镇协调联动、特色化发展，构建疏密有致、分工协作、功能完善的新型城镇化空间格局。在此基础上，以产城人的一体融合锻造高品质的城市生活，满足区域内常住人口与家庭的经济需要、生活需要、生态需要、安全需要等，从而整体提升人的现代化水平。长三角地区核心区以建设现代化都市圈的生动实践，逐步

---

① 中共中央、国务院：《长江三角洲区域一体化发展规划纲要》，2019年12月印发。在此之前，2016年6月国家发展改革委发布《长江三角洲城市群发展规划》，确定到2030年将长三角城市群全面建成全球一流品质的世界级城市群，构建“一核五圈四带”的网络化空间格局，即发挥上海龙头带动的核心作用和区域中心城市的辐射带动作用，推动南京都市圈、杭州都市圈、合肥都市圈、苏锡常都市圈、宁波都市圈的同城化发展，强化沿海发展带、沿江发展带、沪宁合杭甬发展带、沪杭金发展带的聚合发展。

验证了在行政区划不调整的情况下，区域一体化实践行动跨越以往的行政区藩篱，实现共享高质量发展、高效能治理和高品质生活的可行性。

三 强化科技创新驱动质量效率变革，构筑支撑区域一体化高质量发展的战略新平台

全力推进中国式现代化的区域新实践，强化区域高质量发展的新优势，必须以科技创新为引领在区域一体化的空间中构建现代化产业体系，并在城市群、都市圈的空间网络节点上打造产业科技创新的新高地新平台，在数智化场景中形成科学的分工体系，以有效驱动整体的质量效率变革，为区域的高质量发展提供源源动能。

1. 以产业科技创新为牵引，在城市群与都市圈构筑战略性的创新载体平台，营造高效的创新生态系统

基于区域一体化发展战略的要求，在城市群、都市圈的产业空间率先推进创新驱动的质量效率变革，是实现区域高质量发展目标与任务的必然选择。我国的城市群、都市圈在经济规模、创新驱动与空间融合等方面集中性高、集约性强，已经成为承载和推动高质量发展的“压舱石”“增长极”与“动力源”，在今后相当长的阶段，城市群、都市圈的这种核心地位不会改变。① 但我们必须清醒认识到由于城市化和经济发展阶段的不同，中外城市群在经济、科技和产业上存在着一定的差距，即使是我国当前发展最好的城市群区域，如长三角地区、粤港澳大湾区、京津冀地区等，在单位空间的投入产出比以及全要素生产率等方面，仍明显落后于美国、欧洲和日本的世界一流城市群，从可比性较强的建成区看，

---

① 李程骅：《中国式现代化视阈下区域协调发展的新方略新路径 构建大中小城市协调发展格局的逻辑框架和路径选择》，载《天津社会科学》2023 年第 5 期。

人均 GDP 为日本的四分之一，地均 GDP 只有日本的十分之一。[①] 区域的全要素生产率未来还有很大的提升空间。因此，以高质量发展推进中国式现代化区域实践，在促进经济实现质的有效提升与量的合理增长上，必须进一步向空间重组要质量，持续向科技创新要动能，坚定向产业分工要效率。在城市群、都市圈的一体化空间中，加快推进质量效率变革、以动能转换率先实现转型发展，要在把握城市群、都市圈的功能特征及其内部的要素集聚规律的前提下，精准施策，促进各类要素合理流动和高效集聚，持续深化中心城市对科技创新的引领力和驱动力，促进产业集群、科技集群与创新集群的深度联动，加快形成合理的区域经济布局与一体化发展的合力，为建设现代化经济体系提供战略支撑。鉴于中心城市的综合实力强、引领力强，对外围的辐射带动作用强，有能力带动城市群与区域经济质量的整体提升，要遵照“统筹改革、科技、文化三大动力，提高城市发展持续性”的要求，[②] 一方面，要充分发挥超大特大型中心城市在经济社会发展中的动力源和增长极作用，加快形成中心城市带动城市群、都市圈一体化发展的格局，培育支撑区域高质量发展的空间创新动力机制；另一方面，要在推进区域一体化发展的进程中，促进各板块各单元由平面化竞争、单向度的协作转向立体式合作、多向度的协调协同，从而实现动能交换、优势互借、相互赋能、共同发展，全方位破除影响创新要素自由流动的瓶颈和制约，进一步激发各类创新主体活力，综合提升创新策源能力和全球资源配置能力。一个国家和地区，只有进入全球产业分工体系，才能攀上全球产业链、价值链的重要节点位置，进而实现城市与区域能级和实力的提升。我国的京津冀、长三角与粤港澳大湾区，已经具备了这种综合优势，要以重大生产力布局为抓

① 参见高国力、李天健、孙文迁：《中国城市群的基本特征、主要问题及对策思路》，载《中国发展观察》，2018 年第 1—2 期。

② 习近平：《做好城市工作的基本思路》（2015 年 12 月 20 日），《十八大以来重要文献选编》（下），中央文献出版社 2018 年版，第 85 页。

手，把握科技创新的关键驱动力，依托先进制造业基地、现代服务业发展，加速打造具有全球影响力的产业科技创新中心，培育一批全球科技创新高地和新兴产业重要策源地，建立具有核心竞争力和高度安全的现代化产业体系。要充分发挥国家重大科技平台在城市群、都市圈的一体化发展中促进产业集群、科技集群、创新集群联动生长的带动作用，以高水平的开放开源与安全包容，构筑创新载体集聚地，建立高效率的创新生态系统，率先在京津冀、长三角、粤港澳大湾区等区域培育出新技术、新赛道上的领军企业和载体空间，协力打造数智时代高质量发展的新增长极，在世界级城市群建设中展现创新的风采与实力，为中国式现代化提供硬核支撑与持久动能。

2. 以科技创新驱动质量效率的率先变革，加快形成科技与人才主导的创新要素向城市群、都市圈集聚的动力机制

创新驱动区域高质量发展，更好服务构建新发展格局，必须通过深化改革，推进城市群、都市圈在建立统一开放、竞争有序的市场体系上率先而为。在城市群、都市圈率先开展区域市场一体化的工作，建立健全区域合作机制，将为国家层面的区域协调发展注入新的动力机制与制度保障。全国统一大市场建设就是把我国的超大规模市场作为一种资源，为区域协调发展注入新动能，重点突出市场的规则导向；同时运用区域协调发展的新机制，为全国统一大市场的建设破除有形与无形壁垒。城市群、都市圈的本质问题是实现基于统一市场的资源要素充分流动与合理配置。以区域高质量发展来倒逼统一大市场建设，其空间演进路径应是中心城市带动都市圈与城市群由内向外直至全国的多向联动，要注重依托区域性轨道交通网络的“硬联通”促进协同联动机制的“软联通”，高标准推进城市群、都市圈范围内的统一大市场建设。在这个进程中，基础设施“硬件”一体化程度将大幅提高，阻碍生产要素自由流动的行政壁垒和体制机制障碍将被加快消除，产业专业化分工协作程度也将显著提高。应当承认，当前国内偏向行政单元的区域发展，造成跨区域的要素流动与空间治理成本较高，不利于统一大市场的建立。建立统一大市场，需要在区域间、区域内同步推行一体化的政策机制，城市群、都市圈涵盖大中小城市、城镇与毗邻区域，发挥其市场的引领作用，打破原来的行政单元治理格局，有助于实现空间组织与这种政策机制的高度对应，让区域经济的分工与一体化市场建设形成良性互动，加快实现从时间维度到空间维度的新转变，从行政区域竞争向功能性区域协同的新跃升，从而加快建立起适应科技、人才主导的创新要素向城市群、都市圈集聚的空间形态，为创新驱动高质量发展提供重要支撑。

在区域一体化进程中提升全要素生产率成为重要的战略导向，创新驱动区域高质量发展、科技自立自强上升为现代化产业体系建设的关键变量之时，推进中国式现代化区域新实践，不仅要依托现代化城市群、都市圈的主体空间引领区域高质量发展，还需要把建立完整的科技创新体系与产业体系作为高质量发展的关键支撑，始终坚持创新在推进现代化建设全局中的核心地位。进入“十四五”时期，我国的创新体系空间布局细分为国际科技创新中心、综合性国家科学中心、区域科技创新中心等多个层级，这些科技创新中心、科学中心的发展都必须依托城市群、都市圈的教育、科技、产业和人才的丰厚创新资源，形成创新集群引领的载体平台。放眼当今世界，科技创新驱动的现代化城市群、都市圈打造的创新制高点，正在形成高密度的科技集群，并且朝着与产业集群、创新集群一体化联动发展的方向演进。科技集群是地理空间上邻近，技术和经济相互链接的创新企业、知识机构、服务行业的集合体。科技集群基于规模经济的分工，逐渐产生领先的核心技术和持续创新能力，不断产出大量的新知识和新产品。科技（创新）集群能够反映一个地区的科技能力和创新活力，也是区域一体化发展、创新引领的核心动力。世界知识产权组织（WIPO）发布的《2022 年全球创新指数报告》显示，中国拥有 21 个世界领先的科技集群（Science & Technology Clusters），在数量上首次追平美国，并列世界第一。[①] 中国入选的深圳—香港—广州、北京以及上海—苏州三个科技集群，对应的载体空间正是粤港澳大湾区、京津冀和长三角三大城市群，也与我国全力布局的北京、上海、粤港澳大湾区三大国际科技创新中心形成呼应与协同之势。

为加快建设科技强国的步伐，发挥科技创新驱动对区域发展的引领作用，我国布局建设了北京、上海、粤港澳大湾区三大国际科技创新中心和北京怀柔、上海张江、安徽合肥、粤港澳大湾区 4 个综合性国家科学中心，作为建设国际科技创新中心的内核支撑。[②] 北京科技创新中心集中了大量优质科教资源，拥有的高校、科研机构以及央企等，聚集了丰富优质的创新资源，其主要任务是打造全国科技创新的策源地。上海科技创新中心主要是集中打造集成电路、人工智能、生物医药三大产业的创新高地。粤港澳大湾区科创中心着重发挥广东改革开放前沿、港澳国际化程度高的优势，打造全球最大的中试验证和成果应用推广基地。我国建设综合性国家科学中心，主要任务是通过建设重大科技基础设施和高水平创新平台，整合优质创新资源，构筑世界级原始创新高地，以此来聚集全球顶级人才和高水平的人才团队，壮大科技领军人才队伍，务实推进科技、人才与教育的一体化战略，为我国开辟发展的新领域新赛道和塑造发展的新动能新优势提供基础性战略性支撑。

3. 培育壮大城市群、都市圈空间的区域创新共同体打造科技创新带动高质量发展的新增长极

坚持创新驱动在中国式现代化实践中的核心地位，瞄准国家战略需求系统布局关键创新资源，让科技创新全方位赋能区域高质量发展，不仅有利于高起点破解区域发展的不平衡不充分问题和优化创新空间布局，

---

① 参见《WIPO 中国：全球创新指数之全球科技集群—东亚主导》，WIPO 中国办事处 2022 年 9 月 14 日。

② 参见《中华人民共和国国民经济和社会发展第十四个五年规划和 2035 年远景目标纲要》，新华社受权发布，2021 年 3 月。

也有利于培育造就出城市群、都市圈空间中的区域创新共同体，形成科技创新带动的高质量发展的新增长极。我国在推进创新型国家建设行动中，逐步建立起“三大国际科技创新中心高位引领、四个综合性国家科学中心创新策源、三个区域科技创新中心支撑带动”的多层次区域创新格局。[①] 这些区域创新高地作为重要科技创新策源地和区域发展增长极，辐射带动国内创新发展，深度参与全球科技产业竞争合作，在国内大循环和国内国际双循环中发挥了关键作用。北京充分发挥全国科技创新中心的引领辐射带动作用，大力促进创新驱动发展，推进建立高效协作的京津冀协同创新共同体，全面提升京津冀区域协同创新能力，奠定了科技集群进入世界前列的基础，带动京津冀形成区域协同创新的全新格局。上海—苏州地区科技集群的形成，标志着长三角核心地区的科技集群已经突破行政边界，朝着长三角科技共同体的趋势发展。[②] 在国家层面的《长江三角洲区域一体化发展规划纲要》中，长三角的定位是“一极三区一高地”：全国发展强劲活跃增长极、全国高质量发展样板区、率先基本实现现代化引领区、区域一体化发展示范区、新时代改革开放新高地。其中的“现代化引领区”进一步明确了长三角在中国式现代化进程中的责任担当。长三角对标世界最发达的城市群，推进更高质量的区域一体化发展，做好引领全国强劲活跃增长极，必须持续提供高水平科技供给，“勇当我国科技和产业创新的开路先锋”。由此，以产业集群支撑科技集群，协力建设科技创新共同体，培育壮大高水平的创新集群、大尺度的创新空间单元，打造全国性的资源创新高地，建立一批世界级的产业与企业群落、大科学设施群就成为必由之路。在这个过程中，跨地域的科创资源、人才资源和空间资源的整合协同，将会形成澎湃的创新动能，提升内生动力，扩展外向张力，整体提升长三角区域的发展能级和引领

① 国家发展和改革委员会：《全力推动构建新发展格局取得新突破》，载《求是》2023 年第 8 期。

② 参见楼崇：《强化长三角科技集群区域协同》，载《群众》2022 年第 22 期。

力。粤港澳大湾区的战略定位是充满活力的世界级城市群和具有全球影响力的国际科技创新中心。[①] 服务构建新发展格局，坚守“一国”之本，善用“两制”之利，广东携手港澳推进粤港澳大湾区建设，探索三地创新规则衔接、机制对接，增强畅通国内大循环和联通国内国际双循环的功能。[②] 在更高水平的开放中打造高质量发展的重要动力源，加快建设全球科技创新高地和新兴产业重要策源地，集中部署了中国散裂中子源、大亚湾中微子实验、江门中微子实验等“国之重器”大装置大平台大项目，提升鹏城实验室、广州实验室、松山湖材料实验室、季华实验室的开源合作能力。[③] 这种创新合作的模式及成果，拓展了港澳发展空间，也更生动地向世界展现了中国式现代化协力创新、包容发展的制度优势和美好前景。

中国式现代化的鲜明特色与本质要求，决定了创新驱动区域高质量发展的重要性、紧迫性与长期性。在推进区域一体化发展进程中，城市群与都市圈已成为高质量发展的动力源。应对区域发展范式的重大转变，必须坚持创新在现代化建设全局中的核心地位，统筹推进国际科技创新中心、区域中心城市的建设与区域创新高地的培育，吸引海内外创新资源的高效集聚，营造高水平开放创新生态。以高质量发展推进中国式现代化区域创新新实践，加快实现区域发展的动能转换，核心是完善科技创新体系，着力以科技创新驱动质量效率的率先变革，强化产业集群、科技集群、创新集群的空间协同，打造具有全球影响力的产业科技创新高地，引领区域高质量发展进入新境界。要在战略层面瞄准早日跻身创新型国家前列的目标，加快实现国家发展驱动力的根本转换。要把促进

① 参见中共中央、国务院：《粤港澳大湾区发展规划纲要》，人民出版社2019年版。

② 参见《中共广东省委 广东省人民政府关于新时代广东高质量发展的若干意见》，2023年5月发布。

③ 参见卞德龙等：《大湾区科创实力“硬”在哪？》，载《南方日报》2023年5月24日，第2版。

教育、科技、人才的一体联动发展作为提升区域高质量发展新动能新优势的基础性、战略性支撑，为区域发展范式的真正转变提供持续动能，推动中国式现代化区域实践在创新发展、高质量发展上不断谱写新篇章。

（原载《江海学刊》2023 年第 6 期）

第三章

“中国式现代化新道路”的生动实践与重要支撑

——“中国情景”城市群发展战略提升

“中国式现代化新道路”创造了人类文明新形态，这是习近平总书记在庆祝中国共产党成立100周年大会上的庄严宣告。中国式现代化取得的伟大成就，是中国特色社会主义的辉煌创造，是中国新型城镇化道路的生动实践。改革开放以来我国探索的中国式新型城镇化道路，在谱写经济社会发展的奇迹、鼎助实现全面建成小康社会的第一个百年奋斗目标之时，还造就了一批进入全球城市体系的城市和城市群，使中国的城市发展实现了从“落后时代”到“赶上时代”再到“引领时代”的伟大跨越，以人为中心的新型城镇化道路越走越宽广。伴随着我国城镇化进入城市群发展的高级阶段，党的十九大报告提出要以城市群为主体构建大中小城市和小城镇协调发展的城镇格局。《中华人民共和国国民经济和社会发展第十四个五年规划和2035年远景目标纲要》更加明确了城市群和都市圈在发展全局中的地位：“坚持走中国特色新型城镇化道路，深入推进以人为核心的新型城镇化战略，以城市群、都市圈为依托促进大中小城市和小城镇协调联动、特色化发展，使更多人民群众享有更高品质的城市生活。”新时代的“中国情景”城市群发展方略，成为建设现代化国家新征程上深入推进新型城镇化战略，走好集约发展、科学发展和高质量发展之路的科学引领。进入新发展阶段，面对百年未有之大变局，服务构建新发展格局，必须全面系统贯彻落实新发展理念，更加精准把握“中国情景”城市群生长和区域一体化的发展规律，以城市群和都市圈的高质量发展，构建大中小城市和小城镇协调发展的新格局，打造开放包容自主可控的现代化经济体系，实现区域发展能级的再提升，在迈向基本现代化和全面建成社会主义现代化强国的伟大进程中，开辟人的全面发展、城乡共同富裕、物质文明和精神文明相协调、人与自然和谐共生的“中国式现代化新道路”的新境界。

一 科学把握“中国情景”城市群的生长规律

从区域空间演化的阶段性特征来看，城市群是城市发展最高层次的空间组织形式，是推进我国新型城镇化的“主体形态”。[①] 现代意义的城市群通常指以一个城市为核心、数个城市为构成单元，依托发达的交通通信等基础设施网络所形成的空间组织紧凑、经济联系紧密、并最终实现高度同城化和高度一体化的城市群体。作为优质资源要素的主要集聚地和引领创新的核心载体，城市群在区域和国家经济社会发展中发挥着关键支撑作用。综观全球城市体系运行，城市群、都市圈基本都是各国经济发展格局中最具活力和潜力的地区，代表所在国家与区域参与全球产业和科技创新竞争已成为常态。从世界经济版图来看，排名前 40 的城市群为全球贡献出 66% 的经济总量和 85% 的科技成果。区域一体化是经济增长的助力器，城市群、都市圈则是区域一体化的空间集约，是公认的高效经济区域。一个国家和地区城市群发育成长的过程，就是其国力和核心竞争力持续增强的过程。从欧洲 19 世纪中期的英国中南部城市群的初现，到 20 世纪中期美国东北海岸的大西洋沿岸都市带的快速崛起，

① 参见范恒山：《大力推动城市群高质量发展》，载《区域经济评论》2021 年第 1 期。

再到20世纪60年代后日本东京大城市群的加速扩展，无不证明了以交通网络、产业体系、公共服务和创新集聚为代表的新型城市群或大都市圈，在生产效率、人口集聚和创业创新的单位空间倍增效应。现代意义上的城市群或都市圈形成的特定组合形态，决定了在产业结构、组织结构、空间布局、专业化程度、区位条件、基础设施、要素的空间集聚等方面比其他区域具有更大的优势。从区域一体化进程的规律来看，工业化驱动中心城市与次中心城市与周边区域的联动发展和一体化发展，在新技术、新产业、新机制的推动下，促进了新产业的产生和主导产业的加速更替，以及产业结构的转换，在不断实现城市自身发展的同时，也以带动周边地区或特定地带的产业、经济共同增长，助力区域整体发展能级的提升和空间的持续扩展。

中国城市群与都市圈的快速生长，得益于改革开放以来城镇化、工业化的双轮驱动，这种驱动在提升国力、支撑中国经济持续高增长，成为世界第二大经济体的同时，也以“三纵两横”城镇化骨架，支撑起了覆盖重点地区的国家城市体系，重构世界经济地理版图。20世纪90年代，我国确立社会主义市场经济体制，经济一体化带动区域发展一体化成为东部沿海发达地区的基本共识和主动选择，珠江三角洲、长江三角洲和京津冀地区率先开展区域合作，联手推进协同发展、一体化发展，为其后上升为国家级的巨型城市群、大都市圈打下了较好的基础。进入“十一五”期间，我国开始推行国家战略层面的区域规划，鼓励创建国家级新区，明确提出“要把城市群作为推进城镇化的主体形态”，要求“以特大城市和大城市为龙头，形成若干用地少、就业多、要素集聚能力强、人口合理分布的新城市群”，并对当时已经具备较强经济实力的珠三角、长三角和环渤海地区提出了增强城市群整体竞争力的战略任务。随后，《全国主体功能区规划》发布，具体提出推进环渤海、长三角、珠三角地区的优化开发，形成三个特大城市群，推进哈长、江淮、海峡西岸、中原、长江中游、北部湾、成渝、关中—天水等地区的重点开发，形成若干新的大城市群和区域性的城市群。主体功能区规划是国家层面的城市群发展战略引领，我国此后明确提出的“19＋2”城市群，基本是在这个战略格局下进行细化优化的。党的十八大之后，我国的国土空间实现了全覆盖的功能性规划，更加突出整体性、协调性和城市群的带动性，在区域发展上形成了以京津冀协同发展、长江经济带发展、粤港澳大湾区建设、长三角一体化发展、黄河流域生态保护和高质量发展等五大重大国家战略为引领的区域协调发展新格局。这五大战略联南接北、承东启西，与地域广大的东部、中部、西部以及东北地区构成的四大区域板块交错互融，托起了优势互补的区域整体高质量发展格局，决定了中国发展的未来。国家“十三五”规划纲要具体提出：“优化提升东部地区城市群，建设京津冀、长三角、珠三角世界级城市群，提升山东半岛、海峡西岸城市群开放竞争水平。培育中西部地区城市群，发展壮大东北地区、中原地区、长江中游、成渝地区、关中平原城市群，规划引导北部湾、山西中部、呼包鄂榆、黔中、滇中、兰州—西宁、宁夏沿黄、天山北坡城市群发展，形成更多支撑区域发展的增长极。促进以拉萨为中心、以喀什为中心的城市圈发展。”[①] 为区域性城市群的规划建设明确了定位和方向。在新发展理念的统领下，我国着力推进以人为核心的新型城镇化战略，为城市群与都市圈的高质量发展、高水平治理创造了新的机遇，大手笔规划、精细化落实，使城市更健康、更安全、更宜居，日益成为人民群众高品质生活空间。我国京津冀、粤港澳、长三角、成渝等主要城市群，目前已承载了全国约78%的人口，贡献的地区生产总值超过80%，[②] 不仅成为承载优质资源要素、引领经济发展、驱动创新创业的主要空间载体，也已成为国内国际人才向往的事业发展舞台、高品质生活目的地。

① 《中华人民共和国国民经济和社会发展第十三个五年规划纲要》，新华社2016年3月17日。

② 参见北京市习近平新时代中国特色社会主义思想研究中心：《提高中心城市和城市群综合承载能力》，载《光明日报》2020年1月13日，第6版。

当代中国的城镇化演进，从城镇的单点突破到跨区域联动，再到一体化发展的城市群与都市圈的整体带动，不断提升区域发展能级，既体现了世界城市化的基本规律，又体现了中国特色新型城镇化道路的集成性创新性实践，承载着全面建成小康社会、建设社会主义现代化国家的历史使命，映射出主动破解发展不平衡不充分问题，不断满足人民群众对美好生活向往追求的孜孜探索。改革开放以来经济社会发展的历史成就已经证明，中国开辟的新型城镇化道路，引领了人类历史上人口规模最大的城镇化运动，是城乡一体、共享发展成果的城镇化，是人与自然和谐共生的城镇化，是不断提升物质文明和精神文明协调水平、促进人的全面发展的城镇化，这些构成了“中国情景”城镇化道路的主要特征与根本追求。进入新发展阶段，践行新发展理念，推进以人为核心的新型城镇化战略，将城市群作为主要载体来构建现代化经济体系，促进实现大中小城市和小城镇的协调发展，为“中国情景”的城市群建设注入了高质量发展、高水平治理的新内涵。2018 年 11 月，《中共中央 国务院关于建立更加有效的区域协调发展新机制的意见》提出，以京津冀、长三角、粤港澳、成渝、长江中游、中原、关中等城市群推动国家重大区域战略融合发展，建立以中心城市引领城市群发展、城市群带动区域发展的新模式，推动区域板块之间融合互动发展。踏上现代化新征程的城市群规划建设，要深刻认识我国社会主要矛盾发生的新变化，坚持以人民为中心的核心理念，充分发挥制度优势，在国家区域战略的“顶层设计”下，促进大中小城市和小城镇以及辐射带动空间的协调发展，走稳走好特色发展、集约发展、品质发展和创新发展之路，使更多人民群众享有更高品质的城市生活。现代城市群和都市圈的健康生长与可持续发展，取决于经济、产业与治理的多重力量。我国经济发展已经由高速度增长转向高质量发展阶段。我国城市群的发展也从规模化扩张转向更加集约化、提升全要素生产率的高质量发展阶段，这对区域协调发展提出了新的要求。“我们不能简单要求各地区在经济发展上达到同一水平，而是要根据各地区的条件，走合理分工、优化发展的路子。”① 当前，地处我国东部发达地区的城市群与都市圈，经济发展与居民平均收入已经达到了世界中等发达国家的水平，未来在促进资源要素更加优化配置的同时，必须突出共同富裕的理念引领，加快推进公共服务的均等化，注重运用一体化、同城化的硬件建设和公共服务，实现更有效率、更加公平、更可持续、更为安全的发展，让“城市群人”“都市圈人”在一体化发展的进程中共创现代化美好生活。这正是“中国情景”的新型城镇化道路与城市群战略的根本追求。

二 以新发展理念引领“中国情景”城市群高质量建设

基于产业空间、地理空间与生态空间融合发展、一体化发展的现代城市群，是城市化高级阶段的空间形态，协同发展、集约发展、高质量发展成为这一阶段的鲜明战略导向。党的十八大以来，我国明确提出把城市群作为推进国家新型城镇化的主体，以新发展理念引领城市群、都市圈的高质量发展、健康发展。作为新型城镇化主体形态的城市群成为支撑全国经济增长、促进区域协调发展、参与国际竞争合作的重要平台。在习近平总书记亲自擘画之下，新时代区域协调发展战略的“四梁八柱”加快形成。京津冀协同发展、长江经济带发展、粤港澳大湾区建设、长三角一体化发展等新的区域发展战略有序推进，京津冀、长三角、珠三角等城市群加速成长为带动全国高质量发展的新动力源。面对百年未有之大变局，习近平总书记深刻指出，我国经济发展的空间结构正在发生深刻变化，中心城市和城市群正在成为承载发展要素的主要空间形式。不平衡是普遍的，要在发展中促进相对平衡。这是区域协调发展的辩证

① 习近平：《推动形成优势互补高质量发展的区域经济布局》，载《求是》2019 年第 24 期。

法。产业和人口向优势区域集中，形成以城市群为主要形态的增长动力源，进而带动经济总体效率提升，这是经济规律。[①]

区域发展不平衡、地区发展差异大，是我国的基本国情，也是我国推动区域协调发展进程中需要着力破解的基本矛盾。坚持区域协调发展，是我国经济社会发展的一个重要原则。前瞻性把握区域发展的新变化，以新发展理念引领区域协调发展、城市群的高质量发展，这是国家层面“顶层设计”遵循经济规律和区域发展规律的科学选择，有力促进我国区域能级加速迈上新台阶，特别是整体发展观的根本转变，为推进跨行政区的城市群主导的区域协调发展提供了根本的制度与政策保障。推动京津冀协同发展上升到国家战略，习近平总书记特别强调，“实现京津冀协同发展，是面向未来打造新的首都经济圈、推进区域发展体制机制创新的需要，是探索完善城市群布局和形态、为优化开发区域发展提供示范和样板的需要，是探索生态文明建设有效路径、促进人口经济资源环境相协调的需要，是实现京津冀优势互补、促进环渤海经济区发展、带动北方腹地发展的需要，是一个重大国家战略”[②]。推进粤港澳大湾区规划建设，为了使“国之大计”经得起实践和历史检验，习近平总书记多次在中央经济工作会会议、中央政治局常委会会议和中央政治局会议上，就加快建立规划协调机制、提高规划建设顶层设计水平做出重要指示，从发展全局高度为粤港澳大湾区擘画蓝图。2018 年 4 月，习近平总书记在武汉主持召开深入推动长江经济带发展座谈会时指出，要优化长江经济带城市群布局，坚持大中小结合、东中西联动，依托长三角、长江中游、成渝这三大城市群带动长江经济带发展；2018 年 11 月，习近平总书记在首届中国国际进口博览会开幕式上宣布，支持长江三角洲区域一体化发展并上升为国家战略。长三角区域一体化发展上升为新

---

① 习近平：《推动形成优势互补高质量发展的区域经济布局》，载《求是》2019 年第 24 期。

② 人民网时政：《习近平在京主持召开座谈会 专题听取京津冀协同发展工作汇报》，载人民网，http：//politics. people. com. cn/n/2014/0227/c70731 –24486624. html。

的国家战略，是建设好长三角世界城市群的重要保障；2019 年 11 月，习近平总书记在上海考察时强调要抓好《长江三角洲区域一体化发展规划纲要》的贯彻落实，要求三省一市增强大局意识、全局观念，加快形成“发挥上海龙头带动作用，苏浙皖各扬所长，加强跨区域协调互动，提升都市圈一体化水平，推动城乡融合发展，构建区域联动协作、城乡融合发展、优势充分发挥的协调发展新格局”。

新发展理念引领下的“中国情景”城市群规划建设，在“十三五”期间取得了重大突破，区域协调发展的空间新格局释放出高质量发展的强劲动能，一体化和高质量成为关键的主题词，创新发展、协调发展、绿色发展、开放发展与共享发展，不仅体现在规划文本上，也落实到了具体行动上。围绕京津冀、粤港澳、长三角等超级城市群的国家战略要求，各地或制定行动计划和落实清单，或以区域性的次级城市群和都市圈规划建设，来展现推进一体化发展、同城化发展的信心和力度。以沪苏浙皖共同建设长三角世界级城市群为例，江苏在“十三五”初期就先行规划建设“扬子江城市群”，将沿江的南京、镇江、扬州、常州、泰州、无锡、南通以及苏州 8 个城市纳入一体化发展的新空间，以“嵌套型”的次级城市群建设来提升长三角北翼核心区域的发展能级。[①] 浙江规划建设杭州、宁波、温州、金义四大都市区，以把浙江全域打造成长三角世界级城市群一体化发展的“金南翼”。安徽作为加入长三角世界级城市群建设的新军，在原有合肥都市圈的基础上，进一步谋划做实皖江城市群。即使是作为长三角龙头的上海，在主导“长三角生态绿色一体化发展示范区”的同时，也确定在上海市域内高标准打造嘉定、松江、青浦、奉贤和南汇等五个新城，将其升格为长三角城市群中具有辐射带动作用的独立综合性节点城市。多极崛起，分工协作，同向发力，一体化

① 参见李程骅：《长三角城市群格局中的“扬子江城市群”构建策略》，载《江海学刊》2016 年第 6 期。

对接硬件建设和社会服务，尤其是在相邻的空间范围内进行生产、生活、生态的科学布局，成为城市群大格局下各发展单元的共同选择和创新实践，不断开辟高质量发展的新境界。

新的区域发展格局为我国城市群空间的合理布局与动能再造，带来了前所未有的战略机遇，也对新形势下城市与城市群全面践行新发展理念、深化“五位一体”建设提出了更高要求。坚持推进区域协调发展，安全、生态、宜居上升为城市与城市群建设的新主题，使城市与区域治理成为国家治理体系和治理能力现代化的重要内容。2020 年 4 月，习近平总书记在中央财经委员会第七次会议上，结合疫情防控对涉及国家中长期经济社会发展重大问题的思考，提出完善城市化战略的新要求：我国城市化道路怎么走？这是个重大问题，关键是要把人民生命安全好身体健康作为城市发展的基础目标。要更好推进以人为核心的城镇化，使城市更健康、更安全、更宜居，成为人民群众高品质生活的空间。城市发展不能只考虑规模经济效益，必须把生态和安全放在更加突出的安全，要坚持以人民为中心的发展思想，坚持从社会全面进步和人的全面发展出发，在习近平生态文明思想和总体国家安全观指导下制定城市发展规划，打造宜居城市、韧性城市、智能城市，建立高质量的城市生态系统和安全系统。对于城市群的建设，他进一步提出要因地制宜推进城市空间布局形态多元化，优化城市群内部空间结构，推动城市组团式发展，形成多中心、多层级、多节点的网络型城市群结构。

城市之间既要加强互联互通，也要有必要的生态和安全屏障。① 2020 年 11 月，习近平总书记在江苏考察时强调，建设人与自然和谐共生的现代化，必须把保护城市生态环境摆在更加突出的位置，科学合理规划城市的生产空间、生活空间、生态空间，处理好城市生产生活和生态环境

① 习近平：《国家中长期经济社会发展战略若干重大问题》，载《求是》2020 年第 21 期。

保护的关系，既提高经济发展质量，又提高人民生活品质。[①] 以习近平生态文明思想和总体国家安全观为指导，在更高站位上推进落实城市与城市群的规划建设，是打造生态城市、安全城市和宜居城市的根本遵循。这是进入新发展阶段我国城市发展理念的重大转变，是构建世界级城市群和现代化都市圈的科学指引。在现代化新征程上，建立起高质量的生态系统和安全系统，是城市和城市群健康发展的重要保障。

在我国当前的城镇空间体系中，中心城市和城市群的综合承载能力和资源优化配置能力强，对周边区域人口、产业、就业、消费等虹吸效应明显，但不少城市与城市群在规模快速扩张的同时，也面临着越来越严重的生态失衡和发展安全问题。城市功能过多、经济和人口布局过于集中引发的交通拥挤、环境恶化和处理突发公共卫生事件不及时等“大城市病”开始蔓延。在城市群的空间范围内，城市之间生产生活联系紧密，但对重要的环卫、能源、生态保护工程设施，往往采取“邻避”策略，加上城市行政层级的差别以及在应急管理和风险应对方面能力的差距，很容易造成风险叠加，带来区域性的安全隐患。国家“十四五”规划纲要明确了进一步优化城市群内部空间结构，构筑生态和安全屏障，形成多中心、多层级、多节点的网络型城市群的要求，同时提出要建立健全城市群一体化协调发展机制和成本共担、利益共享机制，统筹推进基础设施协调布局、产业分工协作、公共服务共享、生态共建环境共治，目的就是要规避城市群空间扩展带来的多种新风险、保障区域发展安全。因此，在加强超大特大城市治理的风险防控中，要从城市群、都市圈一体化提升应对风险危机的高度，统筹布局在一定程度内可替代的设施，加快建立起区域内应急资源区域保障合作机制，通过联动合作来弥补单个城市应对能力不足的缺陷。尤其要充分发挥好中心城市和大城市设施

---

① 参见习近平：《贯彻新发展理念构建新发展格局 推动经济社会高质量发展可持续发展》，载《人民日报》2020 年 11 月 15 日，第 1 版。

完善、资源服务水平高的优势，在危机应对时期主动为相邻中小城市分担风险。[①] 强化制度设计，发挥政府、社会与企业的责任担当，增强各城市的共同防范风险能力，让设施、生态、经济更具抗击风险的韧性，有助于探索出治理“城市病”、促进城市与区域健康发展的新路径，夯实“中国情景”城市群的可持续发展基础。

三 开辟中国新型城镇化道路的新境界

世界发达国家和地区的现代化进程已经验证，没有高度的城镇化和城市群主导的区域一体化发展的驱动，就很难建立起现代化经济体系、集聚起高端化的创新要素，也就无法攀上全球产业链、价值链的重要节点位置，进而实现发展能级和整体实力的提升。现代化经济体系的空间主要是大城市和城市群。我国在全面建成小康社会取得伟大的历史性成就之后，乘势开启全面建设社会主义现代化国家新征程，把城市群、都市圈打造成更高质量发展的动力源，建立起高度开放、自主可控的现代化经济体系，以此带动大中小城市和小城镇的协调发展，对应对百年未有之大变局、构建新发展格局意义重大。进入新发展阶段，在世界城市体系的变动中观照中国城市群与区域空间的新布局，立体的现代化交通体系起将到关键支撑作用。我国成功建设了世界上规模最大、现代化水平最高的高速铁路网之后，同步带来了城市格局、人口布局、经济版图的积极变化：“四纵四横”高铁网已经形成，“八纵八横”高铁网正加密成型，高铁已覆盖全国92%的50万人口以上的城市。我国区域间的高效互联互通大幅压缩了传统的地理空间，通达半径500公里的城市群形成1—2小时交通圈。高铁的公交化运营将沿线城市和区域串点成线，促进

① 参见汪毅：《建设韧性城市群 提升区域抗风险能力》，载《群众》2020年第9期。

了生产要素和消费要素的优化配置和集聚发展一批高铁城市带主导、城际轨道网络支撑的超级城市群加速形成，为人口流动、产业重组、要素重构和创新资源的高效集聚提供了新的平台，并建设了现代化经济体系的新形态。可以说，这是当前和未来一个阶段，“中国情景”城市与城市群发展的最大优势和动能。顺势而为推进城市群内部城市、发展单元的一体化、同城化，将会持续培育出核心竞争力的高质量发展动力源，带动整体发展能级的提升，开辟中国新型城镇化道路的新境界。

基于上述考量，面向“十四五”及更长一个时期，我国要在进一步完善落实主体功能区制度的前提下，以中心城市和城市群等经济发展优势区域为重点，加快构建现代化经济体系，持续增强经济和人口承载能力，破除资源流动障碍，以此强化中心城市对区域发展的辐射力，带动全国经济效率整体提升。现代化经济体系的空间支撑主要是大城市和城市群，大城市的快速成长以及对高端要素的集聚，促进生产性服务业与制造业的分工，有助于现代化经济体系的健康运行。① 京津冀、长三角、粤港澳大湾区等城市群，是发挥我国超大规模市场优势的重要空间载体，要着力探索本土化与全球化有机结合的新路径新方式，大力发展现代服务业，加快提升创新策源能力和全球资源配置能力，最大限度地激活内生动力，成为引领高质量发展的第一梯队，率先形成以国内大循环为主体、国内国际双循环相互促进的新发展格局。东部沿海发达地区的城市群要依托先进制造业基地、现代服务业发展，打造具有全球影响力和控制力的经济中心、贸易中心、金融中心、科技中心以及创新创意中心的高端平台和载体空间，具备在全球范围内配置优质资源的功能，成为我国建设社会主义现代化国家的引领区和示范区。

现代城市群建设在我国构建新发展格局和推进现代化国家建设中，

---

① 参见李程骅：《建立更加有效的区域协调发展新机制》，载《光明日报》2018 年 2 月 23 日，第 6 版。

发挥着强大的创新载体与动能支持作用，我们必须为其高质量发展、健康发展提供政策支持与机制保障。毋庸讳言，我国过去城镇化高速扩张，大城市发展的极化效应明显，也造成了城市群内部发展的不平衡与非协同。部分“搭车型”城市群的核心区域带动功能不强，“虚胖”问题严重，甚至出现内部“空心化”现象。特别是不同行政区域的发展协同性不够，相邻地带容易形成发展的洼地，生产、生活水平落差大，生态环境的保护得不到重视，区域整体发展质量受到明显影响。即使在东部发达地区的城市群，内部的等级落差依然很大，城市之间存在着骨干交通框架建立起来后跨界区域的微循环不畅问题。由此，必须在更高层次、更高水平上加快跨域城市群基础设施的互联互通。“十四五”及之后一个时期，我国要借助高铁城市群的高效通达性优势，以现代化交通体系建设全面提高城市群内部通达的经济性便利性通勤性，要重点推进“轨道上的城市群”建设，为推动形成组团式发展，形成多中心、多层级、多节点的网络型城市群结构，提供高效的“硬核”支持，加快提升“同城化”水平，实现“一日工作圈”“半日生活圈”的广覆盖。同时，上下联动彻底破除跨行政区的资源流动障碍，在区域一体化进程中，真正拆掉心中的“墙”，畅通市场的“桥”，让“自己的事”“大家的事”变成“我们的事”，共同分享融合发展、一体化发展带来的巨大红利。

城市群是我国破解区域发展不平衡不充分的重要载体，也是我国现代化建设新征程上高质量发展的动力源。我国已经形成的 19 个主要城市群，包括 400 多个大中小城市，占国内城市的六成以上，协同发展与机制激励的加强将是长期的问题。[①] 我国推进城市群协调发展的实践已经表明，区域一体化发展和城市群的生长离不开宏观和微观两个层面的努力。面向未来，必须加快建立与全面建成社会主义现代化强国相适应的区域

① 杨孟禹、戴祎楠：《中国城市群战略变迁逻辑与“十四五”深化方向》，载《开发研究》，2020 年第 5 期。

协调发展新机制，进一步完善城市群的一体化发展治理体系，不断提升现代城市与城市群的治理能力。从宏观方面讲，城市群跨域发展，需要中央政府和地方政府之间、地方政府和地方政府之间纵向和横向的协调与合作，政府可以运用经济、法律、行政等手段，以制度创新来引导大区域与城市群的协调发展；从微观层面讲，区域一体化、城市群的协调发展，离不开强有力的“发展极”的带动，通过“发展极”的集聚、扩散以及创新作用的发挥，引导各种要素资源在城市群内部合理地广域流动，在各个城市之间形成发展梯度和分工协作，有助于推动城市群构建合理的产业布局与重构空间体系，培育出新的增长极和动力源。因此，推进城市群在高质量发展的轨道上运行，一方面要增强城市群与区域发展的协同性、联动性、整体性，以高效的协作机制、互助机制和补偿机制等，来汇聚各方发展力量，形成一体化建设、共享发展成果的务实行动；另一方面需充分发挥市场机制在区域资源配置中的重要作用，探索建立以中心城市为核心的功能经济区考核体制，着力解决同一发展空间内的资源错配和同质化竞争问题，让政府的导向与市场的方向一致，清除各种显性和隐性的市场壁垒，推进产业跨界融合，促进统一市场建设，真正实现生产要素的自由流动，推动发展的质量变革、效率变革和动力变革。

我国地域辽阔，地区之间经济社会发展不平衡将长期存在，区域一体化也并非一样化更不是合并化。踏上现代化国家建设的新征程，必须因地制宜推进城市群空间布局形态的多元化，在高质量发展的进程中促进各板块的相对平衡、优势互补与动能再造。当前，我国已形成“两横三纵”为主体的城市化战略格局，高铁干线串起主要功能区的骨干城市网络，促进了城市群的都市圈联合体化，都市圈承载的“发展极”角色与功能越来越强。从目前国家层面的规划单元来看，都市圈是定位于城市群内部的以辐射带动功能强的大城市为中心，以一小时通勤圈为基本范围的城镇空间形态。因此，要在东部发达地区率先打造世界级的城市群，构建高效安全的现代化经济体系，必须把现代化都市圈内部的通勤体系建设作为重点任务。都市圈是城市群的基本支撑和主要带动力量，城市群的协同在很大程度上来自于都市圈内外的协同，我国的城市群规划编制尺度较大，省际协调不容易，从都市圈入手推动城市群规划实施，是最合理也是最可行的选择。我国规划建设的 19 个城市群及 36 个都市圈，已经逐渐形成空间上的互动与融合态势，必须以更加完善的成本分担和利益共享机制，让都市圈率先形成统一市场，成为城市群的高附加值产业集聚区、高品质生活区，全方位发挥带动周边区域发展的作用。①

培育发展现代化都市圈，要以创新体制机制为突破，推动统一市场建设、基础设施一体高效、公共服务共建共享、产业专业化分工协作、生态环境共保共治等为重点，加快形成区域竞争新优势，为城市群高质量发展、经济转型升级提供多重支撑。以建设长三角世界级城市群为例，《长江三角洲区域一体化发展规划纲要》提出构建“核五圈”的网络化空间格局，“一核”是指上海，“五圈”分别是苏锡常都市圈、南京都市圈、杭州都市圈、宁波都市圈与合肥都市圈。上海大都市圈的“1 +8”规划，以上海市域为核，涵盖了江苏的苏州、无锡、常州和南通4 市，浙江的宁波、嘉兴、舟山、湖州4 市。以上海大都市圈为核心，这五个都市圈均有明确的分工，都被要求以基础设施一体化和公共服务一卡通为着力点，加快提升同城化发展水平。统一规划建设都市圈内路、水、电、气、邮、信息等基础设施，构建快速便捷都市通勤圈。都市圈内部的“同城化”功能升级与都市圈之间的联动发展，将进一步增强长三角地区整体综合实力，并有助于提升长三角在世界经济格局中的能级和水平，更好地引领我国参与全球合作和竞争，为国内城市群的一体化发展提供示范引领。

城镇化是现代化的必由之路，城市群是城镇化高级阶段的主体形态。

---

① 2019 年 2 月，国家发展改革委出台《加快都市圈现代化建设的意见》，提出到 2025 年都市圈同城化取得明显进展，培育一批空间结构清晰、城市功能互补、产业分工协调、交通往来顺畅、公共服务均衡、环境和谐宜居的都市圈。

中国特色的城镇化道路创造了人类历史上从未有过的奇迹，区域协调发展、城乡一体发展的基本国策，为改革开放的伟大事业和实现全面建成小康社会的伟大目标作出了重大贡献。站在“两个一百年”奋斗目标的历史交汇期，开启现代化国家建设新征程，应对百年未有之大变局，必须更加自觉地坚持新发展理念，高起点构建新发展格局，顺应城市与区域发展规律，深化推进以人为核心的新型城镇化战略，将城市群、都市圈作为主要载体来建设现代化经济体系，并以此促进大中小城市和小城镇协调联动、特色化发展，打造高质量发展的动力源，是破解发展不平衡不充分矛盾、走好中国特色新型城镇化道路的使命所在，是在国内国际双循环中构建新发展格局的重要选择。我们坚信，以人民为中心、以人为核心的“中国情景”城市群、都市圈发展的新方略，将以培育出的磅礴创新动能和核心竞争优势，为“中国式现代化新道路”贡献出新的巨大力量，为如期实现我国第二个百年奋斗目标提供重要保障。

（原载《江南大学学报》2021 年第 5 期）

第四章

中国特色城市群现代化道路的价值引领与实践进路

——以扬子江城市群为样本

城市群是城市发展最高层次的空间组织形式，在国家和区域经济社会发展中发挥着关键支撑作用。以现代城市群和都市圈建设为抓手，是推进中国特色新型城镇化战略，走好新时代区域协调发展、科学发展和高质量发展之路的科学选择。党的十八大之后，我国着力推进以人为核心的新型城镇化战略，把城市群作为新型城镇化的主体形态进行部署。《国家新型城镇化规划》（2014—2020 年）对优化提升东部地区城市群、培育发展中西部地区城市群和建立城市群发展协调机制做了具体安排。党的十九大报告提出，要以城市群为主体构建大中小城市和小城镇协调发展的城镇格局。《中华人民共和国国民经济和社会发展第十四个五年规划和 2035 年远景目标纲要》更加明确了城市群和都市圈在发展全局中的地位：坚持走中国特色新型城镇化道路，深入推进以人为核心的新型城镇化战略，以城市群、都市圈为依托促进大中小城市和小城镇协调联动、特色化发展，使更多人民群众享有更高品质的城市生活。要着力发挥城市群、都市圈在区域协调发展中的引领作用，是因为我国经济发展的空间结构正在发生深刻变化，中心城市和城市群正在成为承载发展要素的主要空间形式。[①] 坚持以人民为中心、以人为核心，让人与经济发展、自然环境更加适配，重塑区域发展的空间形态，在构建现代化经济体系中持续提升区域协调发展水平与发展能级，促进人的全面发展，是中国特色现代化城市群健康发展的正确方向与价值引领。在现代化国家建设新征程上，不断深化中国式现代化道路的丰富内涵，必须把握中国特色的城市群生长和区域一体化的发展规律，坚持发挥城市群和都市圈的带动作用，在构建大中小城市和小城镇协调发展的新格局中促进区域整体发展能级的提升。

一 构筑新型城镇化的主体形态：中国特色城市群的价值引领与行动自觉

世界发达国家和地区的现代化进程表明，没有以高度城镇化和城市群为主导的区域一体化发展的驱动，就很难建立起现代化经济体系、集聚起高端化的创新要素，也就无法攀上全球产业链、价值链的重要节点位置，进而实现发展能级和整体实力的提升。中国特色现代城市群的诞生与生长，直接得益于改革开放以来城镇化与工业化的双轮驱动。伴随着城镇化率的不断提升，从城镇的单点突破到跨区域的空间格局变动，再到一体化的城市群与都市圈的形态重塑，我国的区域协调发展战略既顺应和验证了世界城市化的基本规律，又有效破解了我国区域发展不平衡不充分的根本问题，走出了从注重区域增长极的培育到全面推进区域协调发展的特色之路。如果说我国的城镇化创造了人类历史上人口规模最大的城镇化奇迹，那么新时代必须更加突出目标导向与问题导向相结合的策略，注重发挥空间策略与制度创新的总牵引作用，全面推进以人

① 习近平：《推动形成优势互补高质量发展的区域经济布局》，载《求是》2019 年第 24 期。

为核心的城镇化与城市现代化。[①] 通过贯彻落实新发展理念，突出主体功能区战略，以城市群、都市圈为主要载体来构筑高质量的现代化经济体系，带动区域能级的整体提升，打破原来大中小城市、城镇与乡村等级化、不平等的发展的格局，体现出制度优势与市场力量在资源配置中的决定性作用，为中国未来的城市群与都市圈发展注入更加强劲的创新动能，释放出新一轮的一体化高质量发展的巨大红利，驱动以人为核心的新型城镇化成果的量质齐升。在现代化经济体系建设的进程中，城市群、都市圈空间体系托起的区域性或跨域的创新集群与开放枢纽或重要节点，已成为代表国家或区域参与全球产业竞争、进入高端价值链和创新链的主体力量，不断强化在世界城市体系变动中的核心竞争优势，为建设现代化强国提供关键支撑。[②]

从国家区域协调发展的大格局来看，进入新发展阶段，尽管继续应对东中西和南北发展的区域差异性问题，依然是从根本上破解我国区域发展不平衡不充分矛盾的关键所在，但由于我国经济发展的空间结构正在发生深刻变化，中心城市和城市群成为承载发展要素的主要空间形式，我国的区域协调发展战略，必须把发展的重心转向城市群、都市圈主导的一体化发展新空间。特别是区域发展大空间尺度的差距缩小、小空间尺度的经济聚集和不平衡布局加大等趋势，亟须通过规划建设城市群来有效遏制。[③] 进入新时代，我国国土空间形成了 19 个主要城市群，规划建设 36 个都市圈，在这一空间新格局下推进区域协调发展、一体化发展与高质量发展，既符合主体功能区战略，又利于发展要素的空间流动与空间增长。2016 年 6 月，国家发布的《长江三角洲城市群发展规划》，确

① 参见樊杰、赵艳楠：《面向现代化的中国区域发展格局：科学内涵与战略重点》，载《经济地理》2021 年第 1 期。

② 参见李程骅：《建立更加有效的区域协调发展机制》，载《光明日报》2018 年 2 月 23 日，第 5 版。

③ 参见孙久文：《论新时代区域协调发展战略的发展与创新》，载《国家行政学院学报》2018 年第 4 期。

定了 2030 年将长三角全面建成全球一流品质的世界级城市群的目标。此前，京津冀协同发展、长江经济带发展等跨区域的规划上升到国家战略，表明我国已把发展的空间中心转向城市群、都市圈，以更好体现“以城市群为主体形态来推动大中小城市和小城镇的协调发展”的理念和要求[①]。在 2019 年 12 月国家发布的《长江三角洲区域一体化发展规划纲要》中，尤其强调现代化都市圈的创新引领与区域发展带动作用，主体功能区的定位更加彰显。以此来审视长三角世界级城市群格局与长三角一体化发展战略下的江苏，其整体推进的区域功能定位升级与内部协调发展的实践行动，无疑具有很强的前瞻性。作为长三角核心腹地的江苏，南京都市圈、苏锡常都市圈共同构成了长三角世界级城市群北翼核心区，但包括南京都市圈、苏锡常都市圈在内的江苏沿江两岸的 8 个设区市南京、镇江、常州、无锡、苏州与扬州、泰州和南通，因分属苏南与苏中两大板块，行政层级、经济社会发展水平和地域文化都不相同，在省级层面上进行统筹，用现代城市群的理念进行一体化规划建设，协力打造一体化发展的现代城市群，有助于加快沿江两岸地区发展能级的整体提升。从空间格局来看，南沿江及沪宁线主导的苏南五市面积 2.81 万平方公里，北沿江的苏中三市面积 2.04 万平方公里，两岸承载的常住人口达到 5000 万，一体化发展将会培育出长三角世界级城市群和长江经济带中最大最优的区域增长带。[②] 为此，在“十三五”期间，江苏以新发展理念为统领，主动承接长三角世界级城市群的建设使命，实施扬子江城市群带动的“1+3”重点功能区[③]战略，积极探索高质量发展的现代城市群的实践进路。进入“十四五”之后，江苏省第十四次党代会进一步明确：

① 中共中央、国务院：《国家新型城镇化规划（2014—2020 年）》，2014 年 3 月。

② 参见李程骅：《长三角城市群格局中的“扬子江城市群构建策略”》，载《江海学刊》2016 年第 6 期。

③ “1+3”重点功能区：“1”即扬子江城市群，“3”包括沿海经济带、江淮生态经济区和以徐州中心的淮海经济区。

大力促进区域协调联动，更高质量推动长三角一体化发展，更高水平推进“1+3”重点功能区建设，着力提升扬子江城市群发展水平，努力把沿江地区打造成全省现代化建设先行带、引领带，加快培育造就高水平区域创新高地和核心竞争优势。[①] 以打造现代化建设先行带、引领带的理念和目标，全面提升扬子江城市群的创新带动作用和勾画出社会主义现代化建设示范区的生动场景，是探索新时代中国特色城市群现代化发展道路的实践担当。

在省域范围内高起点规划建设扬子江城市群，是做强做优长三角世界级城市群核心区的战略需要，也是江苏全面践行新发展理念、持续提升区域协调发展水平的路径选择。从大的空间均衡布局来看，无论是大尺度的还是小尺度的区域协调发展，人口和经济与资源环境在空间分布上的基本均衡，是最基本的要求。因此，以重大生产力布局为抓手，形成更合理的区域经济布局与一体化的合力，是推进新型城镇化、构筑高质量的城市群与都市圈生长空间的重要途径。[②] 虽然江苏是经济大省，城镇化率与城市发展水平领先全国，但苏南、苏中与苏北三大板块发展不平衡问题依然突出，人口、资源与经济在空间聚集上的不适配现象也未从根本上得到解决。新时代的江苏区域协调发展之路该怎么走？党的十八大之后，习近平总书记在2013年在全国两会期间参加江苏代表团审议时，就提出江苏要完成“深化产业结构调整、积极稳妥推进城镇化、扎实推进生态文明建设”三项重点任务。2014年12月，习近平总书记视察江苏，明确提出“努力建设经济强、百姓富、环境美、社会文明程度高的新江苏”的殷切期望，以及推动经济发展、现代农业建设、文化建设、民生建设、全面从严治党“五个迈上新台阶”的具体要求，强调“为全

---

① 吴政隆：《争当表率 争做示范 走在前列 奋力谱写“强富美高”新江苏现代化新篇章——在中国共产党江苏省第十四次代表大会上的报告》，2021年11月24日。

② 参见樊杰、赵艳楠：《面向现代化的中国区域发展格局：科学内涵与战略重点》，载《经济地理》2021年第1期。

国发展探路是中央对江苏的一贯求”。针对江苏区域发展存在的短板，习近平总书记明确要求江苏“做好区域互补、跨江融合、南北联动大文章”。为贯彻落实习近平总书记部署的这一任务，江苏根据自身发展的阶段性特征，主动规划建设扬子江城市群，整体提升沿江地区发展能级，有效整合沿江苏南、苏中地区的空间资源、发展要素和创新网络，进一步优化生产、生活和生态空间布局，深化沿江城市群的内涵发展，合力打造出一体化、跨江融合发展的江苏沿江都市带，用“一张蓝图”为提升区域发展质量和国际化水平构建更大的载体空间。从长三角地区的空间结构来看，江苏沿江八市一体构建扬子江城市群，也是江苏全方位进入世界城市体系的重要门户和标志性区域，这一区域未来必定是经济充满活力、高端人才会聚、创新能力跃升、空间利用集约高效，具有全球一流品质的巨型发展区。通过制度安排与政策引领来加快集聚高端要素，高位嵌入全球价值链，一体化推进沿江地区的规划建设，协同发展，形成合力，将在长三角地区的转型升级、绿色发展、集约发展上展现出先行探路、当好示范的使命。

高起点规划建设扬子江城市群，也是顺应城市群、都市圈主导的一体化融合发展的新趋势，以主体功能区战略为统领重构高质量发展新空间、打破苏南苏中苏北“三大板块”的地理分界和行政壁垒的战略之举。全面贯彻落实新发展理念，江苏必须实现以区域竞争式发展为主向区域协同式发展为主的战略性转变，重塑区域发展的动力机制，在长三角世界级城市群等多重国家战略中培育和打造高质量发展引擎。苏南及沿江地区是江苏发展的“金色名片”，只有先行促进苏南苏中进一步融合起来，实现沿江城市一体化发展，形成更为强大的经济增长核，才能更好辐射、带动和支撑包括苏北腹地在内的其他区域发展。[①]“十三五”期间，随着扬子江城市群规划建设工作的扎实推进，基于长三角一体化发展大

---

① 李强：《做好建设扬子江城市群大文章》，载《群众》2017年第13期。

格局的“1 +3”重点功能区战略的实施，在一定程度上打破了苏南、苏中、苏北三大板块的地理分界和行政壁垒，加快实现了从行政区经济向功能区经济的转变，推动了各区域之间分工协作、优势互补、特色发展。“1 +3”重点功能区战略，作为“1”的扬子江城市群，是标杆区、引领区和先导区，起到的是“头部”带动作用，被赋予引领省域协同发展和支撑长江经济带建设、长三角一体化发展的多重任务和使命。扬子江城市群的战略定位为：以城市群为主体形态、促进沿江城市南北畅通、跨江联动发展，以融合发展、一体化发展为导向、加快形成集聚协同效应，建成面向世界、接轨上海、辐射苏北、带动周边、支撑长江经济带和长三角世界级城市群的北翼核心区。未来的目标是成为全球产业创新高地、国际先进制造业基地、全国重要国际开放门户、绿色生态发展示范区、美丽宜居幸福家园、体制机制改革排头兵，到 2030 年建成具有国际竞争力和影响力的网络化现代城市群。这种定位和导向，是基于江苏“十三五”期间着力建设“一中心、一基地、一枢纽”——具有全球影响力的产业科技创新中心、具有国际竞争力的先进制造业基地和具有世界聚合力的双向开放枢纽目标，促进扬子江城市群成长为全球创新网络重要策源地、全球产业价值链制高点、全球信息网络枢纽、高水平开放合作的标志性区域，并在合作共建长江经济带和协同建设世界级城市群的国家战略使命中，更好地发挥江苏的创新标杆与集成示范作用。

高站位的区域布局是发展理念和发展思路的集中反映，也是发展内涵和发展水平的直观映现。以扬子江城市群为龙头的“1 +3”重点功能区战略，为贯彻落实新发展理念、建设“强富美高”新江苏筑造了高质量的空间载体和平台，也为长三角区域一体化进入高质量发展新阶段提供了坚强支撑。党的十九大之后，国家加快推进长江经济带城市群布局的优化。随着上海大都市圈规划的出台，由沪苏浙皖共同推进的长三角一体化发展行动提速，江苏立足扬子江城市群高质量服务长三角一体化，在基础设施一体化、政策扩散一体化、区域市场一体化、社会治理一体化、公共服务一体化等方面进一步加强与上海、浙江与安徽的对接，努力在推动长三角地区更高质量一体化发展中走在前列。此后，长三角区域一体化发展与“京津冀协同发展”“长江经济带”“粤港澳大湾区”等一起，成为新时代国家区域发展战略，共同承担起落实新发展理念、构建现代化经济体系、推进更高起点的深化改革和高层次对外开放、完善中国改革开放空间布局的历史使命。从这个意义上来说，扬子江城市群的战略设计，是为推进区域高质量发展喊出的时代先声，是在把握城市群发展规律下，主动服务长三角一体化国家战略的先行探索与实践创新，为我国发达地区更有效破除行政区经济、强化功能区经济，建立空间融合发展、资源优化配置的新机制，在制度设计和路径选择上提供了引领示范。

高起点一体化规划建设扬子江城市群，不仅是江苏打造高质量发展战略载体的现实需要，也是培育长三角地区的高质量发展动力源和增长核的重要举措，并且以创新引领的丰厚成果验证了江苏推进这一战略的前瞻性、可行性与科学性。“十三五”期间，江苏以“1+3”重点功能区战略为引领，区域发展走出了践行新发展理念的特色路径，一体化发展、高质量发展取得了瞩目的成绩：经济综合实力大幅提升，地区生产总值连跨三个万亿元台阶，2020 年达到 10.27 万亿元，对全国经济增长贡献持续超过十分之一，人均地区生产值稳居全国省区第一，13 个设区市全部进入全国百强市。[①] 江苏始终坚持以人为核心的新型城镇化战略，不断提升区域协调发展的水平，在壮大自身实力、提升发展能级的同时，还以扬子江城市群引领区域一体化发展的创新性引领性实践探索，为兄弟省份参与长三角世界级城市群的建设、推动长三角一体化等国家战略的深化落实，提供了可复制的路径借鉴。

---

① 数据来自时任江苏省省长吴政隆 2021 年 1 月 26 日在江苏省十三届人大四次会议上的所作的政府工作报告。

二 中国特色城市群现代化道路的“新场景”：扬子江城市群的样本意义

新型城镇化、城市现代化驱动的我国区域协调发展，已经全方位进入高质量发展新阶段。站在“两个一百年”奋斗目标的交汇期，面对百年未有之大变局，习近平总书记深刻指出，我国经济发展的空间结构正在发生深刻变化，中心城市和城市群正在成为承载发展要素的主要空间形式。不平衡是普遍的，要在发展中促进相对平衡。这是区域协调发展的辩证法。产业和人口向优势区域集中，形成以城市群为主要形态的增长动力源，进而带动经济总体效率提升，这是经济规律。[①] 对于我国现代城市群的建设，习近平总书记提出要因地制宜推进城市空间布局形态多元化，优化城市群内部空间结构，推动城市组团式发展，形成多中心、多层级、多节点的网络型城市群结构。[②] 可见，用好区域协调发展的辩证法、充分尊重经济规律，是高水平建构“中国情景”的现代化城市群的根本前提。在全面建设社会主义现代化国家的新征程上，中国特色的现代化城市群，将以新发展理念为指导，绘出创新驱动、协调共进、高度开放、共富共享、绿色低碳的生动场景，为中国式现代化道路健康前行提供重要支撑。以此对照，承载着长三角区域一体化发展等多重国家战略的扬子江城市群，在建设社会主义现代化国家的新阶段，将以改革创新集成示范的“新场景”，走出中国特色的现代城市群可持续发展新路径，将进一步验证中国式现代化的美好未来。

在国家长三角一体化发展的战略规划中，扬子江城市群所覆盖的江

---

① 参见习近平：《推动形成优势互补高质量发展的区域经济布局》，载《求是》2019 年第 24 期。

② 参见习近平：《国家中长期经济社会发展战略若干重大问题》，载《求是》2020 年第 21 期。

苏沿江八市是长三角核心腹地，被赋予创新引领与辐射带动的重要使命。《长江三角洲区域一体化发展规划纲要》规划范围涵盖沪苏浙皖全域，从超级城市群的“差序格局”来看，扬子江城市群是紧紧围绕“龙头”上海的一体联动的核心腹地，不仅有苏锡常都市圈、南京都市圈以及北向的沿海发展带的顶托，苏锡常通四市还成了上海大都市圈的重要成员。上海大都市圈与扬子江城市群中苏锡常通区域形成叠加发展之势，进一步彰显出扬子江城市群更加重要的战略新使命——在与上海一体化发展中，为打造“全国发展强劲活跃增长极、全国高质量发展样板区、率先基本实现现代化引领区、区域一体化发展示范区、新时代改革开放新高地”当好先行示范。① 江苏贯彻落实《长江三角洲区域一体化发展规划纲要》的实施方案，进一步明确紧扣“一体化”和“高质量”两个关键，准确把握“创新共建、协调共进、绿色共保、开放共赢、民生共享”的基本原则，加快产业创新、基础设施、区域市场、绿色发展、公共服务、省内全域等一体化，率先探索区域一体化的制度创新和路径模式。江苏“十四五”发展规划进一步提出“要显著增强扬子江城市群对国际高端要素的配置能力”。② 可见，无论是从落实长三角一体化更高质量对接和服务上海这个“一极”的任务，还是从江苏建设社会主义现代化先行区、示范区的应有担当来看，更高水平推进扬子江城市群的建设，都是新时代江苏高质量发展的战略使命和历史责任。

深入推进扬子江城市群的一体化建设，搭建出承载高质量发展的沿江空间组织结构的新形态，对培育造就长三角核心区创新高地和核心竞争优势意义重大。城市群是一个国家或区域进入世界经济循环的枢纽，也是全球各类发展要素进入该枢纽的门户。当代中国区域发展的空间扩张，已经从“点—轴”体系上升为“轴—带”支撑的网络化的城市群、

---

① 参见中共中央、国务院：《长江三角洲区域一体化发展规划纲要》，2019 年 12 月。

② 《江苏省国民经济和社会发展第十四个五年规划和二〇三五年远景目标纲要》，2021 年 3 月。

都市圈的结构形态，在全球城市体系中的地位越来越高。“十三五”时期，我国成功建设了世界上规模最大、现代化水平最高的高速铁路网，由此带来了城市格局、人口布局、经济版图的积极变化。① 立体的现代化交通体系，有助于加速推进区域与城市群间的城市和发展单元的一体化、同城化，不断培育出新的发展动力源，生成跨域跨界的创新集群，从而带动整体发展能级的提升。在长三角世界级城市群的空间体系中，扬子江城市群必须整体提升发展质量与开放层次，“等高”对接上海，在制度设计、政策设计、机制设计上驱动创新融合。从现代交通体系支撑城市群发展的基础条件来看，“十四五”时期，“轨道上的长三角”将率先在江苏沿江区域落地，以南沿江高铁与沪宁主轴为动脉与网络化的苏南城际铁路、轻轨系统，正在将苏南五市与上海构成大都市区的通勤系统；而北沿江高铁的建设、密集的跨江桥隧的开通，则使“一江两岸”的扬子江城市群未来图景日益清晰。因此，把扬子江城市群打造成长三角世界级城市群的标志区域，必须以更高标准构建快捷高效的高铁、城际、城市地铁一体化多层次的轨道交通网络，并在完善通勤网络的基础上，进一步提高区域内的资源要素配置效率。

超级城市群空间结构演进规律表明，现代交通体系托起联系紧密的都市圈，更需要加强发展的协同性，城市群的协同发展水准在很大程度上取决于都市圈主导的内部发展协同。在长三角世界级城市群的空间结构体系中，扬子江城市群区域涵盖与涉及南京、苏锡常与上海三个都市圈及多条发展带，必须统筹推动统一市场建设、基础设施一体高效、公共服务共建共享、产业专业化分工协作、生态环境共保共治等方面的要求，协同构建区域竞争新优势，为长三角地区整体的高质量发展、经济转型升级提供多重支撑。面向“十四五”，扬子江城市群必须把都市圈之间、都市圈内部的通勤体系建设作为重点任务，并以此带动相邻非都市

① 参见陆东福：《打造中国高铁亮丽名片》，载《求是》2021 年第 15 期。

圈区域的同步发展，实现整体高质量发展的目标。目前扬子江城市群的内部轨道交通体系已经规划成网，但还需要重点加强北沿江地区的连接强度与联系密度。未来，长三角核心区的南京都市圈、苏锡常都市圈及大中小城市与城镇，将托起沿江一体化高质量发展的崭新空间形态，打造出社会主义现代化的标杆区。

从世界主要城市群的演进规律与基本特征来看，现代化经济体系的运行，必须依托大城市和城市群；城市群快速成长以及对高端要素的集聚，促进生产性服务业与制造业的分工，有助于现代化经济体系的健康运行。[①] 扬子江城市群是长三角地区先进制造业和现代服务业的高度集聚区域，具有汇聚科技产业人才等高端要素的创新集群高地的综合优势。从现代化产业体系驱动的城市群空间演进趋势来看，扬子江城市群还要从原来重点着眼于省内的生产力布局重组，上升到在长三角产业大空间优化中的资源配置与产业腾挪。围绕建设长三角地区创新集群高地的目标，要充分发挥沿江地区制造业发达、科教资源丰富、开放程度高等优势，大力推进沿沪宁产业创新带发展，深度促进产业链与供应链、创新链、资金链、人才链融合，打造高质量发展的区域集群和强劲活跃增长极，加快实现产业基础高级化和产业链现代化。同时，应对沿江地区制造业转型升级的新挑战，要把握数字化、网络化、智能化融合发展的新风口，聚焦数字经济和实体经济深度融合，积极开发应用场景，以数据要素的高效配置，赋能产业转移升级，提升全要素生产率。做大做强新兴数字产业，重点发展云计算、大数据、区块链、人工智能、虚拟现实等新兴产业，构筑具有国际影响力的数字经济高地。大力推动工业互联网创新发展，超前布局绿色高效的算力基础设施，推动智能计算中心、边缘数据中心等新型数据中心建设，引导数据中心集群化发展，聚力打

---

① 参见李程骅：《建立更加有效的区域协调发展新机制》，载《光明日报》2018 年 2 月 23 日，第 6 版。

造“大数据+”卓越产业链，加快培育一批在长三角和全国都有影响力的数字经济产业园、数字技术应用创新试验区、特色数字产业创新基地。

城市群、都市圈主导的区域一体化发展，向主体功能要质量、向空间重组要动力，将重构高质量发展动力系统，造就以产业集群、创新集群为代表的新增长极。江苏要在“十四五”时期建成具有全球影响力的产业科技创新中心、具有国际竞争力的先进制造业基地，必须更加强化创新驱动在扬子江城市群建设的核心地位，打造服务国家科技自立自强的科技创新策源地，当好科技与产业创新的开路先锋，可参照上海张江、安徽合肥的国家大科学中心的投入与支持机制，加大省级层面对建设国家大科学装置、国家级实验室的支持与协调力度，提升资源配置效率，全力支持中心城市创建国家综合性科学中心。在科学把握科技革命和产业变革趋势的前提下，以聚力建设南京的紫金山实验室、苏州的姑苏实验室、无锡的太湖实验室等为突破，着力创建前沿性、引领性的国家级技术创新中心、产业创新中心，在扬子江城市群加快形成具有国际竞争力和全球影响力的产业与创新集群，增强高端要素集聚和辐射能力，以加快在重点领域、关键环节实现自主可控，提高创新链整体效能。

现代城市群与都市圈，不仅是现代化产业体系支撑的创新集群高地，更是融入全球城市体系的高水平链接世界的平台和枢纽，具有高度的开放性和国际影响力。在长三角世界级城市群的空间结构体系中，扬子江城市群区位优越、综合实力强，未来发展潜能大，要建设成具有国际竞争力和影响力的网络化现代城市群，必须强化全球产业创新高地、国际先进制造业基地、全国重要国际开放门户和高水平开放合作的标志区等的系统支撑，通过打造国内国际双循环的战略枢纽，在更高层次、更宽领域，以更大力度协同推进对外开放，进一步拓展双向开放空间，优化对外开放格局，塑造开放发展新优势。在推动多重国家战略落地的过程中，扬子江城市群要与上海共建高水平开放平台，主动参与虹桥国际开放枢纽的建设行动。在长三角地区互联互通的硬件建设中，扬子江城市群要发挥江海联动的特色优势，对标国际发达的“湾区城市群”，协同推进港口航道建设，统筹沿江和入海区的港口布局，推进港航资源整合，加强联动协作，加快建设长江南京以下的海江河一体化联运港区，协力做优做强长三角世界级港口群北翼。

新发展理念统领下的现代化城市群，是体现人与自然和谐共生、追求绿色低碳发展价值的宏大空间载体，既是高质量发展的动力源，也是高品质的生活圈、美丽幸福家园的样板。建设人与自然和谐共生的现代化，必须把保护城市生态环境摆在更加突出的位置，科学合理规划城市的生产空间、生活空间、生态空间，处理好城市生产生活和生态环境保护的关系，既提高经济发展质量，又提高人民生活品质。① 扬子江城市群的重要定位是“绿色生态发展示范区”，理应以习近平生态文明思想为指导、完整准确全面贯彻新发展理念，全方位深化美丽绿色低碳的理念与准则，在建设人与自然和谐共生的城市与城市群上当好示范。面向未来，扬子江城市群要在美丽中国、美丽江苏和美丽长三角的建设进程中彰显绿色低碳的担当，率先建成既富又美的美丽型城市群、低碳型城市群。要进一步强化城市群流域生态环境的分区管治与共保联治，按照长江大保护的各项要求，建立各流域水环境治理成效的考核倒逼机制，鼓励更多的专业力量参与到扬子江的水环境治理之中。就江苏省域范围来说，要按照“三圈四带”的国土空间开发保护格局②，把准绿色发展的具体要求，重构全域绿色生产力布局，推进江苏沿江与沿海地区的产业空间与生态资源的整合，打造高质量发展的新增长极、新高地。随着江苏沿海南北（陆地）区域主发展轴、临海新兴发展轴和近海海洋经济发展轴的

---

① 参见习近平：《贯彻新发展理念构建新发展格局 推动经济社会高质量发展可持续发展》，载《人民日报》2020年11月15日，第1版。

② 江苏省自然资源厅2021年6月发布的《江苏省国土空间规划（2021—2035年）》中“三圈”指三个现代化都市圈：南京都市圈发展水平，增强核心城市在国家格局中的地位；引导苏锡常都市圈一体化发展，深度融入上海大都市圈；培育徐州都市圈辐射带动力，协同建设国家产业转型升级示范区。“四带”指沿江，沿海，沿大运河，沿陆桥等四条功能带。

协同崛起，沿江地区的产业转移步伐加快，将进一步放大扬子江城市群的带动作用，有助于实现江苏“江强海兴”“南北均衡”的预期目标。从北向辐射带动来看，依托扬子江城市群的核心区域，以大运河串联扬州、泰州、淮安、宿迁、徐州五市以及高邮湖、洪泽湖、骆马湖和淮河、古黄河等流域的江淮生态发展带，联动苏中苏北发展腹地，打造南北生态绿轴，可有效探索破解江苏南北发展不平衡的新路径，走出现代化轨道上的江苏共富之路。

基于人与自然和谐共生的城市群建设，推进以人为核心的新型城镇化，是现代化城市群建设的重要遵循。加快建设一体联动的韧性城市群，成为增强区域可持续竞争力、推进国家治理体系和治理能力现代化的重要内容。扬子江城市群处在水系发达、水域辽阔的长江下游，拥江临海的自然生态较为脆弱，但其又是长三角核心区城镇最密集、人口最集中、产业高集聚的区域，发展和安全的矛盾愈加突出。从区域治理现代化的角度看，生产安全事件频发易发，特别是突发公共卫生事件的常态化。打破现有的行政壁垒，建设具有联动抗风险与危机处置能力的“韧性”城市群已经被提上议程。扬子江城市群在长三角区域一体化发展的进程中，要全面提升“韧性”水平，必须在设施韧性、信息韧性、生态韧性与社会韧性上下功夫，统筹布局可替代的防灾抗灾设施，建立应急资源保障合作机制，以联动弥补单个城市应对能力不足的问题。要重点发挥好中心城市和大城市设施完善、资源服务水平高的优势，在危机应对时期主动为相邻中小城市分担风险。[①] 要全面落实以人为核心，以人民为中心的城市发展理念，通过强化制度设计与常规演练，集成发挥政府、社会、企业的共同防范风险能力，为现代城市群的可持续发展提供安全保障，让城市更健康、更安全、更宜居，成为人民群众高品质生活的空间。

规划建设好现代城市群，不是简单地在空间布局上“画圈”，更重要

① 参见汪毅：《建设韧性城市群 提升区域抗风险能力》，载《群众》2020 年第 9 期。

的是在新型城镇化战略下加快建立起区域内外城市之间的协同发展、一体化发展的体制机制，并在充分把握其运行规律的前提下完善推进路径和实践对策，为中国特色的新型城市群发展提供理论与实践的双重支持。从学理层面来系统观照扬子江城市群的规划建设，有助于更加全面把握超级城市群下多核心格局形成机理，认清在超级城市群的大空间中，构建主体功能明晰的次级城市群、现代化都市圈的紧迫性和必要性，并以创新高地建设和综合竞争优势培育来引领区域协调发展的进程，为当代中国情境下的城市群一体化高质量发展，赋予更加丰富的理论内涵与实践指向。

现代城市群是全球化时代经济转移的承载地，也是展示国家创新能力与综合实力的开放平台。推进现代城市群与都市圈建设，是中国走稳走好城市与区域现代化之路的必然选择，也是国内国际双循环背景下培育挖掘创新动能的战略性抓手。进一步发挥城市群特别是中心城市的辐射带动效应、要素配置枢纽效应和创新引领效应，带动整个城市群及周边地区共同发展，推进实现协同发展、共同富裕，是中国特色城市群的鲜明特色与重要特征。扬子江城市群的规划建设进程与正在创造的美好图景，不仅映射出长三角一体化发展的现代化模样，成为未来向世界展现中国式现代化成就的“最美窗口”，还将进一步验证习近平新时代中国特色社会主义思想对我国现代化建设全局的理论统领作用与巨大的实践价值。在建设社会主义现代化国家的新征程上，只要始终坚持创新驱动高质量发展，以人为核心、以人民为中心、以生态绿色为基底、以先进文化为魂来稳步推进新型城镇化战略，就能开辟出中国特色现代化城市与城市群发展的新境界，为书写中国式现代化道路新篇章、创造人类文明新形态，展现更加生动的现实样板，提供更具影响力的价值导向。

（原载《江海学刊》2022 年第 2 期）

第五章

践行“争当表率、争做示范、走在前列”的重大使命

进入新时代，习近平总书记为江苏擘画了“经济强、百姓富、环境美、社会文明程度高”的宏伟蓝图。迈上现代化新征程，习近平总书记赋予江苏“在改革创新、推动高质量发展上争当表率，在服务全国构建新发展格局上争做示范，在率先实现社会主义现代化上走在前列”的光荣使命。我们必须始终牢记习近平总书记的殷殷嘱托，坚持一张蓝图绘到底，坚决扛起“争当表率、争做示范、走在前列”三大光荣使命，奋力谱写“强富美高”新江苏现代化建设新篇章。深刻领会三大光荣使命的深刻内涵，明晰推进路径和创新的实践对策，对高水平建设现代化新江苏、走好中国式现代化道路的坚实步伐、成为现代化强国建设中具有鲜明特色的省域范例，具有重要的理论指导意义与实践导向作用。

一 现代化新江苏“三大光荣使命”内涵认知

2014 年 12 月，习近平总书记视察江苏时发表重要讲话，殷切期望江苏紧紧围绕“两个率先”，协调推进“四个全面”，推动“五个迈上新台阶”，努力建设“经济强、百姓富、环境美、社会文明程度高”的新江苏。2020 年 11 月，在江苏决战决胜高水平全面小康交出了人民满意的答卷、满怀信心开启建设现代化国家新征程之时，习近平总书记来江苏视

察工作，对江苏提出“着力在改革创新、推动高质量发展上争当表率，在服务全国构建新发展格局上争做示范，在率先实现社会主义现代化上走在前列”的期望，这是总书记在“两个一百年”的历史交汇期和“十三五”与“十四五”承前启后的关键节点，赋予江苏在新发展阶段的新使命新要求。“争当表率、争做示范、走在前列”的新使命，与习近平总书记对建设“强富美高”新江苏的总目标和对江苏工作一系列重要讲话指示精神，既是一以贯之、一脉相承的，又饱含着对江苏在现代化建设新征程上的更高期望、赋予的更大责任，定位更高，内涵更丰富，影响更久远。

1. 深刻把握“三大光荣使命”与“强富美高”的内在关系

站在我国实现“两个一百年”奋斗目标的历史交汇点上，全面系统认知和把握“强富美高”新江苏建设的总目标，践行好“争当表率、争做示范、走在前列”的光荣使命，对于江苏更加主动自觉地贯彻落实新发展理念，走好中国式现代化之路，在新发展阶段谱写“强富美高”的新篇章，具有重大的理论意义与现实意义。

江苏是“小康社会”构想的印证之地，率先全面建成小康社会、为全国发展探路，是党中央赋予江苏的重大任务。在改革开放的伟大历史进程中，江苏人民在党的领导下，以先行探索和成功实践，生动诠释了什么是小康、怎样建设高水平全面小康的时代命题。特别是党的十八大以来，江苏紧扣“高水平”、突出“全面性”，坚定不移地践行新发展理念，推动高质量发展走在前列，探索出彰显“强富美高”内涵的小康社会建设之路，展现出新时代中国特色社会主义在江苏大地的生动实践。

改革开放以来，江苏人民在党的科学理论指导下，筚路蓝缕、披荆斩棘、艰苦创业、砥砺前行，经济社会快步进入国内前列，印证了小康社会构想的可行性和必然性。进入新时代，江苏始终坚持把学深悟透习近平新时代中国特色社会主义思想作为首要政治任务，坚决贯彻习近平总书记对江苏工作的重要指示精神，深入把握其重大意义、丰富内涵、科学体系、精神实质、实践要求，坚决破除与新思想不相适应的思维定式和路径，有效化解了制约高质量发展的深层次矛盾，圆满交出了“强富美高”新江苏建设的小康答卷。

党的十一届三中全会之后，江苏作为小康社会建设的起笔之地，引领时代风气之先，坚持发展的“硬道理”，聚精会神搞建设，一心一意谋发展，不断解放和发展社会生产力，推动江苏经济每隔几年就迈上一个新台阶。从农村改革率先突破、乡镇企业异军突起，全省经济实现“由农到工”的历史跨越；从大力发展开放型经济，实现了经济发展“由内到外”的重大转变；从大力转变发展方式、率先发展创新型经济，经济发展开启“由大到强”的转折。正是坚持咬定发展目标不动摇，才使江苏的经济实力不断增强、夯实率先探路的基础。在党的领导下，江苏人民发扬实业传统、实干精神，党群一心、埋头苦干，在全国较早越过温饱线。改革开放初期，苏南地区火热的建设场景为邓小平同志的小康社会构想提供了灵感和信心。作为东部沿海发达省份，江苏率先制定并持续实施“富民强省”战略，人民群众较早过上宽裕的小康生活。进入新时代，江苏聚焦高水平全面建成小康社会的薄弱环节，对照“八个更”的要求，深入排查解决突出民生问题，下决心解决重大民生关切和历史遗留问题，民生发展水平有了明显提升，人民群众的多样化需求得到更好的满足。决战决胜高水平全面小康，江苏顺应“四化”同步要求，着眼重构城乡关系，推动苏北农房集中改善，有序引导农民按照城镇化规律居住。各地在加强普惠性、基础性、兜底性民生建设的同时，着力构建优质均衡的公共服务体系和高质量全覆盖的社会保障体系，让江苏发展实绩更有“温度”、民生答卷更有“厚度”，努力推动高质量发展走在前列。

“十三五”期间，江苏经济总量连跨三个万亿台阶、突破 10 万亿元人民币，对全国经济增长的贡献率超过 10%。2020 年，江苏人均 GDP 达到 12.5 万元，位居全国各省（区）之首。2021 年，江苏的地区生产总值迈上11万亿元台阶，人均GDP创造新高。江苏高水平全面建成小康社会取得的巨大成就，特别是经济发展、人民生活、生态环境和社会建设等方面的历史性转变，彰显出“强富美高”鲜明特质：发展是第一要务，是解决一切问题的关键，只有集中精力办好自己的事，才能“在谋一域中谋全局”，不断提升事业发展的新境界。奋进现代化新征程，践行好“争当表率、争做示范、走在前列”重大使命，必须以高度的历史自觉当好领跑者、创新者、示范者。要坚持面向世界、引领未来，在中国特色社会主义的坐标系和世界现代化建设的参照系中来审视谋划江苏的新定位，以现代化的理念、标准、思路系统谋划推进各项工作，更加突出发展的探索性、创新性、引领性，以高质量发展的过硬成果开辟未来、当好表率。要进一步发掘“春到上塘”“昆山之路”“苏州工业园区经验”等典型经验成功密码，发扬新时期的“四千四万”精神，在率先遇到的矛盾问题上推进改革、深化攻坚，勇闯“无人区”，努力蹚出新路径、积累新经验，在实现高质量发展、高品质生活、高效能治理上为提供更多样板示范，不断把“强富美高”新江苏建设推上新高度，为走好中国式现代化新道路作出新的更大的贡献。

2. 扛起“三大光荣使命”，打造具有鲜明特色的省域现代化范例

进入新发展阶段，迈上现代化新征程，坚定不移地贯彻新发展理念，践行好“争当表率、争做示范、走在前列”的重大使命，必须从习近平新时代中国特色社会主义思想在我国现代化新征程上生动实践的深化、新发展理念指导各项工作的高度，来理解新使命的定位、本质和内涵，切实以新思想领航赋能，以更高站位、更大格局、更宽视野、更大手笔，自觉地服务构建新发展格局，勇当开路先锋，更主动、更准确地把新发展理念贯穿于发展全过程和各领域，更好地把握发展的主动权，不断巩固和放大在现代化建设全局中的先行优势，推动“强富美高”新江苏建设迈向新高度，让习近平新时代中国特色社会主义思想在江苏大地上结出更加丰硕的成果。

咬定“十四五”和第二个百年奋斗目标，把“争当表率、争做示范、走在前列”的重大使命作为总纲领、总要求，必须聚焦高质量发展，始终坚持发展是第一要务不动摇，全面系统把握新发展阶段的新任务新要求，进一步突出发展的探索性、创新性、引领性。继续聚焦重点领域，紧盯科技自立自强、产业链供应链优化升级、咬定“一中心一基地一枢纽”目标等重点任务，奋力建设科技强省、制造强省、开放强省，塑造以创新为核心的系统性竞争优势，实现经济实力、科技实力、综合竞争力、国际影响力大幅跃升，成为现代化强国建设中具有鲜明特色的省域范例。

深入贯彻落实新发展理念，在改革创新、推动高质量发展上当好表率，江苏必须进一步强化创新驱动在现代化建设全局中的核心地位，在建设科技强省、制造强省、开放强省等方面放大核心优势，尤其是在打造科技创新策源地、服务国家科技自立自强上展现出科教大省的应有担当。切实遵循新发展理念的各项原则，也是江苏在服务全国构建新发展格局上争做示范的必然选择，只有把创新作为引领发展的第一动力，推动质量变革、效率变革、动力变革，实现更高质量、更有效率、更加公平、更可持续、更为安全的发展，才能在高水平扩内需、促开放、畅循环以及地域风险中发挥关键性的重要作用。

为全国发展探路，是中央对江苏的一贯要求，是江苏发展的使命和担当。在新征程上为全国发展大局作出更大贡献，要提高站位审视谋划自身的角色定位，更加突出发展的探索性、创新性、引领性，自觉当好领跑者、创新者和示范者，以实际行动再探发展之路。要着力破除制度性障碍，努力形成制度化成果，在实现高质量发展、高品质生活、高效能治理上为全国提供更多样板示范。

坚决扛起“争当表率、争做示范、走在前列”三大光荣使命，奋力谱写“强富美高”新江苏现代化建设新篇章，是江苏省十四次党代会确立的总任务与未来目标。在改革创新、推动高质量发展上争当表率，就是要完整准确全面贯彻新发展理念，坚持以深化供给侧结构性改革为主线，更加坚决彻底地转方式、调结构、增动能，加快实现江苏发展的凤凰涅槃，加快建成具有全球影响力的产业科技创新中心、具有国际竞争力的先进制造业基地，勇当我国科技与产业创新的开路先锋，争当全国高质量发展的表率，当好全国发展的重要“压舱石”。在服务全国构建新发展格局上争做示范，就是要准确把握实现高水平自立自强这一本质特征，进一步畅通国内国际经济循环，打造具有江苏特色和竞争优势的产业链、供应链、价值链，成为国内大循环和国内国际双循环相互促进的战略枢纽，以江苏一域之发展为全域增光添彩。在率先实现社会主义现代化上走在前列，要立足江苏的发展阶段和资源禀赋，准确把握社会主义现代化的深刻内涵，让全体人民在现代化建设中更好地享受高品质生活，成为现代化强国建设中具有鲜明特色的省域范例。

二 以高水平改革创新驱动现代化建设全局

1. 在建设“一中心一基地一枢纽”中彰显新优势

江苏省“十四五”规划纲要已经明确，“争当表率、争做示范、走在前列”是描绘“强富美高”现代化新江苏蓝图的总纲领、总命题、总要求，而建设“一中心一基地一枢纽”则是推进实施目标与任务的重要抓手。未来五年，江苏要协同推进省域社会主义现代化建设实践，让苏南地区成为在全国率先实现社会主义现代化的先行军，苏中地区成为推动江苏率先实现社会主义现代化的生力军，苏北地区成为支撑全省社会主义现代化建设的接力军。2021 年 11 月，江苏省第十四次党代会进一步强调，履行三大光荣使命，要准确把握社会主义现代化的深刻内涵，更高水平展现中国式现代化的现实模样。支持苏南引领、苏中崛起、苏北赶超，促进城乡区域协调发展，推动全体人民共同富裕，扎实推进现代化强省建设。

加快建成“一中心一基地一枢纽”的目标，是建设现代化经济体系的战略选择，是保障产业安全、提升产业竞争力、提高自主可控的关键所在。打造“一中心”——具有全球影响力的产业科技创新中心，必须促进企业主体把提升原始创新能力和突破关键核心技术作为主攻方向，加快实施关键核心技术攻坚工程，努力在重点领域、关键环节实现自主可控，提高创新链整体效能；打造“一基地”——具有国际竞争力的先进制造业基地，要发挥江苏拥有的先进制造业集群优势，促进产业链与供应链、创新链、资金链、人才链深度融合，实现产业基础高级化和产业链现代化的预期目标；构建“一枢纽”——具有世界聚合力的双向枢纽，需要提升枢纽经济产业层次，实现能级跨越，探索构建更高水平的开放型经济新体制，以更大力度促进国内外市场规则和标准的深度融合。

2. 更加突出高水平自立自强的主动担当作为

2021 年 12 月召开的中央经济工作会议，首次提出当前中国经济面临的三重压力：需求收缩、供给冲击、预期转弱。江苏作为实体经济大省、开放大省，肩负着稳定宏观经济大盘的重任，在服务全国构建新发展格局上“争做示范”，必须突出高水平自立自强的本质特征，紧紧围绕建设具有世界聚合力的双向开放枢纽，主动担当作为，积极打通堵点、接通断点，加快科技自立自强，打造具有江苏特色和竞争优势的产业链供应链与价值链，成为我国实现高水平自立自强的重要支撑，成为国内大循环和国内国际双循环相互促进的战略枢纽，在服务全国构建新发展格局中争取更大发展主动、拓展更大空间。

当好全国发展的“压舱石”，从深入实施创新驱动战略、加快建设科技强省、制造强省和数字江苏的根本要求来看，江苏必须尽快突破转变发展方式、优化经济结构、转换增长动力的攻坚期。全面增强江苏的创新能力，要处理好“高原”“高地”和“高峰”的关系。要通过制度创新和政策引领推动高质量的“引进来”和高水平的“走出去”，深度参与

"一带一路"建设，扩展"海外仓"，强化江苏开放型经济新优势。要进一步放大实体经济和制造强省的优势，大力发展战略性新兴产业，创新推进全国制造业高质量发展示范区建设，加快壮大生物医药、人工智能、集成电路等战略性新兴产业集群，重点打造物联网、高端装备、智能电网、工程机械、节能环保等世界级先进制造业集群。大力培育"链主"企业和"专精特新"中小企业，催生更多的"独角兽""小巨人"，营造良好的中小微企业生长环境。

在现代化新征程上当好表率、做好示范，江苏全面系统落实新发展理念、引领高质量发展，还需坚持生态优先、绿色发展，在"双碳"背景下，把碳达峰碳中和纳入经济社会发展的整体布局，坚定不移推进绿色低碳转型，在绿色低碳、减污降碳中协同发力，探出可持续发展的新路径，加快实现江苏高质量发展的"凤凰涅槃"。"双碳"的目标和约束将贯穿我国现代化建设全过程，"十四五"期间，江苏要在产业转型升级、重构全省生产力布局的战略行动中，统筹推进专项领域的碳达峰工作，防止出现"合成谬误"①。

3. 坚持一体联动优化省域生产力布局

在现代化建设上走在前列，成为现代化强国建设中具有鲜明特色的省域范例，江苏要在省域内部率先消除区域发展不平衡的现象，在解决长期存在的"城强乡弱""南强北弱""江强海弱"等问题上见到实效，推动苏南引领、苏中崛起、苏北赶超，促进城乡区域协调发展的战略，谱写出现代化建设新阶段的新篇章。要突出一体联动，致力均衡协调来优化省域整体的生产力布局，以新确立的江苏区域协调发展战略推动行政区经济向功能区经济的转变。进一步优化全省国土空间布局和生产要素配置，优化沿江沿海生产力布局。深入实施新型城镇化战略，充分发

---

① 合成谬误（Fallacy of Composition）：由萨缪尔森提出，意即，对局部说来是对的东西，仅仅由于后对局部而言是对的，便说它对总体而言也必然是对的，这是一种谬误。在经济学领域中，微观上而言是对的东西，在宏观上并不总是对的，反之亦然。

挥中心城市集聚辐射功能，促进大中小城市和小城镇协调发展。着力提升扬子江城市群发展水平，加快宁镇扬、苏锡常一体化进程，努力把沿江地区打造成全省现代化建设先行带、引领带。围绕“1＋3”重点功能区的发展，要坚持产业集聚集群、特色发展导向，形成产业链创新链，综合提升省域的要素空间配置效率。

在率先实现现代化上走在前列，江苏还须在更高起点上推进以人为核心的新型城镇化。针对江苏所处的城市化阶段性特点，以建设苏锡常、南京和徐州三大都市圈为重要支点，统筹推进沿江、沿海、沿大运河和亚欧大陆桥东段的产业腾挪和生产力布局。要从建设现代化产业体系的高度推进南北共建园区的高质量发展。把握江苏沿海发展的重大机遇，落实国务院批复的《江苏沿海地区发展规划（2021—2025年）》，把加快江苏沿海地区的高质量发展，作为推动该地区与上海、苏南地区的一体化步伐、促进苏北地区振兴、协同建设长三角世界级先进制造业基地和世界级城市群的重要支撑，以更好服务构建新发展格局。要以国家城乡融合发展试验区建设为示范，先行探索农村人居改善、可持续的投融资机制，进一步激发农村发展的内生动力。用好宁锡常接合片区国家城乡融合试验区建设的政策，率先开展针对农村集体经营性建设用地入市制、城乡产业协同发展平台、科技成果入乡转化机制、生态产品价值实现机制和农民持续增收体制机制等专项改革。深度推进苏北农房新建社区改革，从城乡公共服务一体化的高度，做好公共设施配套建设运营，形成自我“造血”的良性循环运营机制。

4. 在高质量发展轨道上扎实有效推进共同富裕

江苏在建设高水平全面小康的伟大目标中，展现出了“强富美高”的阶段性成果。迈上新征程，在率先实现社会主义现代化上走在前列，责任和使命更大。要在准确把握社会主义现代化深刻内涵的前提下，开拓创新、科学谋划、系统推进、全域并进，实现高质量的共同富裕。积极探索富有江苏特色的高质量共同富裕的实现路径，以推进共同富裕的扎实举措和过硬成果，全面履行好“走在前列”的光荣使命。按照江苏省第十四次党代会部署的重点任务，全省上下要通过全面贯彻落实新发展理念，在解决收入、地区、城乡“三大差距”上实现新的突破。

要立足高水平全面小康的新起点，在高质量发展的现代化赛道上推动共同富裕，最大限度地激发经济活力、创新力，夯实共同富裕的物质基础。要坚持走好脚踏实地循序渐进的逐步富裕之路，实现由低到高、由局部到整体的阶梯式递进、渐进式发展，遵循经济社会发展规律，逐步解决发展不充分不平衡问题，一个阶段接着一个阶段持续推进共同富裕迈上新台阶。要根据江苏作为人口大省以及城镇化、城市现代化的阶段性特点和社会根本需求，着力建设高质量就业先行区。要对标浙江等先进地区，全力提升居民的人均可支配收入，逐步缩小城乡、地区、行业的收入差距。积极推进中等收入群体壮大行动，加快形成橄榄型收入分配结构，不断优化共同富裕的分配格局。推动更加充分的高质量就业，以稳定扩大就业提升城乡居民工资性收入，要把握江苏及长三角区域的现代城市群、都市圈的辐射带动特点，增强中心城市对县乡发展的辐射带动，在增强县域经济、人口集聚性的前提下，进一步提升县域公共服务水准及治理能力。坚持“产城融合、产业集聚、功能合理”的原则，引导苏北地区“工业向园区集中，人口向城镇集中，住宅向社区集中”。鼓励和支持发展水平高、支撑力强、设施完善的苏南地区，参照浙江的共同富裕示范区建设标准，因地制宜探索协力推进共同富裕的有效路径。针对江苏人口老龄化持续加深、常住老年人口明显高于全国平均值、苏中苏北老龄化高于苏南的现实问题，加快完善基本养老服务制度，加快建立以家庭养老服务为基础、社会养老服务为补充、政府养老服务为兜底的养老服务体系。

推动高质量发展必须守牢安全发展的底线。扛起在现代化建设上“走在前列”的光荣使命，江苏要在统筹发展和安全上当好示范，努力实现高质量发展和高水平安全良性互动。要着力提高政府、企业以及各界风险预防和处置能力，协力建设“韧性江苏”。针对江苏省城市群规模大、数量多、城市建设早、基础设施老旧的情况，提前构建预防响应、应急救援和物资储备制度，加快形成“组织成体系、发现智能化、管理可闭环”的城市管理新模式。在常态化的疫情防控中，全面推进公共卫生应急管理体系建设，从本质上提升疫情应急处置水平与基层应急处置能力，形成一套务实管用的应对疫情操作规范，以“防得住”保障“放得开”。顺应数字化治理的新趋势，进一步完善“大数据＋网格化＋铁脚板”治理机制，健全城乡基层治理体系，高水平推进市域社会治理现代化。发挥大数据、云计算、区块链、人工智能等技术优势，加快推进新基建与传统基础设施的融合，更加精准地服务群众生活、满足民生诉求。

三　谱写现代化建设新篇章的重点对策

1. 实施核心技术攻关工程，勇当科技创新“开路先锋”

在现代化新征程上践行三大光荣使命，江苏必须完整准确全面贯彻新发展理念，坚持以深化供给侧结构性改革为主线，把改革创新作为推动高质量发展的根本动力，更加坚决彻底地转方式、调结构、增动能。把创新作为江苏发展的第一动力，要在正视江苏的创新问题与瓶颈的前提下，对标国内国际发达地区，牢牢把握实现高水平自立自强这一本质特征，加快关键核心技术攻关，着力打通阻点、接通断点，进一步畅通国内国际双循环，实现战略性新兴产业和数字经济的新跨越、新赶超，在服务全国大局中争取更大的发展主动。

面向“十四五”，围绕“一中心一基地一枢纽”的建设目标，展现现代化新征程上的科技强省建设的新担当新风采，要强化科技自主创新的能力，着力在重点领域和关键环节服务国家科技自立自强，实现更多从“0到1”“从1到100、10000”的突破，为在国家层面解决核心技术“卡脖子”的难题作出江苏贡献。

发挥制度性优势，实施核心技术攻坚工程，要围绕重大战略产品和关键核心技术，集成实施技术攻关项目和成果转化项目，重点加快突破高端装备、高端芯片、基础软件、核心零部件等瓶颈制约，提升产业自主可控能力。江苏要勇当科技创新的“开路先锋”，建议加大省级层面对建设国家大科学装置、国家级实验室的支持与协调力度，提升资源配置效率，全力支持南京创建国家综合性科学中心。着力创建前沿性、引领性的国家级技术创新中心、产业创新中心，加快形成具有国际竞争力和全球影响力的创新集群，让创新资源集聚有浓度、产学研融合有深度、知识交换生产有宽度，在关键核心技术攻关上更有力度，以更好地承担起科技和产业创新“开路先锋”的新使命。

聚焦科技自立自强，必须更大力度培育战略人才力量。江苏省目前在构建先进制造业集群上出现的一些技术短板，实际上是“短”在高端人才上，重点的“卡脖子”环节与技术，也是“卡”在高端人才上。面向“十四五”，地方政府要深化体制机制改革，在财政投入、创新布局、资源统筹、人才引育、成果保护等环节提供制度供给，深入推进土地、劳动力、数据、产权等要素市场化改革。打造战略性新兴产业，要突出“产才融合”。坚决破除阻碍要素自由、有序流动的体制机制障碍，着力提高要素配置效率，激发创新创业创造的活力动力。

2. 加强创新链产业链对接，更大力度建设自主可控现代产业体系

咬定“一中心一基地一枢纽”建设目标，聚焦最有基础、最有优势和最需要突破的领域，围绕产业链部署创新链，以科技创新赋能产业升级；围绕创新链培育产业链，促进科技创新衍生出新兴产业。在构建自主可控、安全高效的现代产业体系的进程中，优化企业创新载体布局，不断促进产业集群递进生成与新产业的创造性生成。在区域一体化进程中主动作为，联合沪皖两地协同打造“沪宁合产业创新带”，与“G60 科创走廊”形成沿沪宁产业创新带，重点发展创新型产业集群和重点产业链。建议围绕江苏十三个先进制造业集群，在“两链融合”中强化整体控链能力。积极构建“链长制 + 链主企业联盟打造生态系统 + 中小企业创新”共生的创新生态体系，通过数字化、跨产业等方式培育“隐形冠军”企业①，加快实现价值链环节的国内替代提升价值链水平。

作为制造业大省的江苏，在关键产业领域，产业链供应链在具有引领性的产业领域中尚未形成核心竞争优势，创新链与产业链之间衔接不畅。地方政府要科学研判现有产业升级与新产业发展的不同需求，统筹现实需要和长远发展，建立健全公平、透明、普惠、精准的政策支持体系，推动产业政策由“大水漫灌”式向“精准滴灌”式转变，加快建立更为完善的产业集群发展模式和机制，培育壮大先进制造业集群，大力发展战略性新兴产业，激发传统产业的发展动能。

强化企业创新主体地位，要把增强自主创新能力作为推进的关键与重点。突出企业在转型升级中的强大主体地位，全力提升企业对创新资源的配置能力。着力提升企业对产业链的控制能力，引导科技资源向企业集聚，鼓励企业跨区域跨领域整合创新要素，建设创新联盟。建议以龙头企业为主导，集聚产业链上下游企业、科研机构与高校等创新资源，培育建设一批以需求为导向、应用创新为主的技术创新中心，聚焦聚力实施重大科技专项项目。发挥产业链优势企业和平台企业作用，探索创新领军企业牵头组建创新联合体的有效机制，推进行业上下游、大中小、产学研各方面力量的深度融合、融通创新。发挥领军企业牵头作用，实施企业研发机构高质量提升行动，培育创建国家级企业研发机构，鼓励和引导企业开展基础性前沿性研究。积极推动大数据领域的骨干企业搭建开源共享的创新平台，构建科技资源服务共同体。建立专精特新企业培育库，引导和支持企业专注于细分领域，培育形成一批专精特新“小

① 隐形冠军企业，最早由德国管理学家赫尔曼·西蒙提出，指那些不为公众所熟知，却在某个细行业或市场占据领先地位，拥有核心竞争力和明确战略，其产品和服务难以被超越和模仿的中小型企业。

巨人”企业。

坚持把数字经济作为江苏转型发展的关键增量。把握数字化、网络化、智能化融合发展的战略机遇，实施数字经济核心产业加速和制造业数字化转型升级行动，加快推进产业数字化、数字产业化转型。把数字经济作为加速发展、转型升级的重要抓手，加快培育壮大数字经济核心产业。充分发挥先发优势，全力打造具有国际竞争力的新型信息基础设施高地、国际领先的信息枢纽新标杆、全球数字智能设施新高地。以数字新基建为引领，加快推进5G网络等通信网络基础设施协同部署。大力推动工业互联网创新发展，前瞻布局服务业数字化和农业数字化，着力打造全国数字经济创新发展新高地。超前布局绿色高效的算力基础设施，推动智能计算中心、边缘数据中心等新型数据中心建设，引导数据中心集群化发展。构建大数据产业发展体系，聚力打造“大数据+”卓越产业链。积极构建多主体、多层级的省域数据要素市场生态体系，激活数据要素价值。

3. 全面落实主体功能区战略，汇聚高质量发展的强劲动力

江苏是全国唯一拥有大江大河大湖大海的省份，江河湖海造就了全国经济大省的产城融合形态，也凝聚了新形势下创新型经济、生态经济生长发育的崭新元素。因此，在坚持整体协同、区域互补、共融共生的发展理念之下，必须更加合理错位布局特色产业链、创新链与价值链，构建资源禀赋与功能特色相得益彰、全域一体化产业与生态生活空间融合的新格局，让全省生产力发展更具效益、更加均衡、更有特色。

按照江苏省第十四次党代会确立的重点目标任务，“十四五”时期要更高水平推进“1+3”重点功能区建设，更大力度推进全省区域协调发展，助推长三角更高质量一体化发展。通过优化全省国土空间布局和生产要素配置，进一步优化沿江沿海生产力布局。深入实施新型城镇化战略，充分发挥中心城市集聚辐射功能，促进大中小城市和小城镇协调发展。要着力提升扬子江城市群发展水平，支持南京争创国家中心城市，加快宁镇扬、苏锡常一体化进程，努力把沿江地区打造成全省现代化建设先行带、引领带。全力推进沿海地区高质量发展，加快陆海统筹发展，大力发展海洋经济，努力把沿海地区打造成绿色生态高质量发展经济带。面向“十四五”和未来一个阶段，江苏要把握多重国家区域战略叠加的机遇，扣住“一体化”和“高质量”这两个关键词，以促进长三角高质量一体化为目标，构筑主体功能约束有效、区域优势发挥、要素自由流动、产业特色鲜明、区域联动协作的区域生产力布局新格局，促进陆海内外联动，东西双向互济，在服务国家战略中体现江苏担当。进一步明确重点产业集群、产业链的空间定位，突出绿色化生态化导向，推动传统产业转型升级、新兴产业科技提升。站在产业前沿与创新引领的高度，做强做优以园区为平台载体的产业集群。江苏在全省范围内重点布局的13个世界级产业集群正快速崛起，做优全省的生产力布局，必须发展和壮大这些产业集群，使其成为汇聚和利用生产要素的“强引擎”。

沿江地区是江苏最重要的横向主轴，是长三角城市群北翼的核心区，堪称江苏高质量发展的“金色名片”。必须全面提升沿江城市群发展能级，强化中心城市的极化作用，突出板块与轴带结合、都市圈和城市群共生。要以南京、苏锡常两个都市圈为核心，强化宁镇扬、锡常泰和（沪）苏通一体化发展，努力打造全省现代化建设先行带、引领带。推进江南、江北融合发展，促进南沿江、北沿江空间联动，探索更高水平南北跨江融合的路径举措。进一步推动南京都市圈与苏锡常都市圈之间协同联动、功能对接、产业互补。进一步发挥都市圈对生产力要素的集聚与辐射作用，提高区域产业经济集聚力。

深入推进淮海经济区建设，支持徐州加快建设淮海经济区中心城市与省域副中心城市。徐州要加大力度创新培育都市圈“头部”功能平台，提升“中心”城市能级，把打造东部地区区域中心和江苏省域副中心城市作为最大优势和重大使命。要进一步强化产业支撑，坚持生态优先、绿色低碳发展，加快传统产业转型升级，大力突破关键核心技术，着力培育具有国际竞争力的先进制造业集群，不断发展壮大实体经济。

4. 主动应对上海大都市圈空间重构，推进苏南产业布局升级

长三角一体化发展的国家战略事关我国发展大局，事关江苏发展全局。以区域协调联动，更高质量推动长三角一体化发展，是江苏省党代会确定的重点任务。上海在贯彻《长江三角洲区域一体化发展规划纲要》实施方案中，已在着力推进上海大都市圈的协同发展。与此同时，上海在“十四五”期间，全力推进“五大新城”功能升级和“虹桥国际开放枢纽”等新战略。这些战略性行动的推进，为上海大都市圈增能扩容的同时，也将对苏州、无锡等苏南及近沪地区的一体化空间发展格局和产业链、产业基地的布局产生长远影响。《上海市城市总体规划（2017—2035 年）》明确提出，要着重“新城发力”，打造嘉定、松江、青浦、奉贤和南汇等五个新城，将其建设为长三角城市群中具有辐射带动作用的独立综合性节点城市。这表明“五大新城”的规划具有很强的“功能集聚”指向：对“郊区新城”的规划定位从单一的卫星副城转变成为具有内外联动能力的区域核心，这既是上海中心区“纾解压力”的有效之举，也是上海都市圈“扩容增能”的必然选择。在推进过程之中，上海“郊区新城”必然会经历“集聚—辐射”的发展演变过程，从而以上海副中心以及都市圈综合性节点城市的新样态，联动近沪城市，共同筑牢上海都市圈的核心空间结构。

从本轮上海“十四五”的相关战略规划可以看出，都市圈已经成为长三角一体化的核心审视视角，而“苏沪同城化”成为上海大都市圈作为一个“功能集群”进行扩张和建构的必然过程。对于江苏来说，“苏沪同城化”升级无疑会强化产业结构层面的“同构互融”，但由此带来的是在对接上海产业功能转移方面，“苏南板块”会出现明显的梯队分化，不利于苏南产业布局的高质量协同升级问题。

从江苏高质量推进省域一体化战略、进一步发挥苏南地区的产业升级与创新驱动的“头部”效应的战略层面考量，“苏锡常”城市空间与产业空间出现分离趋势，可能会对整体“一中心一基地一枢纽”的有机布局造成影响。因此，建议通过“集成嵌入”来展现江苏在长三角核心区一体化发展的新作为：一是要在全面践行新发展理念的行动中强化政策协同。苏南及沿江地区，要进一步认清跨界的上海大都市圈“交叉重叠”的新特征，从“一盘棋”的高度促进区域联动发展，注重通过顶层设计与规划引领，提高政策协同，更加积极主动服务和支持上海发挥产业创新龙头作用，促进上海科技、金融等资源优势与苏南地区实体经济嫁接融合。围绕产业基础高级化和产业链现代化，推进与上海的产业链对接，促进产业发展布局从“行政导向”走向“功能导向”。二是在省域资源“大整合”中强化对上海都市圈建设的“整体介入”。目前苏南乃至江苏地区的整体产业统筹力度稍显不足，基于此，江苏应着力推进“大后方整合”，以省内交通基础设施统筹为重点，加快提升“跨江交通密度”。同时，在省域范围内围绕优势产业打造若干“区域规模化产业集群”，实现省域板块的协同互补。三是在突出“节点赋能”中强化临沪新城的核心竞争优势。“十四五”时期的江苏，对接“大虹桥”，已确定重点打造“环太湖世界级生态湖区和创新湖区、环淀山湖绿色发展协同区”，推进“虹桥—昆山—相城、嘉定—昆山—太仓的沪苏毗邻区域协同”发展。这就决定了江苏必须加快对昆山、花桥、太仓、吴江、汾湖等新城、开发区、示范区等进行“节点赋能”，建议通过政策清单、土地清单、税负清单、人才清单等“清单工作法”，为相关节点枢纽进行“越级赋能”。尤其要注重用好江苏自贸区苏州片区联动创新区等平台，申请国家层面的政策试点落地，以改革红利、政策红利提升发展动力，以此降低在大都市圈空间体系中的“水位差”，持续强化已经形成的核心竞争优势。四是以人才政策与宜居环境构建邻沪区域的“反磁力中心”。把握上海大都市圈创业就业的便利化、通勤化的大趋势，在有好风景的地方打造新经济人才的聚集地。充分利用江苏邻沪区域在居住成本、生活成本的高性价比，联动科教平台与创新载体，形成复合性企业人才的集聚效应，打造

“人才蓄水池”。同时借助苏南地区充满活力的市场创新资源，强化“人才—产业”对接链条。围绕特定产业链形成“大平台—大团队—大项目—大成果”的连续建设机制。在人才引进层面要投入“真金白银”，尤其要注重资金投入的“头部效应”与“高峰建设”。

5. 促进陆海统筹、向海发展，打造高质量发展的新增长极

奋进现代化新征程，推进沿海地区高质量发展新腾飞，打造高质量发展的新增长极、新高地，成为江苏“十四五”乃至更长时期的重大战略选择。《江苏沿海地区发展规划（2021—2025 年）》获国务院批复后，随着江苏沿海南北（陆地）区域主发展轴、临海新兴发展轴和近海海洋经济发展轴的协同崛起，要加快挺起江苏沿海地区高质量发展的脊梁，以更好对接长三角一体化，更大力度服务好新发展格局。

江苏“十四五”规划明确了以沿海地区高质量发展来推动沿江沿海沿湖的融合发展、协调发展的新战略，以向海发展的新导向重塑江苏沿海高质量发展大格局，加快打造沿海高质量发展增长极，建设令人向往的沿海生态风光带、滨海风貌城镇带、高质量发展经济带，体现出新发展理念的战略引领和实践要求，必将释放出巨大的空间能量。

伴随着长江经济带、长三角一体化、淮河生态经济带等国家战略的深入推进以及东部沿海高速通道的贯通，江苏沿海地区的区位优势日益强化，承担起服务国内国际双循环的战略枢纽作用。在长三角一体化发展的规划布局中，作为长三角地区沿海发展带的“北翼战略要地”，江苏沿海地区与上海大都市圈及沿江地区将形成一体化的联动发展，共建长三角世界级城市群。在省域一体化战略推进中，沿海地区又是“关键变量”，沿海三市构成的“蓝色板块”加速隆起，其内外联动、东西互济、南北互动的引领带动作用将会进一步彰显，并将托起省域一体化发展的“新棋局”，促进实现“江强海兴”“南北均衡”的预期目标。

在推进江苏沿海高质量发展的目标牵引之下，“向海发展”的战略导向，促进了沿海三市创新系统谋划海洋经济的发展定位，培育高质量发展“蓝色新增长极”。对应高质量发展经济带的建设，要在三市的重点产业园区，强化产城互动，港城联动，着力培育以海洋经济和智能制造为特色的先进制造业基地，推动产业绿色化、集约化发展，提升绿色经济的密度和绿色空间的价值。

多重国家战略落地，促进江苏的陆海统筹、向海发展，为江苏沿海在服务构建新发展格局的整体崛起带来了重大历史机遇。沿海地区必须抓住机遇，顺势而为，把拥有的区位和资源等优势转化为产业转移、创新转化、功能升级的综合承载能力和创新发展能力，加快实现沿海地区发展新腾飞的目标。

6. 推动高水平的数字治理，提升“韧性江苏”建设水准

江苏在社会主义现代化建设上走在前列，不仅体现在经济的高质量发展，还直接映射在高水平治理上。推动数字治理是经济社会高质量发展的内在要求，是治理能力现代化的重要助力，是提升区域发展能级的重要保障。

加强韧性江苏建设，推进社会治理现代化，构建科学有效的治理层级体系，无论是主脉搭建、节点发散、网络形成，还是“软要素”的挖掘与建构，都必须借助数字化的网络、终端以及高效的响应机制。全面提升江苏数字治理能力，应尽快搭建省域的数字治理体系。加快提升数字政府、数字社会、智慧城市建设水平，完善数字治理体系，以全面数字化引领经济社会转型升级。

首先，要着重从省级层面整体谋划推进数字治理，建设全省数字治理底座，打通数据要素通道，明确不同层级责任，构建科学高效的数字治理体系。其次，要突出跨界跨域协同，厘清各方角色定位和职能。数字治理是一个系统工程，涉及部门多、条线多、层级多，必须从横向纵向厘清各方角色定位和职能。再次，健全推进数字治理的组织实施机制。建议成立全省数字治理领导小组，研究制定江苏《数据治理条例》。最后，积极组建数字治理专业人才队伍。一方面，要在政府内部培养既精通政府业务又能运用互联网技术和信息化手段开展工作的综合型人才；另一方面，要充分发挥市场中的数字人才的巨大能量，引进数字经济领域高层次、高学历、高技能以及紧缺人才纳入政府人才支持政策体系。

【本文系2021年江苏省应用研究重大课题“江苏践行‘争当表率、争做示范、走在前列’重大使命的内涵、思路和对策研究”（编号：21WTA001）成果。课题负责人：李程骅。课题组成员：金雯、李佳婧、房冠新、贾潇潇、段培华、包咏菲等】

第六章

从小康迈向现代化：文化建设的新要求新方略

在决胜全面建成小康社会、开启基本现代化的新征程中，中国必将在文化建设与文化现代化、文明社会秩序构建中发挥更大的作用，要在百年未有之大变局中深刻把握文化现代化的路径与规律，通过建构基于“价值认同”、尊重“价值认异”的现代文化价值共识，以社会主义文化的繁荣昌盛滋养文化现代化的内涵、展现出社会文明达到新高度的文化风范，加快实现从文化大国向文化强国的新跨越。同时，根据国情和区域发展的需要，部分先发地区可以先行破题，积极构建文化现代化试验区，探索实施区域现代化与文化国际化的空间重塑，为整体推进文化现代化提供实践引领。

“放眼全球，我们正面临百年未有之大变局。”① 在世界多极化、经济全球化、社会信息化、文化多样化深入发展的新形势下，已稳居世界第二大经济体的中国，理应在文化建设与文化现代化、文明社会秩序的重构中，发挥更大的作用，特别是在价值观念、思想文化、制度设计等方面，体现出先进文化的“软实力”。正是基于这种高瞻远瞩的战略考量，党的十九大报告明确提出，我国在决胜全面建成小康社会之时，必须乘势而上开启全面建设社会主义现代化国家新征程，在实践创造中进行文化创造，在历史进步中实现文化进步。十九届四中全会进一步确定了在

① 国家主席习近平发表二〇一九年新年贺词。

推进国际治理体系和治理能力现代化的的进程中，在坚持和繁荣社会主义先进文化的制度上，马克思主义意识形态在意识形态领域的指导地位，从制度层面铸牢文化建设的四梁八柱。

现代化是世界发展中国家的共同梦想，我国从实现全面建成小康社会的目标，到开启社会主义现代化新征程，不是对过往的简单延续，而是一种历史性的转变、跨越和飞跃。如果说“小康”更多是基于中华民族自身解决温饱与生存生活问题、极具中国特色的“内向”话语与思维，那么“现代化”代表的是精神与物质高度一致，体现为人是能动的人、全面的人，人与社会全面发展的全球共识和国际潮流的目标追求。[①] 这就决定了我们开启的现代化新征程，必须以更宏大的战略、更宽广的视野、更科学的路径，来不断深化文化自信，更加突出文化建设的引领作用，以社会主义文化的繁荣昌盛滋养文化现代化的内涵、展现出“社会文明达到新高度”的文化现代化的新风采，从而实现从文化大国向文化强国的新跨越。

一 在大变局中把握文化现代化的路径与规律

现代化是自工业革命以来人类文明所发生的深刻变化。自工业革命发轫的世界现代化进程中，那些能持续引领全球发展潮流的“文明型国家”，在成长、崛起的进程中无不展现出其文化的影响力和引领力。现代化带来的全球文明秩序重建，文化价值体系、文化治理制度以及文化的包容与担当精神，对一个国家和地域形成了系统的支撑作用。国家的发展、民族的复兴，需要强大的物质力量，更需要强大的精神力量。“没有先进文化的积极引领，没有人民精神世界的极大丰富，没有民族精神力

① 参见李程骅主编：《文化自信》，江苏人民出版社 2018 年版，第 287 页。

量的不断增强，一个国家、一个民族不可能屹立于世界民族之林。”[①] 在现代社会，文化特别是先进文化已构成凝聚人心、主导发展、引领未来的极其重要的力量。

从学术视域来看，文化现代化是现代化的一个重要领域，也是推进整体现代化的重要力量。国际上通行的文化现代化，主要指文化领域的现代化，直接表现为现代文化的形成、发展、转型以及国际化全球化互动融合的过程。近300年世界文化现代化的历史表明，文化现代化既是一种历史必然，也是一种文化选择。不同国家和不同领域的文化现代化具有各自特点，但又有部分趋同性。更重要的是，文化现代化具有一定的先导作用，无不是创新驱动的结果。从文艺复兴而来的启蒙运动，被公认为世界文化现代化的起点。先有思想解放，后有现代化，是发达国家现代化的根本路径。[②] 对于发展中国家来说，只有通过经济发展带来社会进步、人民生活水准的提高，才能有效地推动文化现代化，进而达到维护国家文化权益、提高国民文化生活水平及质量以及提高文化创造力、文化竞争力和文化影响力的目的。

从工业革命以来世界文化现代化的进程来审视，历史语义上的中国文化现代化，当是起步于1840年开始的近代社会。但遗憾的是，这种所谓的文化现代化一直是局部的或碎片式的，未来得及全面展开就遭到内部扼杀或因外来侵略而中断。直到1949年新中国成立之后，中国才具备了全面推进文化现代化的基础，并在此后全方位实现了农业文化向工业文化以及信息化社会的转变。哈佛大学费正清教授曾记录：“20世纪50年代，现代化成为（中国）家喻户晓的名词。”[③] 20世纪80年代，邓小

① 习近平：《在文艺工作座谈会上的讲话》，《十八大以来重要文献选编》（中），中央文献出版社2016年版，第121页。

② 参见中国科学院中国现代化研究中心：《综述：中华文化的辉煌再现》，载《中国现代化报告2009——文化现代化研究》，北京大学出版社2009年版。

③ 费正清：《中国的再统一》，载《剑桥中华人民共和国史：革命中国的兴起1949—1965年》，［美］J. R. 麦克法夸尔、费正清编，谢亮生等译，中国社会科学出版社1990年版，第25页。

平提出“三步走”发展设想①，我国要在2050年达到世界中等发达国家水平，基本实现现代化。从当时的认知条件和发展愿景来看，中国文化现代化战略目标，应与国家现代化的总体目标相对应，即在2050年达到世界中等发达水平。

进入21世纪，关于中国现代化及文化现代化战略与路径的研究逐步深入。中国科学院中国现代化研究中心发布的《中国现代化报告2009》提出，我国应实施综合文化现代化战略，协调推进两次文化现代化②，加速向知识文化、创新文化转型，迎头进阶文化现代化的世界前沿地位。③具体策略为，以文化生活现代化为主体，以文化内容现代化和提高文化竞争力为两翼，从提升公民文化素质、中华文化振兴和中华文化保护等方面来全面推进。不过，尽管这一时期的学界对中国文化现代化的战略选择与推进路径研究的成果不少，但真正能在现实社会中指导文化建设实践的并不多。学界和业界对于文化建设、文化现代化的理解，更多集中在器物、产品、消费方式等具象层面，对社会主义核心价值观与行为风尚等方面的研究也存在不足。

现代化离不开经济基础，但到一定阶段后更需要文化的培根铸魂。

---

① 1987年4月30日，邓小平在同西班牙政府副首相格拉会谈时，第一次比较完整地概括了中华民族百年图强的“三步走”发展战略：“我们原定的目标是，第一步在八十年代翻一番。以一九八〇年为基数，当时国民生产总值人均只有二百五十美元，翻一番，达到五百美元。第二步是到本世纪末，再翻一番，人均达到一千美元。实现这个目标意味着我们进入小康社会，把贫困的中国变成小康的中国。那时国民生产总值超过一万亿美元，虽然人均数还很低，但是国家的力量有很大增加。我们制定的目标更重要的还是第三步，在下世纪用三十年到五十年再翻两番，大体上达到人均四千美元。做到这一步，中国就达到中等发达的水平。这是我们的雄心壮志。”（《邓小平文选》第3卷第226页）1987年10月，党的十三大正式确定了邓小平提出的“三步走”发展战略。

② 中国学者何传启在2003年提出了“第二次现代化理论”，认为18—21世纪的世界现代化进程，可以分为从农业文明向工业文明转变和深刻变化的第一次现代化和从工业文明向知识文明和生态文明转变和深刻变化的第二次现代化。参见何传启：《东方复兴：现代化的三条道路》，商务印书馆2003年版。

③ 参见中国科学院中国现代化研究中心：《综述：中华文化的辉煌再现》，载《中国现代化报告2009——文化现代化研究》，北京大学出版社2009年版。

一个国家、地域的文化现代化，必定是其整体现代化的重要组成部分，是引领发展的灵魂，没有文化之魂，一个国家和民族在现代化的道路上必定迷失方向。第二次世界大战以来，很多发展中国家跌入中等收入陷阱，与其自身路径盲从有直接关系。为此，中共十七届六中全会公报指出，当今世界正处在大发展大变革大调整时期，文化在综合国力竞争中的地位和作用更加凸显，维护国家文化安全任务更加艰巨，增强国家文化软实力、中华文化国际影响力的要求更加紧迫。[①] 全面建成惠及十几亿人口的更高水平的小康社会，既要让人民过上殷实富足的物质生活，又要让人民享有健康丰富的文化生活，就必须抓住和用好我国发展的重要战略机遇期，在坚持以经济建设为中心的同时，自觉把文化繁荣发展作为坚持发展是硬道理、发展是党执政兴国第一要务的重要内容。[②] 总的来说，就是要以建设社会主义核心价值体系为根本任务，以满足人民精神文化需求为出发点和落脚点，以改革创新为动力，发展面向现代化、面向世界、面向未来的，民族的科学的大众的社会主义文化，培养高度的文化自觉和文化自信，提高全民族文明素质，增强国家文化软实力，弘扬中华文化，努力建设社会主义文化强国。[③]

推动社会主义文化大发展大繁荣，建设文化强国，是实现文化现代化的路径和方向。文化现代化不仅仅是现代化的一个领域，还对整体的现代化发挥重要的精神引领作用。党的十八大报告在中国特色社会主义语境下，对我国的文化建设提出更高要求，强调全面建成小康社会是经济、政治、文化、社会和生态文明的“五位一体”总体布局的全面协调发展，文化建设具体体现在文化软实力显著增强。社会主义核心价值观体系深入人心，公民文明素质和社会文明程度明显提高，文化产品更加

① 参见《中国共产党第十七届中央委员会第六次全体会议公报》，2011 年 10 月 18 日。

② 参见《中共中央关于深化文化体制改革推动社会主义文化大发展大繁荣若干重大问题的决定》，人民出版社 2011 年版。

③ 参见李程骅：《新时代建设社会主义文化强国的根本遵循》，载《群众》2018 年第 11 期。

丰富，公共文化服务体系基本建成，文化产业成为国民经济支柱性产业，中华文化走出去迈出更大步伐，社会主义文化强国建设基础更加坚实。由此表明，中国特色社会主义文化是我国文化建设、文化现代化的根本标志。

开启社会主义文化现代化建设新征程，建设社会主义文化强国，必须尊重现代化的规律，尊重国情以及文化发展的规律。我国推进的文化现代化，既离不开中华优秀传统文化，也离不开国际互动中的外来文化。文化现代化的路径选择，实际是文化治理能力的体现，需要遵循文化现代化的基本原理，需要借鉴世界文化现代化的历史经验，需要符合中国的基本国情和国际环境。在百年未有之大变局的形势下，中国与世界的关系逻辑已经发生转变，中国已从原来的融入世界发展到改变世界，在改变自己的同时影响和改变着世界。世界经济重心的转移，带来了全球经济地理、政治格局、科技发展和全球治理体系的变化。推动全球治理体系的“中国力量”将越来越强，提升中国文化影响力的底气将越来越足。只要我们能树立正确的历史观、大局观、角色观，在新型全球化的进程中秉持共商共建共享的全球治理观，主动作为，积极作为，践行构建人类命运共同体的理念，继续发挥负责任大国作用，促进国际局势朝着公正合理的方向发展，就会有效延展我国的战略机遇期，扩大中华文化的影响力。把改变世界大变局的“中国力量”，从经济上的作用扩展为全局性影响的时机已经越来越明晰，在文化上也将有更多的平台和载体。中国对全球治理体系规则的完善与重建，有利于不断校正全球化的方向，促进不同的国家、阶层、群体缩小分歧，都能共享经济全球化的成果，并以新的全球治理规则来维护以联合国宪章宗旨和原则为核心的国际秩序，强化构建人类命运共同体的共识，推动世界各国的共同进步，展现文化发展和文化创造的新担当。

二 从小康到现代化：中国特色社会主义文化建设的新高度

人类历史的发展证明，经济在根本上决定着文化的性质和面貌，文化反过来会深刻影响经济社会的发展水平。一个文明进步的社会必然是物质财富和精神文化共同进步的社会，一个现代化的强国必定是经济、政治、文化、社会、生态文明协同发展的国家。一个国家国民素质和社会文明程度，与文化建设是密不可分的。联合国教科文组织提出："发展最终应以文化概念来定义，文化的繁荣是发展的最高目标。"① 充分认识文化建设在中国特色社会主义建设中的地位和作用，自觉提升小康社会的文化品质，在如期实现全面建成小康社会目标的同时，加速推进文化现代化引领人的全面发展、社会的全面进步，是实现社会主义现代化强国建设目标的关键所在。中华民族的伟大复兴，最终体现为文化的复兴，以及中华文化对全球发展的影响力的全面提升。

立足当前，面向未来，应对百年未有之大变局，我国在"历史的交汇期"，从全面建成小康社会到进入社会主义现代化的轨道，要在"五位一体"建设上树立更高的目标、更加突出高质量发展的要求和统领作用。毕竟，自改革开放以来，从脱贫致富奔小康解决温饱问题到总体小康到全面建设小康社会再到全面建成小康社会，我们一直以小康为底色、为背景、为目标，贯穿其中的是小康心态、小康思维、小康话语。② 开启社会主义现代化建设新征程，探索基本现代化的路径，必须在心态、思维、

---

① 联合国教科文组织 1998 年 3 月 30 日至 4 月 2 日在瑞典斯德哥尔摩召开政府间文化政策促进发展会议，通过《文化政策促进发展行动计划》，认为文化政策应致力于促使国家成为民族统一框架内的一个多元的大家庭，有着能为大家所接受的共同的价值观。

② 参见刘德海：《让我们的眼界和思维跟上新时代》，载《中华读书报》2018 年 12 月 5 日，第 8 版。

话语以及行动上实现新的转变，站位更高、视野更宽、观念更开放、文化更自信。中国作为一个十几亿人口的发展中国家，如期实现全面建成小康社会的目标，进入世界中等发达国家行列，人类历史上没有出现过先例。如今开启现代化新征程，朝着社会主义现代化强国的目标迈进，也无经验可以借鉴，更没有标杆可以参照。开启现代化建设的新征程，是更高阶段上的国家建设，必须以更宏大的战略、更宽广的视野、更科学的路径，来开辟发展的新境界，实现预期的奋斗目标。

党的十九大报告在综合分析国际国内形势和我国发展条件后，提出分两个阶段在21世纪中叶建成富强民主文明和谐美丽的社会主义现代化强国：从2020年到2035年，奋斗十五年，基本实现社会主义现代化；从2035年到本世纪中叶，再奋斗十五年，把我国建成富强民主文明和谐美丽的社会主义现代化强国。“两步走”战略设计，完整提出了我国社会主义现代化建设的时间表、路线图。基于这种战略引领，我国正在推进的现代化之路，是在“五位一体”总体布局下整体的国家高质量发展之路，也是扎实推进社会主义现代化文化强国的改革创新之路。坚持以人民为中心的文化建设，是全面协调、共建共享的国家现代化的灵魂所依、权益所在。在整体推进国家现代化的进程中，文化的现代化不仅起到重要的支撑作用，还在精神价值层面发挥关键的引领作用。“两步走”中的“第一步”，即2035年实现基本现代化目标，达到中等发达国家的水平。从文化建设的视角来看，主要体现为：社会文明程度达到新的高度，国家文化软实力显著增强，中华文化影响更加广泛深入。围绕这个总体要求，我们的文化建设和推进的文化现代化，对内主要是夯实社会文明达到新高度的基础，破解人们在文化生活、精神层面更高追求中存在的矛盾与问题。国家实现基本现代化视域下的“社会文明达到新高度”，精神文明建设是重点，文明城市、文明乡村的建设是直接的空间载体，到那时中国梦和社会主义核心价值观更加深入人心，向上向善、诚信互助的社会风尚更加浓厚，人民群众文明素质明显提高，全社会法治意识进一步增强，文化事业文化产业繁荣发展，服务质量和产品的附加值更高，人民群众对精神文化的美好需求得到充分满足，中国特色社会主义的文化自信，系统地表现在人的思想、行为和生活方式上。①

由是观之，推进我国社会主义文化现代化建设，根本前提是坚定文化自信，进一步展现文化的强大的价值引导力、凝聚力和引领力，以高质量的文化建设促进社会主义文化的繁荣兴盛，如期实现建成社会主义现代化文化强国。党的十八大以来，习近平总书记关于文化自信和文化建设的系列论述，是推进我们建设社会主义文化强国的指南。“文明特别是思想文化是一个国家、一个民族的灵魂。无论哪一个国家、哪一个民族，如果不珍惜自己的思想文化，丢掉了思想文化这个灵魂，这个国家、这个民族是立不起来的。”② 文化现代化的中国之路，必须与时俱进坚持马克思主义，发展面向现代化、面向世界、面向未来的，民族的科学的大众的社会主义文化。在党的十九大报告中，习近平总书记对推动社会主义文化繁荣兴盛提出根本要求：“发展中国特色社会主义文化，就是以马克思主义为指导，坚守中华文化立场，立足当代中国现实，结合当今时代条件，发展面向现代化、面向世界、面向未来的，民族的科学的大众的社会主义文化，推动社会主义精神文明和物质文明协调发展。”③

按照“两步走”战略目标，到2035年，我国的国家文化软实力显著增强，中华文化影响更加广泛深入。那么，在未来的国际文化建设和文化创新中，怎样才能体现出大国的责任担当与使命？历史已经证明，大国崛起要靠硬实力和软实力的共同支撑。中国日益走向世界的中心，在全球治理体系的重构中发挥越来越重要的作用，必须彰显文化的力量。

---

① 参见李程骅主编：《文化自信》，江苏人民出版社2018年版，第279页。

② 习近平：《从延续民族文化血脉中开拓前进 推进各种文明交流交融互学互鉴》，载《人民日报》2014年9月25日，第1版。

③ 习近平：《决胜全面建成小康社会 夺取新时代中国特色社会主义伟大胜利——在中国共产党第十九次代表大会上的报告》，人民出版社2017年版，第41页。

因此，只有全面践行社会主义核心价值观，建立面向世界、影响未来的现代文化价值体系，才能展现系统的“文化力”作用。[①]“文化力”发挥的是系统性的作用，首先是对社会发展的价值导向，其次是对社会正常运行的规范和调控，同时还表现为对全社会的凝聚作用和创新驱动的功能，是影响一个区域、国家综合实力消长的战略性要素。价值观是文化最深层的内核，价值观自信是文化自信最本质的体现，是现代社会“文化力”的核心功能。社会主义核心价值观是当代中国精神的集中体现，凝结着全体人民共同的价值追求。以文化自信为支撑建设现代文化体系和社会主义核心价值观，并在此基础上提升文化影响力和文化软实力，是中国走向强国的根本战略。[②] 建设现代化强国和文化强国，必须牢固树立共产主义远大理想和中国特色社会主义共同理想，培育和践行社会主义核心价值观，不断增强意识形态领域的主导权和话语权，推动中华优秀传统文化创造性转化、创新性发展，继承革命文化，发展社会主义先进文化，不忘本来、吸收外来、面向未来，更好地构筑中国精神、中国价值、中国力量，为人民提供精神指引。这是深化文化自信、建设社会主义文化强国的“中国方略”，是中国现代化建设、实现中华民族伟大复兴中国梦的文化建设的方向引领和实践指导。要通过建构基于“价值认同”、尊重“价值认异”的现代文化价值共识，[③] 把中华传统美德、人文精神与开放互鉴、依法治国、信守契约、共建共享等现代国家治理精神，在参与全球治理和文明秩序重构中展现出来，让全世界共享中国的文化和国家治理经验，逐步建立起为全球广为接受的现代国家治理理念和文化价值体系。[④] 这实际上也是“文化力”的外在影响的表现与结果。

---

① 参见樊浩：《文化与文化力》，载《天津社会科学》2019 年第 6 期。

② 参见张勇、胡福明：《文化自信是制度自信和国家竞争实力的基础》，载《红旗文稿》2017 年第 4 期。

③ 参见汪信砚：《社会主义核心价值观与当代中国文化软实力建设》，载《光明日报》2019 年 3 月 4 日，第 15 版。

④ 参见李程骅主编：《文化自信》，江苏人民出版社 2018 年版，第 287 页。

必须承认，在长周期的社会发展进程中，文化是慢变量，文化建设不可能像经济建设那样取得大干快上的成果，特别是在价值理念和行为方式上的转变，需要较长时间的形塑。中国作为一个曾经对世界作出重大贡献的“文明型国家”，要向世界传播当代中华文化，讲好中国故事，就必须注入新的中国特色社会主义文化的内容，尤其是承载核心思想价值的理念。习近平总书记指出，核心价值观是文化软实力的灵魂、文化软实力建设的重点。这是决定文化性质和方向的最深层次要素。一个国家的文化软实力，从根本上说，取决于其核心价值观的生命力、凝聚力、感召力。[①] 中国社会主义文化现代化建设，其灵魂是社会主义核心价值观，这个大方向不能发生偏差。我们必须在开启社会主义现代化建设的新征程中，系统地建构被国际社会广为接受的话语传播体系，把我们的核心价值理念、国家责任和文化担当，更好地传播出去，方能展现出自身应有的文化软实力。

人民对美好生活的向往就是我们的奋斗目标，文化建设被赋予更大的担当与使命。开启社会主义文化现代化建设新征程，要牢固树立以人民为中心的文化发展思想，最大化地满足人民对美好生活的精神文化需求。无论从思想层面还是行为层面，都应树立更高的目标和追求，提供高质量的精神文化产品与服务，以新的知识供给和文化创造能力，促进人和社会的全面发展。践行高质量发展要求，从满足人民对美好生活的需要，特别是精神文化的追求来看，应着重体现在文化建设的高质量和文化创新的动能培育上，以处理好满足基本文化需求与多样化、多层次文化需求的关系。根据“两个十五年”的战略安排，我们必须统筹设计好中国特色社会主义文化建设的阶段性任务，在对2035年、2050年的文化建设目标有总体把握的前提下，对一些关键指标进行测算，参照发达国家的现代化进程，制定出具体的策略和措施。如体现“社会文明达到

① 参见习近平：《在中共中央政治局第十三次集体学习上的讲话》，2014年2月24日。

新的高度”的人的现代化的体系支撑、全体人民享受的公共文化服务水平等。在这些方面，就要求发达的地区和省份率先探索，拿出先行先试的成果，积极构建文化现代化的样板区、新空间，为整体的推进提供实践的引领。①

三 推进文化现代化：江苏文化强省建设的目标与方略

江苏是我国的经济大省，也是文化大省，在我国推进全面小康社会建设的进程中，始终把文化建设放在重要地位，坚持文化建设与小康社会建设的整体工作协同推进，全力培育社会主义核心价值体系，构筑思想文化建设高地和道德风尚建设高地，形成了文化建设促进“五位一体”发展的新格局，促进文化建设“迈上新台阶”，把“文化强省”建设推向新高度。在社会主义现代化的新征程中，江苏将展现“发挥探路者的作用”的使命担当，在文化现代建设上“先行先试”，通过深化“文化强省”建设，进一步把“社会文明程度高”变成江苏实现区域现代化的鲜明标志，绘出基本现代化的美好蓝图，为全面提升国家的文化软实力和影响力、铸就中华文化新辉煌，作出新的重要贡献。

在推进高水平全面小康社会的建设中，江苏科学把握全面小康的文化定位，把文化建设作为满足人们精神需求的“定盘星”；精确把握经济社会发展的阶段性特点和要求，把文化建设作为促进小康社会经济发展的内生动力源；持续强化先进文化在社会转型期的引领作用，坚持把文化建设作为建设小康社会“柔性治理”的重要抓手，形成了文化建设促进“五位一体”协同发展的新格局，从而不断满足人民群众日益增长的精神文化需要，促进文化建设与全面建设小康社会相辅相成，推动文化

① 参见李程骅：《新时代两步走战略 引领高质量发展走稳走好》，载《光明日报》2018 年 6 月 6 日，第 6 版。

建设“迈上新台阶”。[①]

从1996年提出建设“文化大省”的目标，到2003年把“文化江苏”上升到“和谐江苏”的五大载体建设，再到2006年的“文化强省”新目标的确立：文化事业强、文化产业强、文化人才强，直至围绕“文化建设迈上新台阶”的新要求，江苏的文化建设一直在全国起到引领和标杆作用。在2003年拟定的江苏全面建成小康社会的指标体系中，制定了包含四大类18项25条的量化标准，文化建设的指标就是重要的内容，其中居民文教娱乐服务支出占家庭支出比重和恩格尔系数被列为关键指标。2015年，中共江苏省委 江苏省人民政府《关于推动文化建设迈上新台阶的意见》，又进一步在公共文化服务体系建设方面提出了量化考核的要求：公共文化服务标准化和均等化程度达到85%以上，公共文化资源利用效率和综合效益达到90%以上，居民综合阅读率达到90%以上。由于江苏始终坚持把文化建设作为重要引领，以文化建设促进全面小康的建设，把文化建设和推进全面建成小康社会的工作纳入一体化的工作进程中，全方位提升了区域全面建设小康社会的质量和效益，增强了人民对小康社会建设工作的满意度，为建设“经济强、百姓富、环境美和社会文明程度高”的新江苏，提供了方向和源源动力。践行“文化建设迈上新台阶”，冲刺高水平全面小康，江苏牢牢把握意识形态工作领导权、大力弘扬社会主义核心价值观，在文化事业与文化产业发展水平的提升等方面取得了令人瞩目的成绩，文化引领力、文化凝聚力与文化软实力明显增强，文化人才队伍持续壮大，在构筑思想文化建设高地、道德风尚建设高地等方面，取得了明显成效。全省城乡公共文化服务体系建设标准化，每年建设超过4000个文化中心；文化产业在GDP的增加值达到5%，成为支柱产业。在对外文化交流中提升文化软实力，讲出一系列精

---

① 双传学、李程骅、许益军：《江苏全面建成小康社会实践中的文化建设》，参见《江苏省率先建成小康社会区域性探索与实践》，江苏人民出版社2016年版。

彩的江苏故事、中国故事等。2018 年度的江苏高水平全面建成小康社会进程检测统计报告表明，对照国家统计局全面小康指标体系（省级指标 51 项，设区市 49 项，县级 41 项），江苏的六大类指标——经济发展、人民生活、三大攻坚、民主法治、文化建设、资源环境，总体实现程度超过 90%。其中文化建设类总达标率 98.8%，在 6 项指标中，人均公共文化财政支出、“三馆一站”覆盖率、广播电视综合人口覆盖率、行政村（社区）综合性文化服务中心覆盖率、城乡居民文化娱乐支出占家庭消费支出比重等 5 项均达标。① 表明江苏的现代文化产业需要补短板，未来提升的空间很大。

以文化建设推进全面建设小康社会的江苏经验和成效，主要体现为大力培育和践行社会主义核心价值观，构筑思想文化建设高地、构筑道德风尚建设高地，以及全力构筑文艺精品创作高地，持续深化了江苏文化建设的新内涵、标注了全面小康社会文化建设的新高度。开启社会主义现代化新征程，推进高质量发展主导下人与社会的全面发展，更要以文化现代化引领人的现代化，展现社会文明程度高的现实模样，构筑具有江苏特色的文化创新体系和文化价值链，为提升国家文化软实力与影响力，展现江苏的担当与使命，发挥好“探路者”的作用。

中国特色社会主义进入新时代，文化建设进入了新的历史方位，高质量的文化现代化的示范引领作用更重要。按照习近平总书记对建设“强富美高”新江苏的要求，这个“高”字就体现为社会文明程度高。“文化迈上新台阶”，强调文化要体现“强大的价值引导力、文化凝聚力、精神推动力”，这是江苏文化强省建设、文化现代化的动力和方向。② 江苏走在全国发展的前列，必须在高质量发展上起到标杆与示范作用。践行新发展理念和高质量发展的高要求，在江苏确定经济发展、改革开放、

① 监测数据来自 2019 年 7 月召开的中共江苏省委十三届六次全会文件。

② 2015 年 6 月，江苏省委省政府出台《关于推动文化建设迈上新台阶的意见》。

城乡建设、文化建设、生态文明、人民生活“六个高质量发展”的整体系统中，文化建设高质量不只是一个子系统，还起到了总体的引领作用。[①] 文化建设既是出发点，也是目标追求，更贯穿于推进“五位一体”、坚定“四个自信”的全过程，为江苏高水平全面建成小康社会、开启现代化新征程，起到培根铸魂的作用。

党的十九大报告指出，中国特色社会主义进入新时代，我国社会主要矛盾已经转化为人民日益增长的美好生活需要和不平衡不充分的发展之间的矛盾。我们的奋斗目标，就是要更好地满足人民对美好生活的向往。按照社会发展到一定阶段，物质经济对社会的引领作用会逐渐减弱的规律，精神文化的统领功能将被更加彰显。围绕新时代高质量发展的要求，尽管江苏省的文化建设已经取得了明显成效，正在加速从“文化大省”向“文化强省”迈进，但与江苏丰厚的文化资源应该托起的文化高地建设的高度相比，与当前江苏经济总量位居全国第二、区域创新能力多年保持全国第一的综合实力相比，与地处高度开放的长三角世界级城市群的国际化前沿地带以及新时代文化建设高质量发展要走在全国前列的使命相比，江苏实施的高质量文化强省方略、推进的文化现代化之路，还应树立更高的标杆，尤其是在对接“一带一路”倡议、大运河文化带建设国家战略等方面，打造鲜明的江苏文化标识、推出在国内国际叫得响的文化品牌集群，构建全要素支撑的文化产业价值链，提升与硬实力对应的区域文化软实力等方面，还应进一步创新机制、强化行动，从而走出具有江苏特色的文化现代化之路。

推进新时代的江苏文化现代化建设，在新征程上发挥好先行探路作用，最根本的要求是要深刻理解新时代文化建设的定位和目标，以习近平新时代中国特色社会主义思想统领各项行动，坚持高质量发展，把“强

---

① 2017 年 12 月 25—26 日，江苏省委召开的十三届三次全会上，江苏明确提出经济发展、改革开放、城乡建设、文化建设、生态环境、人民生活的“六个高质量发展”任务。

富美高”新江苏的蓝图变成现实。2014 年 12 月，习近平总书记就“推动江苏文化建设迈上新台阶”做出的重要指示，为江苏的文化强省建设指明了方向，着重要求江苏更好解决培育社会主义核心价值观、满足群众文化需求以及发挥文艺的力量等问题。迈上新台阶需要脚踏实地，需要不断“更上一层楼”。因此，踏上现代化新征程，文化建设方略的站位要更高，即要立足高水平全面建成小康社会的现实基础上，对标文化强国建设新要求，进一步深化文化自信自觉，展现强大的价值引导力，文化凝聚力、精神推动力，发挥文化在发展全局中的统领作用；文化建设行动的标准要更高，要让文化空间、文化主体充满创新活力，打造出标志性的文化品牌和高层次平台，不断推出高峰性的大家和大作；文化品质要更高，在破解文化发展不平衡不充分、优化公共文化供给等方面，起到引领示范作用。①

树立高标准，必须有设定的标杆和对应的指标体系。围绕建设“强富美高”新江苏的“高”——社会文明程度高的要求，必须根据江苏在经济发展、基本现代化等方面走在前列、勇于探路的实际情况和应有担当，制定一个目标性的、易认知的、可落实的、分阶段的文化现代化指标体系，要比以前制定的小康指标体系中的文化类指标更翔实，尤其要重视文化建设高质量与人的全面发展的国际指标对应，加快建立起刚性指标体系。江苏在推进基本现代化的进程中，作为一个不断发展的经济体，未来的人均 GDP 将会持续增长，与其对应的公共文化供给、文化产品消费以及精神领域的需求，也将不断升级，要根据经济发展与文化建设的对应关系，比照发达国家制定的文化发展政策，前瞻规划好现代化水准的文化建设硬件标准与内容供给体系，破解文化强省建设中的不平衡不充分的主要矛盾。尤其要以公共文化服务建设的标准化、均等化，

① 参见王燕文：《以新思想引领高质量发展，把文化强省建设推向新的高度》，载《群众》2018 年第 11 期。

来全面提升省域文化设施的硬件水准。当然，考虑到省内地区发展的阶段不同，城市与乡村人均费用的标准不一，以及南北的经济实力、地方财政收入与公共文化建设的力度存在差别，相关指标可分类、分等级实施，突出精准性、实效性。同时，在全省普适性的公共文化体系规划建设的过程中，应当超前考虑如何为公共文化场馆等设施注入有效的服务内容，突出学习功能、教育功能、娱乐功能等方面的融合，使其具有持续的吸引力。要尊重城镇化的规律，把公共文化建设、新时代文明实践中心及下属的所、点，与乡村振兴战略结合起来，加大有效投入，重点向中心镇、村倾斜，让乡村文化设施承载起公共服务、社会主义核心价值观教育、党员教育、技术教育培训等多重功能。

锻造高品质，必须打造出鲜明的高显示度的江苏文化标识和文化品牌。江苏苏南及部分沿江地区本是江南文化中心地域，历史上的江南城市群就是现代长三角城市群的主体部分。在城镇化和现代化的进程中，文化发展共性的增强，特别是长三角区域一体化进程的加快，江苏在江南文化区域的中心性、标识度逐步被削弱，上海作为长三角龙头，在文化发展中将会发挥越来越重要的作用。在长三角一体化进程加快的情况下，江苏要巩固自身作为江南文化中心的地位，在未来世界级的长三角城市群建设进程中，必须展现基于文化资源禀赋、打造体现文化价值体系的文化标识。深化推进“江苏文脉”工程，进一步观照现实需要，要基于江苏现代化与国际化的发展定位与形象展示的时代需求，构建具有鲜明标志的江苏文化，把江南文化、江淮文化、汉文化以及运河文化、沿江城市群融合发展逐渐形成的扬子江文化示范区，纳入江苏的新区域现代化与国际化的标识系统中，提炼大家认可、传播力强的新江苏文化标识，打造出国内外认可的江苏文化品牌。

聚焦新高峰，突出重点文化领域的“登峰”“攀顶”行动。从全国文化高质量发展格局以及江苏作为经济大省、高度开放的国际化大省应有的文化软实力来看，尽管江苏的文化人才队伍规模不小，体系门类较为齐全，整体水平也较高，但毋庸讳言，整体文化建设上“高原上缺高峰、高地上缺标志”的问题依然突出，在国内、国际大师级人物以及领军人才的培养和引进成效不显著，培养出的本土大师级、准大师级文化人才容易被挖走。在文艺创作、演艺、文创产业等方面，高原虽有整体高度，但只有雄立的群峰才能傲立起来，只有聚集国际国内的高端资源，才能创造出文化产业几何级增长的高附加值。江苏目前高峰人才集群效应尚不突出，尽管是经济大省、文化大省，文化建设与人才培养的力度很大，但现状是引进外来的大师级人才难度大，这与江苏作为省级文化平台、尚未形成公认的国家级文化平台有直接关系。对照江苏“推动文化建设高质量走在前列”的具体部署，咬定构筑“三个高地”特别是构筑文艺精品创作高地的目标，在文艺精品创作生产提升行动的推进落实上，更应突出精品战略和高认可度的文化品牌建设，加快建立起适合名家名作生长的包容性环境、科学评价机制和长效的荣誉激励制度。在文化产业发展上，要进一步解放思想，打破旧有的行业边界、体制藩篱，突出融合创新，让市场在资源配置中发挥决定性的作用，注重培育互联网生态下的独角兽式的新业态、新模式的文创、文旅企业，在全球创新网络中聚集高端资源和优秀人才，形成文化创新与产业创新的良性互动。

现代化是现代文明形成、发展和转型的持续进程。从中国特色社会主义道路的演进历程和光明前景来看，全面建成小康社会到建设现代化强国，在“两个一百年”的大战略体系中，既是目标、要求不同的两个阶段，又是渐进、连续的统一过程。如果说小康社会是中国特色的概念，那么现代化则包含着世界通行的标志。没有全面小康的基础，现代化就无从谈起。但现代化是更高阶段的发展目标，站位要高、标准更高，更重要的是要突破以往的思维定式，从根本上抛弃小富即安的理念，要在世界发展全局中审视自身的定位，体现建构现代文明的新担当。如今的江苏，已经在向基本实现现代化发力，以现代化标准谋划未来发展，以现代化试点带动面上探索。着眼于高品质发展、高品质生活、高效率治理，聚焦现代化建设中的基础性战略性关键性问题，把参照系找准，把关键处想深，把路线图绘好，探索一条具有中国特色、时代特征、江苏特点，彰显“强富美高”内涵的现代化路径。可以预见，始终承担为全国发展探路任务的江苏，一定能在现代化的新征程中，以文化强省建设的新高度，不断提升价值引导力、文化凝聚力、精神推动力，促进江苏实现文化建设的新跨越，更好地推动人的全面发展、社会全面进步，以“文化强省”的实力与风采，为建设社会主义文化强国作出更大的贡献。

（原载《学海》2020 年第 4 期）

第七章

在新征程上全面提升江苏现代文化治理能力

基于全面建成小康社会、开启基本现代化新征程的战略要求，应对全球文化治理体系变革，江苏把文化强省建设推向新高度，必须以更高的站位、更宽的视野、更系统的政策支持来拓展文化发展的新空间，营造文化创新的社会生态，打造鲜明的文化标识、构建全要素支撑的文化产业价值链等策略，将发展的综合优势转变为文化强省建设的实际成效。正视文化创造创新的新挑战，重点要转变区域文化治理方式，优化文化治理结构，掌控好互联网时代的文化治理主导权，全面提升现代文化治理能力，为新时代的文化建设提供实践引领。

我国在决胜全面建成小康社会之时，乘势而上开启全面建设社会主义现代化国家新征程，这是党的十九大报告提出的战略安排。踏上新征程，在实践创造中进行文化创造，在历史进步中实现文化进步，是建设社会主义文化强国的应有追求。党的十九届四中全会审议通过的《中共中央关于坚持和完善中国特色社会主义制度、推进国家治理体系和治理能力现代化若干重大问题的决定》明确了我国要推进国家治理体系和治理能力现代化，坚持和完善繁荣发展社会主义先进文化的制度，确立和坚持马克思主义在意识形态领域指导地位的根本制度，从制度层面铸牢文化建设的四梁八柱，保障社会主义文化强国建设的目标和方向。基于这种时代使命，应对全球治理体系特别是全球文化治理体系的变革，我们开启的现代化新征程，必须以更宏大的战略、更宽广的视野、更科学的路径和更有效的文化治理方式来不断深化文化自信，更加突出文化建设的引领作用，以社会主义文化的繁荣昌盛滋养文化现代化的内涵。

江苏作为经济大省、文化大省和科教大省，在改革开放以来我国推进全面小康社会建设的进程中，始终把文化建设放在重要地位，全力培育社会主义核心价值体系，形成了文化建设促进“五位一体”发展的新格局，把“文化强省”建设推向新高度。如今，江苏开启基本现代化的新征程，如何让丰厚的文化资源托起文化高地建设的新平台？如何让经济总量位居全国第二、区域创新能力多年保持全国第一的综合实力展现出应有的文化软实力？如何在地处高度开放的长三角世界级城市群的国际化前沿地带体现自身的现代文化治理能力？破解这些时代课题，就必须在文化强省建设上树立高标准、锻造高品质、聚焦新高峰，把新时代的“文化强省”战略，落实到践行国家重大战略的具体行动中，全面提升文化治理能力，把自身的综合优势转变为文化建设的新成效，探索出持续推进文化现代化的新路径。

一 文化强省建设新高度：全面提升文化治理能力

开启现代化新征程，在推进文化现代化建设中提升文化治理能力，是时代赋予江苏的使命。2014 年 12 月，习近平总书记在视察江苏时将“社会文明程度高”作为“强富美高”新江苏建设的重大任务提出来，既是对江苏物质文明与精神文明协调发展的充分肯定，也是对江苏未来发展的更高期待。坚定文化自信，增强文化引领力，大力弘扬社会主义核心价值观，充分发挥主流意识形态的引领作用，使全省人民在理想信念、价值理念、道德观念上紧紧团结在一起，构筑思想文化引领高地、道德风尚建设高地和文艺精品创作高地，打造代表江苏和中国的标志性文化工程和品牌，推动文化产业的融合发展，培育新型文化业态，就成为提升江苏文化治理能力、高质量推进文化强省建设的使命所在。

文化的发展创新、文化的治理能力，与地方经济社会发展水平具有很强的对应性。如今的江苏，已经站在经济社会发展新的历史起点上，率先实现全面建成小康社会的目标为全面开启基本现代化的新征程打好了坚实的基础，并不断深化“强富美高”的内涵，提升人的全面发展水准。按照党的十九大作出的部署，我国的现代化进程到2035年要基本实现社会主义现代化，到本世纪中叶要建成世界综合国力和国际影响力领先的社会主义现代化强国，这就决定江苏在建设文化强省、推进文化现代化进程中，治理能力的提升、治理方式的创新，特别是文化治理方式的精准性有效性成为重中之重。因此，提升文化建设的效能，必须全方位发挥文化在经济社会发展中的引领作用，把准用好江苏推进基本现代化的“文化动力因”,[①] 即把江苏地方文化的深厚底蕴，与长三角区域文化资源进行融合，在顺应世界先进文化发展的潮流中，展现出江苏文化强省建设的主动性、开放性、包容性和高质量，彰显文化软实力和文化影响力。

从对接国家文化发展战略来看，江苏处于“一带一路”交汇点上、长三角世界级城市群的腹地、大运河文化带的核心区域。推进文化现代化建设，要把准文化发展的主攻方向和重心重点，在原创文化品牌、运河文化品牌以及江南文化品牌等的培育打造上扩展影响。按照现代化“新两步走”的安排，江苏在2020年高水平全面建成小康社会的基础上，可用五年左右的时间，率先在苏南及沿江地区建成充分彰显江南特色的文化高质量发展的国家示范区，再用五年到十年的时间，建成覆盖全省的文化现代化、高度国际化、社会文明程度很高的区域性现代化示范区。

---

① 参见张鸿雁：《网络社会视域下的全球城市理论反思与重构》，载《探索与争鸣》2019年第5期。

推进文化现代在新的起点、新的高度上“走在前列”，江苏确定了文化强省建设的“三大高地”目标：构筑思想文化引领高地、道德风尚建设高地、文艺精品创作高地，[①] 以让文化引领更有力，文化服务更到位，文化高原高峰更有标识度。加快实现这些目标，要以更高的站位，更宽的视野，更有效的文化治理体系，来进行深化改革，系统布局，打破边界，激发活力，协同推进文化强省建设。

文化现代化与整体的区域现代化是一种高度的互为对应关系。依照联合国制定的发达国家与地区的名单和世界银行公布的数据，在全球范围内，人均GDP12000美元左右时进入初等发达国家，25000美元即达到中等发达国家水平，45000美元以上达到上等发达国家水平。从国家对江苏探索基本现代化的要求来看，2018年底江苏经济整体发展水平，人均GDP已经达到18000美元，苏南地区则超过20000美元，朝30000美元冲刺。如果对照2013年国家发展改革委印发的《苏南现代化建设示范区规划》，[②] 其中的人均GDP达到18万元人民币的现代化目标已经基本实现。在这个阶段，在苏南地区率先开展基本现代化试点的条件已经成熟。这个规划的“示范性”，综合体现在经济现代化、城乡现代化、社会现代化、生态文明以及政治文明等刚性指标上。从当时设定的目标以及关键指标体系来看，要发挥好文化对经济社会发展的引领作用。其中在文化建设方面，把文化产业增加值占GDP的比重定为6%，人均拥有公共文化体育设施面积为不低于3平方米，重在突出公共文化服务的高标准和均等化，率先建成普惠性、高质量、可持续的公共文化服务体系。

在世界的现代化进程中，发达国家崛起和成功的经验表明，经济是最基本的驱动力，文化是最核心的影响力。在全球城市区域生长的过程中，影响因子排在第一位的是“文化吸引力”。国家和区域的文化认同，

---

① 江苏省委办公厅、省政府办公厅：《关于推动文化建设高质量走在前列的工作方案》，2018年10月。

② 国家发展改革委：《苏南现代化示范区建设规划》，2013年4月。

是最持久的发展动力。在哈佛大学约瑟夫·奈提出的“软实力”构成系统中，处在第一位的是文化吸引力；第二位是价值观层面的元素，即思想意识的感召力；第三位是政策影响力；第四位是框架（机构体制）的约束力，主要是法治化环境。[①] 基于这种逻辑，江苏的文化强省建设战略和文化现代化推进行动，应在强化“文化吸引力”上寻求重点突破，打造鲜明的高显示度的江苏文化标识，着力提升文化的品牌影响力，以文化来凝聚人心，以文化来彰显江苏的魅力。

作为中国古代文明的发祥地之一，江苏人文荟萃，江南文化、楚汉文化、金陵文化、淮扬文化等在这里多元交融。《二十四史》中有传者 2 万多人，其中 6000 余人是江苏籍，约占三分之一；[②] 在中国科举历史中，江苏籍状元共有 357 位，是全国出状元最多的地方；中国四大名著《红楼梦》《西游记》《三国演义》《水浒传》均与江苏有渊源；拥有苏州园林、明孝陵等世界文化遗产，昆曲、古琴、雕版、剪纸、云锦等世界非物质文化遗产，入选数量全国第一。但与江苏文化包容度特征非常相对应的，是自身独特的文化标识的识别度还不够高，尤其缺乏“唯一性”的高识别度的文化标识。因此，在发展面向现代化、面向世界、面向未来的民族的科学的大众的社会主义文化的时代要求下，从战略上推进江苏的文化现代化，构建鲜明的江苏文化标识与品牌，就要把多种地域性的文化，纳入江苏区域现代化与国际化的标识系统中，把文化认同作为区域现代化的底色，提炼大家认可、传播力强的新江苏文化标识，打造为国内外认可的江苏文化品牌。从区域一体化进程的趋势来看，苏南及沿江地区是长三角世界级城市群的核心腹地，长三角区域一体化发展上升为国家战略后，根据世界城市群、大都市圈内部空间结构演化与文化发展的规律，“龙头城市”或“头部城市”在产业、科技、服务、人才等

① 参见［美］约瑟夫·奈：《软力量：世界政坛成功之道》，吴晓辉、钱程译，东方出版社 2005 年版，第 5 页。

② 参见单霁翔：《从“功能城市”走向“文化城市”》，天津大学出版社 2007 年版，第 76 页。

方面的高端资源集聚优势，会逐渐从经济重心、创新重心上升为文化中心，对周边地域文化发展形成“极化效应”，并带来区域文化的趋同。长三角区域的三省一市具有共同的江南文化基因，江苏苏南及部分沿江地区本是江南文化中心地域，苏南地区是历史上江南城市群的主体部分。在长三角世界级城市群和上海大都市圈的演化过程中，如何避免从原来的江南文化高地弱化为“外围”区域，是必须应对的新挑战。因此，江苏通过区域现代化的先行先试，突出江南文化的标识和品牌，特别是把文化的现代化与经济、社会发展的现代化协同推进，与“龙头城市”上海实现互为互动的一体化发展，让高端文化资源特别是顶级文化人才自主、柔性地流动，就会协同推动江南文化传承创新，形成江南文化的多中心网络化的空间结构形态，在强化江南文化作为江苏鲜明文化标识和品牌的同时，有助于进一步促进江南文化作为长三角地区人们共同的精神家园的认知与认同，更好地推进长三角地区更高质量一体化发展、建设具有国际影响力的江南文化高地。

江苏探索的区域现代化，是在多重国家战略下的系统推进、重点突破。建设文化强省、推进文化现代化，江苏作为大运河文化遗产最丰富的省份，要主动对接国家大运河文化带建设的规划，[①] 推进新时代“大运河国家文化公园”江苏段的“落地”，承担起新时代的“国家文化客厅”的使命。[②] 把大运河江苏段及重要节点城市，规划建设为中国大运河文化带的“黄金名片”和顶级文化体验空间，彰显大运河江苏段的文化张力，打造经得起历史检验、世人评说的时代经典。大运河江苏段是文化长廊、生态长廊、经济长廊，要展现鲜明的江苏文化标识，在打造以淮安、扬

① 参见中共中央办公厅、国务院办公厅印发：《大运河文化保护传承利用规划纲要》，2019 年 2 月。

② 2019 年 7 月 24 日，中央深改委会议通过《长城、大运河、长征国家文化公园建设方案》。会议指出，建设长城、大运河、长征这三个国家文化公园，对坚定文化自信、彰显中华优秀传统文化的持久影响力、革命文化的强大感召力具有重要意义。

州为中心的淮扬文化高地，以苏州、无锡、常州、镇江为中心的江南文化高地，以徐州、宿迁为中心的楚汉文化高地和以南京为核心的金陵文化高地中，形成物化的文化标识区，建构新型文化空间，让淮安的“运河之都”、扬州的“运河原点”、无锡的“江南水弄堂”、苏州的“姑苏繁华图”，以高颜值、高品质成为国家级文化旅游融合的示范区，具备新时代“国家文化客厅”的特征与功能。对标中华文化地标长城，大运河文化带江苏段要建构多个核心节点，在空间上承载起彰显文化自信的现代文化功能区的探索重任，通过举办世界运河城市论坛、大运河文化旅游博览会，用好用活大运河文化旅游发展基金，把大运河文化带作为文创产业的新型孵化空间和平台，培育出运河文化主题的新业态的文旅产业、文创产业和体验消费为特征的现代化服务业，创造高附加值的文化空间。

文艺是时代前进的号角，最能代表一个时代的风貌，也最能引领一个时代的风气。党的十八大以来，遵照习近平总书记《在文艺工作座谈会上的讲话》等系列重要讲话要求，江苏以创新实践领风气之先，文艺发展打开新局面，文艺事业欣欣向荣。创新是文艺的生命，文艺的创新活动需要方向引领和土壤滋润。把握艺术创作规律，尊重艺术家的辛勤劳动，实现优秀创作成果的转化，为人民所喜闻乐见，是文化治理能力最重要的体现。改革创新精神是时代精神的核心，是社会主义文艺繁荣兴盛的精神动力，是现代文化治理的要义所在。开启现代化新征程，促进江苏文艺的繁荣发展，需要推出思想精神、艺术精湛、“叫好又叫座”的高峰之作，涌现一大批代表国家、走向世界的名家队伍。实现这样的目标，需要通过全面深化改革，尤其是文艺院团的体制改革，进一步激发创新活力，营造高端文艺平台，创新育人引人机制，吸引国内国际一流文艺人才来江苏发展事业、创造精品，用超越地域、跨越国界、震撼人心的艺术经典，来讲好“江苏故事”“中国故事”，展现出新时代的“江苏形象”“中国力量”。

健全现代文化产业体系和市场体系，完善文化经济政策，是江苏建设文化强省、推进文化现代化的重要支撑。培育知名文化产业、产品品牌，构建新型的文化产业价值链，是江苏文化治理能力的重要表现。要借助江苏经济大省的优势，运用经济与文化融合战略，整合文化与创新资源，以国际化视野和新技术来借鉴、创造高附加值的文化产业新商业模式，重点在文化与旅游融合主导的文旅产业发展上培育新业态，拉长新型文旅产业价值链。对互联网时代的文化产业来说，选对商业模式，往往比政府的政策支持还要重要。同时，引入充分的市场机制，还可最大限度降低政府在企业、产业培育中的“试错”代价。顺应文旅融合新趋势，发展新型文旅产业，必须是高度开放的、国际化的资源整合，要考虑如何利用上海自贸区进行高附加值的国际文化贸易，在“一带一路”建设中，有效输出江苏原创文化产品与文化服务。在文化领域的全面深化改革中，要积极推进混合所有制，突出以资本为纽带来加快文化产业的结构升级。文化产业与事业的融合，文化与旅游的融合，必须创新机制，把社会效益放在首位，将经济效益和社会效益相统一，来拉长文化产业的产业链、消费链，进一步把传统文化资源、红色文化资源“活化”，最大限度地满足人民对公共文化权益，以及多样化、多层次、多方面的精神文化需求，促进人的全面发展，全方位提升社会文明程度和文化软实力。

文化建设高质量，文化发展现代化，重在打造文化标识、建设文化高地、塑造精神家园，这些要靠灵魂的引领，精气神的凝聚。江苏是经济大省，这是建设文化强省的物质基础，但经济增长到了一定程度，其改善人民生活、提升幸福感的边际效应逐步递减，解决社会问题的能力也会随之降低。这就需要运用系统的文化治理体系，尤其是通过弘扬改革创新的时代精神，进一步提振精气神，凝聚起全社会共同的价值追求。[①] 特别是要擦亮江苏改革开放以来千百万人民创新创业、勇于争先的

① 参见李程骅：《新时代建设社会主义文化强国的根本遵循》，载《群众》2018 年第 11 期。

创新文化品牌，打造驱动江苏现代化与文化现代化的“创新文化”，把江苏人的创新精神、创新能力，上升为表征性、标志性强的创新文化。

（二）推进文化建设高质量：不断优化文化治理结构

文化是“经济发展的‘助推器’、政治文明的‘导航灯’、社会和谐的‘黏合剂’”[①]。在新征程上开启基本现代化，江苏文化强省建设迈向新高度，要坚持习近平新时代中国特色社会主义思想的引领，进一步深化文化自觉自信，担当起文化建设高质量、文化发展跃上新水平的使命。围绕社会主要矛盾发生的新变化，江苏着力“构筑思想文化引领高地、道德风尚建设高地、文艺精品创作高地”[②]。从落实的空间和载体来看，这三个高地的构筑，是江苏优化文化治理结构、打造高水平文化建设示范区的强支撑，也是走在社会主义文化强国建设前列的具体目标。

构筑文化建设高地，必须做到文化引领更有力、文化服务更优质、文化传播更有效、文化的生产消费更有活力。文化是一个国家、一个民族的灵魂，是人们的精神家园，把文化强省建设推向新高度，必须充分发挥好文化的凝聚力和引领力，更加突出先进思想的文化引领，促进全体人民在理想信念、价值理念、道德观念上紧紧团结在一起，为推进现代化建设提供更基本、更深沉、更持久的力量。

首先，在构筑思想文化引领高地上要更加从容自信。只有牢牢掌握意识形态工作的领导权和主动权，才能让全体人民坚定“四个自信”，凝心聚力建设中国特色社会主义。江苏是社会主义实践的一方热土，是建设全面小康、基本现代化示范区的实践探索者，更是创新理论的重要发

---

① 习近平：《文化是灵魂》，载《之江新语》，浙江人民出版社 2007 年版，第 149 页。

② 江苏省委办公厅、省政府办公厅：《关于推动文化建设高质量走在前列的工作方案》，2018 年 10 月。

源地。以先进思想文化的罗盘，托举起基于中国特色社会主义伟大实践、引领探索基本现代化路径的“理论高地”，是江苏应有的政治自觉和行动自觉。在思想理论建设上，要创新推动党的创新理论深入人心，持续推动学习贯彻习近平新时代中国特色社会主义思想往深里走、往实里走、往心里走。建功新时代，在思想文化高地建设中，打造有影响力的、权威性的高端化平台至关重要。江苏作为文化大省、科教大省，也是社科理论大省，有阵容强大的社科理论队伍，有条件、有能力打造新时代的思想理论高地，在推进马克思主义理论研究和建设工程、中国特色社会主义理论体系研究中心、马克思主义学院、报刊网络理论宣传阵地“四大平台”的建设上，展现出高标准、高水平。要将各大高校的学科建设、智库服务、理论阵地建设与思想理论宣传的中心任务、重点工作结合起来，建立多样化的学术共同体和研究基地，让人文社会科学以及自然科学等各个学科的专家跨界进入新思想涉及的各个研究领域，把新思想的理论研究与地方实践结合起来，以体现中国特色哲学社会科学新型的学科体系、学术体系和话语体系的高质量成果，来塑造引领国内新思想研究传播的重镇和开放性平台。

其次，在构建道德风尚高地上，要更加注重在社会主义核心价值观教育的实践深化上下功夫，在切入日常生活中落细、落小、落实，内化于心、外化于行，在提升道德水平、文明素养上见到真功。要用活用好江苏独有的核心价值观教育资源、实践基地，把阐发弘扬“雨花英烈精神”“周恩来精神”“新四军精神”“淮海战役精神”等，作为深化爱国主义教育、丰富和传承江苏红色文化谱系的重要内容，达到在心灵上、情感上烙印理想信念教育的目的。构建道德风尚高地，必须建立深化公民道德建设的长效机制和荣誉工程，形成社会公德、职业道德、家庭美德和个人品德建设的制度约束，发挥时代楷模、道德模范、最美任务、身边好人等各类典型的示范带动作用。在推进文明城市、文明村镇、文明单位、文明家庭等群众性精神文明创建中，要充分发挥群众的主体作用，扩大参与度和互动性，树立人们在现代社会的工作生活、日常交往以及在公共场所的文明规范，让“社会文明程度高”可感可学、成风化人。构建道德风尚高地、深化精神文明创建，是“以文化人”、推进文化现代化的重要使命和长久任务。在开启现代化新征程上，用好新时代文明实践中心的综合效能，可以有效整合全社会的资源、动员全社会的力量，来破解精神文明创建中存在的“各自为战”问题，进一步聚焦群众需求导向，打通基层文明创建中宣传群众、教育群众、关心群众、服务群众的“最后一公里”。构建新时代的道德风尚高地，建设社会文明程度高的新江苏，未来可运用文明实践中心的综合性平台，最大限度地整合基层资源，提升志愿服务、文明创建的层次和水平，让广大人民群众更有获得感、满足感和幸福感，始终充满向上向善的激情和动力。

开启基本现代化新征程，推动江苏从文化大省到文化强省的迈进，要健全人民文化权益保障制度，满足人民群众精神文化生活的新期待。推动文化建设高质量走在前列，要彰显江苏文化发展的新优势，构建文艺精品创作高地，实施文艺精品战略，打造特色文艺品牌，为人民群众提供丰厚的文化滋养和精神食粮。全力建设文化强省，打造文艺精品创作高地，江苏要制定引导各类艺术创作生产的中长期规划，特别是在挖掘优秀传统文化以及重大历史事件，展现中国道路、江苏发展成就等重大现实题材方面，必须健全文艺创作的资金扶持体系、文艺名作的推广体系，通过政策的引领、投入机制的改革以及优秀艺术资源的配置，形成稳固的梯队体系，为文艺精品生产提供人才保障，为文化强省建设注入新的动能。要通过培育持久性的激发文化创新的活力，促进文化服务更优质、文化产业更发达、文旅融合更主动、文化交流更有效、文化软实力更强大。建立健全把社会效益放在首位、社会效益和经济效益相统一的文化生产体制机制，更大力度推进文化改革发展，创新文化治理体制，完善文化管理体制。在宏观把握上，前瞻性处理好经济发展与文化建设的关系，在坚持社会效益优先的前提下，加快推进国有文化企业的股份制改造，善用市场的力量驱动文化产业的发展、文化产品的生产和传播，推出国内国际叫得响的江苏文化服务、文创产业与文旅企业集团的品牌集群，以高质量的文化产品、高水平的文化人才队伍、高附加值的文化价值链，推进文化强省建设迈向新高度，如期实现文化现代化的战略目标。

三 把控互联网时代文化治理的主导权

人类社会已经全面进入互联网时代，人们的生产生活方式发生了深刻变革，网络社会创造了一个崭新的、全球性的社会结构，[①] 也极大地拓展了国家和社会治理的崭新领域。我们不仅要在“现实世界”里全面推进国家治理体系和治理能力的现代化，还要在互联网的“虚拟世界”里立于制高点，掌握领导权、话语权，提升网络主流意识形态的影响力，掌握网络舆论的引导力，增强网络文化产品的吸引力，推动互联网这个最大变量转化为事业发展的最大增量。

近年来，移动网络、人工智能、大数据、算法带来了生产方式、阅读方式、生活方式的巨大变化，也造成了文化生产和传播的大变革，冲击人们的思想和信念信仰，使互联网成为影响人心的最大变量。对此，习近平总书记明确指出，“谁掌握了互联网，谁就把握住了时代的主动权；谁轻视互联网，谁就会被时代所抛弃”[②]，“过不了互联网这一关，就过不了长期执政这一关”[③]。因此，适应互联网带来的社会发展新变化，建设具有强大凝聚力和引领力的社会主义意识形态，创新社会治理方式，

① 参见［美］曼纽尔·卡斯特：《网络社会的崛起》，夏铸九、王志弘等译，社会科学文献出版社 2001 年版。

② 习近平：在全国网络安全和信息化工作会议上的讲话，2018 年 4 月 20 日。

③ 习近平：在党的新闻舆论工作座谈会上的重要讲话，2016 年 2 月 19 日。

提升文化治理能力，是建设社会主义文化强国，提升国家文化软实力的必然选择。

在推动文化建设高质量走在前列的新要求下，江苏建设文化强省，在现代化新征程上发挥示范引领作用，也理应在网络治理、网络文化建设上勇于探路，以实践创新展现新的担当，提升互联网的社会动员功能，让监管更为有力、服务更加有效，使之在壮大主流舆论、构建正能量充沛的网络空间以及创新产品表达方式和形态等方面的能力越来越强，以优秀的网络文化产品满足人民群众对精神文化生活的新需求。

以文化强省建设为中国特色社会主义文化发展作出新贡献，是江苏推进文化现代化的使命和方向。深化对中国特色社会主义道路自信、理论自信、制度自信和文化自信的认识，就是在巩固马克思主义在意识形态的指导地位、巩固全党全国人民团结奋斗的共同思想基础上，来推进文化创新创造。江苏构筑思想理论高地，推动党的创新理论深入人心，就要在互联网主战场上持续壮大主流思想舆论，用先进思想的力量来强信心、聚民心、暖人心、筑同心。到 2018 年底，我国互联网普及率达 59. 6%，光纤接入用户规模 3. 68 亿。网民达到 8. 29 亿人，其中手机网民占比 98. 6%。[①] 离开了网络空间，理论宣传和文化建设是无法想象的。江苏作为人口大省，最新的互联网发展报告显示，[②] 截至 2018 年底，江苏网民规模达到 4940 万人，互联网普及率为 61. 4%，比全国平均水平高 1. 8 个百分点。2018 年，江苏网民人均每周上网时长为 30. 1 小时，比全国平均水平高 2. 5 小时。随着流量资费不断下调，越来越多的网民使用手

---

① 数据来自国家网信办：《数字中国建设发展报告（2018 年）》。该报告 2019 年 5 月 6 日在“第二届数字中国建设峰会”上发布。习近平总书记2019 年 1 月 25 日在十九届中央政治局第十二次集体学习时的讲话透露，我国网民达到 8. 29 亿，其中手机网民占比 98. 6%。全文见习近平《加快推动媒体融合发展 构建全媒体传播格局》，载《求是》2019 年第 6 期。

② 参见《江苏省互联网发展状况报告（2018 年度）》。

机观看短视频与新闻资讯，即时通信、网络新闻、搜索引擎，使用率都在80%以上。网络视频、网络音乐、网上购物、网上支付的使用率在70%以上。网络直播用户使用率比全国平均水平（47.9%）高出7.3个百分点，64.4%的网民使用过在线政务服务，比全国平均水平高16.9个百分点。尤其需要关注的是，在江苏，被称为互联网“原住民”的青少年网民达979.97万人，互联网普及率高达98.6%。其中，小学生网民534.60万，初中生网民299.56万。青少年网民中，手机网民942.73万人，普及率达到96.2%。[①] 可见，用好互联网，特别是移动互联网，把握媒体融合的新趋势，建好主流移动传播平台，管好商业化、社会化的互联网平台，对推进思想理论建设、道德风尚建设的行动以及加强青少年理想信念教育是多么重要。

互联网的普及化、便利化，带来的是全媒体时代，信息无处不在，无所不及，无人不用。强化“以文化人”，必须系统实施“以网引人”行动，让核心价值观、主流价值牢牢占领网络主阵地，形成网上网下同心圆。提升文化治理能力，重在提升网络文化的治理水平。习近平总书记在中央政治局第十二次集体学习时指出，“网络空间已经成为人们生产生活的新空间，那就也应该成为我们党凝聚共识的新空间”。对社会主义核心价值观主旋律的传播，必须是网络世界的“主心骨”“定盘星”“压舱石”。基于互联网的门户网站、微博、微信等新媒体在舆论场上的话语权和影响力越来越大，思想文化交流、交融、交锋进一步加剧，由此造成的网络空间价值多元认知，很容易造成是非、善恶、美丑界限的模糊，甚至完全颠倒。自媒体时代，人人都有“麦克风”，人人都是“转播台”，信息传播的自由空间越来越大。构筑道德风尚建设高地，要主动用好新型网络工具，强化网上主流意识形态的凝聚力和引领力，要运用“议程

---

① 参见徐冠英：《江苏省网民增至近五千万人 人均每周上网三十小时》，载中国江苏网，https：//jsnews.jschina.com.cn/jsyw/201905/t20190518_2310358.shtml。

设置”的主动引领，牢牢占据舆论引导、思想引领、文化传承、服务人民的传播制高点。同时，要勇于开展网上斗争，抵制错误思潮，特别是批判历史虚无主义、全盘西化论、文化复古主义等，让主流价值内容释放出巨大的能量。在移动互联网时代，人手一机，凡媒皆融，是媒皆频，被称为互联网原住民的“Z世代”① 快速崛起，思想活跃，娱乐至上，崇尚“网红”，逐渐成为网络舆情的主角。开启新征程，江苏作为互联网用户的大省，必须主动应对网络世界的新变化，抢占网络舆论引导的先机，防止在一些危机事件的处理上丧失最佳时机。在移动互联网时代，让网络空间更加清朗，构筑思想文化引领高地、道德风尚高地，要以用户为本，处理好定位与流量、内容与形式、生产与传播、宣传与服务的关系，让传播的内容鲜活、新颖、形象，互动性强、参与性高、体验感好，把主流价值、文明风尚带到受众的屏幕上、指尖下、心头里，入脑入心，付诸行动。

在推进文化建设行动中，主流价值对网络的影响力和控制力，是文化软实力的直接体现。提升文化软实力，通过创新网络社会治理来践行社会主义核心价值观，有效凝聚人心、锻造共同的精神纽带，当是顺应时代发展的科学选择。因此，江苏构筑新时代的文化高地，就要综合考量网络的作用，运用好互联网这个平台和工具，吸引多元主体参与，有效处理好一元主导与多元发展之间的关系，着力提升监管和服务的专业化水平。针对互联网、大数据、人工智能的广泛应用，新技术可能与伦理发生冲突的新挑战，要善于用主流价值驾驭技术发展，探索“技术归化”的可行手段，② 促进新技术从可能侵害社会，转化为主动融入社会文

① Z世代（Generation Z），是指1995年至2009年出生的一代人，是互联网从无到有的“原住民”。他们的成长时期与互联网的形成和高速发展时期相吻合，是伴随着互联网的形成发展而一同成长的，拥有真正的互联网思维，并运用移动互联网科技带来便利，进行以自我为中心的学习、娱乐和社交。

② 参见黄嘉：《技术归化：理解用户与产品关系的关键视角》，载《自然辩证法研究》2012年第1期。

化和人们生活的新型服务和得力手段。比如要用“自主可控”的技术系统，做好网上知识产权保护，研究和用好“算法推荐”，让互联网上的海量内容与不同年龄段、不同职业与身份的网民的个性化需求，实现高效率的匹配，提升精准传播和服务的效果，等等。

要提升网络空间的治理能力和治理水准，主流媒体的“喉舌”作用至关重要。在社交媒体的广泛应用下，“步调一致”打破已有的现实的东西极为容易，但建构一个新的规则和事物，则越来越困难。建构新规则、倡导新风尚，网络主流媒体的责任重大，只有通过网络内容建设传播、壮大主流舆论的平台、拓展信息服务的新渠道，才能构筑更加清朗的网络空间，使互联网更好地传播社会主义先进文化。因此，应对互联网技术的快速发展和运营模式带来的新变革，以媒体融合发展做大做强主流媒体，在全媒体时代抢占发展的制高点，是掌控舆论场主动权和主导权的重要任务。具体来说，就是要顺应互联网移动化、社交化、视频化、互动化的趋势，完善坚持正确导向的舆论引导工作机制，让重点新闻网站、新媒体公众号等，创新话语体系和表达方式，打造网络主旋律传播矩阵，让“喉舌”告别单一的“传声筒”，唱起欢快的交响乐、协奏曲。要以媒体融合的新形态，把内容生产、流程优化、平台再造等转向互联网主战场特别是移动新媒体领域，用网民喜闻乐见的方式传播主流价值、彰显时代精神、引领道德风尚。[①]

随着网络社会的到来，文艺作品的生产和阅读方式都发生了根本性的变化，从读书、读报到“阅屏”成为最突出的特征。提升文化建设水平、提高网络治理能力变得愈发重要，江苏在构筑文艺精品创作高地上的大胆探索，具有很强的示范意义。构筑文艺精品创作高地，实施文艺精品战略，必须推动文艺生产、文化消费与新技术、新业态、新模式和

---

① 参见王燕文：《抢占媒体深度融合发展制高点》，载《学习时报》2019 年 3 月 27 日，第 1 版。

各种新媒体的有机融合，把持续增强优秀网络文化产品的创造力、吸引力作为重要砝码。一方面，要壮大“文艺苏军”的网上力量，发挥好江苏网络作家协会等社会性组织的纽带连接作用，把分散在社会各领域的网络作家、网上写手聚拢起来，赋予其讲好江苏故事、创作文艺精品的崇高使命和任务，激发其创作活力；另一方面，要加大对优秀网络内容产品和创作团队的扶持力度，建立优秀网络文化成果评价认证机制，探索在全国具有引领力的网络作家签约制度，让有潜力有担当的网络作家，能在稳定的生活保障下安心写作，为其提供打造精品的大环境。根据文化建设高质量的要求，要在尊重艺术规律的前提下，创新整合网上网下文艺创作资源的机制，推进基于网络平台的跨区域、国际化的“江苏制作”“江苏出品”计划等，为打造文化高地上的高峰性作品、产品与服务品牌，提供精准到位的服务，在电影、电视、舞台表演以及音频、视频等领域推出品牌力作，让文化建设的硬支撑、文艺精品创作的大战略，与广大文艺工作者的创新创造活力真正融合起来，不断攀登文艺发展的新高峰。

文化的繁荣发展，能在一定程度上折射出文化治理体系与治理能力现代化的水平。不忘本来，吸收外来，面向未来，方能在文化创造上展现出新的风采，作出重要贡献。站在历史的交汇期，面对百年未有之大变局，全球文化治理领域重新洗牌，中华文化的发展繁荣迎来了重要历史性新机遇。党的十九大报告指出，从 2020 年到 2035 年的基本现代化进程中，我国经济实力、科技实力、综合国力将大幅跃升，跻身创新型国家前列，国际治理体系和治理能力现代化的目标基本实现。文化建设体现为“社会文明程度达到新高度，国家文化软实力显著增强，中华文化影响更加广泛深入”。江苏作为经济大省、文化大省，开启现代化新征程，必将在推动“文化建设迈上新台阶”上镌写新刻度，在“强富美高”新江苏建设上绘出文化发展高质量的新画卷，让现代文化治理能力支撑文化建设高质量，实现区域现代化与文化国际化的空间重塑，为建设社会主义现代化强国作出新的更大的贡献。

（本文系中央“马工程”重大项目暨国家社科基金特别委托项目“全面建成小康社会的文化方略研究——改革开放以来江苏文化强省建设的实践探索与启示”（2018MSJ010）成果之一）

（原载《江苏社会科学》2020 年第 3 期）

第八章

开启现代化新征程：文化建设国际化的战略路径

现代化是世界发展中国家的共同梦想。党的十九大报告明确提出，我国在决胜全面建成小康社会之时，必须乘势而上，开启全面建设社会主义现代化国家新征程。我国从实现全面建成小康社会的目标，到开启社会主义现代化新征程，不仅是对过往的延续，而且意味着一种历史性的转变、跨越和飞跃。“现代化”代表的是精神与物质高度一致，体现为人是能动的人、全面的人，人与社会全面发展的全球共识和国际潮流的目标追求。[①] 这就决定了我们开启的现代化新征程，必须以更宏大的战略、更宽广的视野、更开放的胸怀、更科学的路径，来不断深化文化自信，开辟人与社会全面发展的新境界，以社会主义文化的繁荣昌盛涵养文化现代化的内涵，展现出“社会文明达到新高度”的文化现代化的新风采，从而实现从文化大国向文化强国的新跨越。

一个国家的文化国际化战略的实施、文化软实力与影响力的提升，离不开地方先进文化的协同推进和先行探路。江苏作为经济大省、文化大省、科教大省，历史文化资源厚重，外向型经济发达，在科教文化、文学艺术、哲学社会科学、文化创意、科技研发等领域的基础好、实力强、交流广，对推进文化国际化战略有着明显的优势，过去一直在对外文化交流、讲述“中国故事”中承担着重要的角色，作出了重要贡献。

① 参见李程骅主编：《文化自信》，江苏人民出版社 2018 年版，第 287 页。

在高水平全面建成小康社会的高起点上，率先开启现代化新征程，江苏推进文化国际化发展，践行探索性、创新性、引领性的责任，将以更高的站位、更多的文化精品、更精彩的文化活动、更有影响力的文化品牌，来展现新的担当使命，在主打江南文化品牌、文学艺术交流、科教文化传播、文化旅游国际化推广、人才国际化等方面，将会为江苏和长三角地区的区域现代化提供多维支撑，为社会主义文化强国建设注入更多的国际化、现代化元素，在江苏的丰厚文化土壤上矗立更多代表国家、融入世界的文化标识的精品力作。

一 锻造高水平开放的文化国际化空间

国家现代化是建立在区域发展现代化的基础之上的。现代化是一个多重维度的历史进程，包括基础设施的现代化、工业现代化、农业现代化、科学技术现代化、城市现代化、人的现代化等人类社会的全面进步与现代化的发展进程，但最核心的是文化国际化的牵引。在坚持文化自信的新时代，国际社会需要通过中国文化来理解中国的外交政策根源和意图，中国也需要借助文化来向世界展现中国追求和平发展的决心。“中国文化国际化就是要使中国文化与国际接轨，被世界主流文化所认同、接纳，并借文化增强国家软实力，实现国家利益最大化。”①

一个区域的文化国际化发展进程，在很大程度上表现为本区域文化全要素体系的全球化认知、生产、传播与反馈过程。文化既是民族的，也是世界的。文化与文明的互鉴，是人类社会长期发展形成的一种必然过程与客观结果。“文明是包容的，人类文明因包容才有交流互鉴的动力。”“历史告诉我们，只有交流互鉴，一种文明才能充满生命力。只要

① 朱凤云、苑秀丽：《中国文化国际化战略的路径分析》，载《山东社会科学》2014 年第 11 期。

秉持包容精神，就不存在什么‘文明冲突’，就可以实现文明和谐。”① 文化国际化从早期的人际传播与交往，逐渐发展成为信息化传播与交流的新时期。特别是在互联网社会的条件下，文化的国际化愈加朝着更快捷、更深度、更多元、更大规模的方式发展。当前世界的文化交流十分活跃，各个国家、地区、城市、组织都在推动世界文化交流活动，文化国际化也是国家级双边交流合作的重要内容。

文化国际化是面向世界的一种文化交流传播活动。随着全球化的持续推进，各国人民在文化领域的交往、交流将会呈现出更加深入、更全方位化与更多层次化态势。中国正在持续推动改革开放、高质量发展带来文化大繁荣，官方和民间所推动的文化艺术、教育、旅游服务等领域的国际交流与合作，为中国走向国际化舞台打开更宽阔的大门。江苏历史文化底蕴深厚，是文学艺术、文化人才、哲学社会科学研究资源、文化产业资源大省，文化竞争力在全国处于第一方阵。同时，江苏省因为地处长三角世界级城市群的腹地，属于东部沿海开放地区，拥有开放型、国际化、全球化的便利基础设施，是经济、贸易、文化国际化的优势省份，拥有文化国际化的空间区位优势，决定了其文化走向国际化的起点高，力度强。从对外开放通道来看，由于地处东部沿海与长江下游地区，江苏具有面向世界的海上运输便利通道，境内港口有数百条直达世界各地的海上运输线路。江苏拥有南京禄口国际机场等五大国际机场，同时毗邻上海，与上海虹桥机场、浦东国际机场高铁、地铁和高速无缝连接，拥有非常发达和便利的国际空港交通体系。在“一带一路”交汇点建设中，这些都为区域国际化的贸易交流奠定了基础。随着“一带一路”倡议和长三角一体化、长江经济带等国家战略的实施以及江苏自贸区建设的落地，江苏省将迎来空前的经济发展和对外开放的区位优势，这为文化国际化奠定了扎实的经济基础，提供了充足的动力保障。

① 习近平：《在联合国教科文组织总部的演讲》，2014 年 3 月 27 日。

江苏文化国际化具有明显的人文区位优势。江苏是中国古代文明的重要发源地之一，是吴文化、江南文化、楚汉文化的主要发祥地，现拥有 13 座国家历史文化名城，总量在全国各省份中排名第一。江苏拥有三处世界级非物质文化遗产，分别为苏州古典园林、明清皇家陵寝、中国大运河江苏段。江苏拥有联合国教科文组织“人类非物质文化遗产代表作”10 项，位列全国第一。国家级非物质文化遗产名录 108 项，国家级非物质文化遗产代表性传承人数量居全国第二。另外，江苏拥有近 4700 项省、市、县级非物质文化遗产。总量在全国名列前茅，是中国非物质文化遗产的第一方阵。此外，江苏省拥有全国总量排名第一的高等教育资源，建有多所高水平的大学。江苏拥有 5A 级景区 25 处，全国第一。从古代文明发源地、文化遗产、高等教育、5A 级景区等文化资源的数量分布来看，江苏的人文区位优势十分突出，在全国处于第一方阵，这是江苏文化国际化战略的最有核心的资源优势。

江苏文化国际化的国际交流基础优势突出。在文化国际化交流和传播领域，江苏一直保持着积极、活跃、高频的局面。改革开放以来，江苏省内举办过大量面向全球的国际化的文化、艺术、体育、经贸的大型会议、论坛、展览项目。包括苏州曾举办过“第八届 APEC 财长会议”“中国经济增长论坛”“第 28 届世界遗产大会”“第 28 次科联大会”“第二届世界健康城市联盟大会”“中国—东盟知识产权局局长会议”“中国—东盟新闻部长会议”“亚投行第二届董事会非正式会议”等数百场重要的国际性会议。南京举办过亚青会、青奥会、第四届世界城市论坛、国际智能制造大会、江苏发展大会和国际足球赛、国际马拉松比赛、青少年国际象棋大赛等一大批重要的国际性会议和体育赛事。同时，省内各大高校的国际学术论坛、国际留学生、留学生交流、外籍学者来苏交流、教学、讲座，多年来一直保持着非常活跃的状态。江苏城市的国际化营销推广也越来越频繁。南京、苏州、扬州、无锡等城市，都在世界各地开展了相应的主题日，推动了文化、旅游与经贸的广泛交流。另外，江苏还有数万名外籍常住人口，来自全世界100多个国家和地区，他们分布在江苏省各个重要城市，不断开展近距离的面对面的交流与互动。总体来看，江苏走出了一条宽领域、多层次、广覆盖的文化国际化之路。

尽管江苏具有文化国际化的多重比较优势，但对照开启现代化新征程的高要求与建设具有国际影响力的文化创新示范区目标相比，依然存在明显的短板。首先，缺失文化国际化的顶层设计与政策规划。从目前来看，对外开展文化交流，依然是下辖各设区市各自为阵，以单一城市为主体“走出去”，比如南京开展的“纽约南京周”“米兰世博会南京周”等单一城市的文化推广活动，总体预算有限、规模有限、效果有限，很难发挥出一个省级政府层面打造的各种“江苏周”“江苏日”的整合效果。其次，江苏的文化国际化活动尚没有发挥出公共外交的作用，海内外的社会力量动员不足，主要原因是由相关对外文化交流中心或协会组织的文化艺术交流活动，主题单一、功能单一，没有达到推动文化、经济、政治、贸易等多重影响力的效果。再次，目前畅通的文化国际化渠道还有待拓展。改革开放以来，江苏在国际上建立的友好城市，主要集中在世界最发达的国家、地区，比如纽约、洛杉矶、旧金山、伦敦、东京、米兰、巴黎、汉堡、多伦多等，而中美洲、南美洲、南亚、中东及阿拉伯地区、中东欧、非洲以及欧洲一些小国，尚未能有效覆盖，这使得江苏文化国际化的视野受限，没有起到真正全球化的普遍性交流和推广的作用。此外，江苏文化国际化的方式，主要是搭经贸活动“走出去”，而除了南京、苏州等少数城市外，大多数城市缺少将国际文化资源“引进来”的能力和渠道，省内城市也无法开展其他国家的文化主题日。毕竟，文化国际化是一种双向的交流与互动，“走出去”与“引进来”，都是文化交流与传播的方式，只有单向的交流和传播，很难推动全面、深度、可持续的文化国际化进程。

在高起点上开启现代化新征程，多重国家战略平台，为江苏的文化国际化提供了新机遇、拓展了新空间。江苏的文化强省建设、文化国际化行动，在自觉主动地对接大运河文化带建设、长三角区域一体化等国家战略与“一带一路”倡议时，将会打造出一系列高水平文化交流展示平台，制作出一批批高质量的文化精品。其中，做强“一带一路”原创文化将会成为新的亮点。“一带一路”倡议展现了中国对外开放的新气魄，也给江苏文化国际化带来了全新空间。江苏是“一带一路”的交汇点，文化资源的挖掘、文化精品的制作、文化交流活动的推进，可以产生国际性的影响。到目前为止，已经有140多个国家和组织，参与到了“一带一路”倡议当中，而且有40多个国家和组织已经与中国签署了合作协议。江苏作为经济大省，截至2018年末，共有1700余家企业赴“一带一路”沿线投资，合作范围覆盖沿线64个国家中的大多数国家。苏企在“一带一路”沿线国家的投资持续保持高增长态势，在柬埔寨、埃塞俄比亚等地建设的6家经贸合作园区，已成为江苏形象的国际化新标志。苏企的投资方式也从早年的出口产品、设立办事处转变为在境外建立生产基地、收购国外企业、组建全球化的研发体系与营销渠道。一大批江苏本土企业，加快实现了由市场国际化向资本国际化、品牌国际化的跃升。

江苏高等教育资源发达，可以接受更多来自“一带一路”沿线国家的留学生和访问学者。同时江苏的高校学术资源发达，国际学术交流网络遍布世界，可以通过联动的方式，协同在海外推介“江苏周”等活动。比如南京大学与江苏师范大学的“一带一路研究院”，可以针对“一带一路”沿线的文化、历史、语言、地质、气候等开展大量的深度研究。江苏也是旅游大省，大规模的出境游人群，可以充当文化传播的志愿者，在“一带一路”沿线国家推广江苏的文化旅游产业与服务。江苏的文化艺术资源丰厚，可以为与“一带一路”沿线国家的文化交流提供丰富的交流项目。总的来说，“一带一路”给江苏文化国际化创造了全新的“走出去”和“引进来”的发展空间，更为江苏参与“一带一路”的文化交流，提供了大量新机遇。建功新时代，在区域一体化、高水平开放的条件下重塑文化国际化的新空间，全力打造“精彩江苏”文化品牌，也将为高质量推进“一带一路”交汇点建设营造良好的人文环境，实现江苏及长三角世界级城市群的高质量发展与文化国际化。

（二）建构高认同的文化国际化标识品牌

文化国际化是推动文化信息、资源和要素在全球范围内不断流动、传播、互动的过程，是在高度开放的进程中不断提升发展水平的过程。在新一轮高水平开放的背景下，江苏的文化国际化需要在建设长三角世界级城市群的战略引导下，以自身的经济实力、文化资源、创新能力，来进一步彰显出在建设长三角世界级城市群中的人文区位，率先建立代表新时代文化建设、文明高度的具有符号意义的“江南文化标识区”，并以赓续江南文脉为己任，在长三角区域发展一体化的大战略中强化文化认同，面向世界宣示江苏在江南文化标识区中的显示度，促进文化国际化能级水平的提升。

鉴于江苏文化国际化的比较优势和不足，还需要持续更新江苏文化国际化战略的创新理念，优化文化国际化的推进路径。从区域现代化与文化现代化的互动互为的角度来看，江苏的文化国际化必须基于长三角地区高度的对外与对内开放，同时又要展现在文化发展与文化创新中的引领功能，在这块文化高地上映现出鲜明的江苏文化标识。江南文化是长三角地区三省一市共有的文化血脉，而江苏从古到今，在地理空间和文化区位上始终占据着江南文化中心的位置，完全具备以“江南文化”重构长三角城市群国际化“地域文化”标识的基础和实力。长三角区域一体化国家战略是基于长三角城市群的空间位势来设计的，作为世界第六大城市群，长三角城市群也是我国城市化程度最高、城镇分布最密集、经济发展水平最高的地区。在长三角一体化发展上升为国家战略之后，随着城市群内要素流动的进一步自由化、一体化，长三角城市群将会加速成为世界意义上的超级城市群，不仅是引领中国加快发展的重要增长极，也是推动世界经济发展的引擎。特别是以新型自贸区为平台与国际投资贸易自由化便利化制度体系的接轨，会进一步吸引各种国际资源和高端要素的聚集，并带来国际化高等教育、科技研发机构、自贸区、高新技术区、战略性新兴产业、国际贸易港口、电子商务、智能制造业等构成的一体化的空间网络，大批具有全球视野、通晓国际规则、掌握世界领先技术的高层次人才和创业创新团队的引进和培养，将催生出更有创新力的区域文化和文化创新精神。

无论是基于长三角世界级城市群的高水平对外开放的战略布局，还是长三角一市三省一体化的策略实施，都决定了上海这个“全球城市”和“亚太门户城市”能级的持续极限化，会吸引聚集更多的优秀人才，展现创新创造的才华与活力，为区域文化的发展创新注入持久的动能。江苏在长三角地区经济体量第一，拥有的城市数量和人口规模也是绝对第一，但在全球城市体系中，江苏的主要城市南京、苏州以及沿江城市群，在经济发展质量和国际化影响力等方面，和上海这个公认的国际化大都市相比，还是存在较大差距的。那么，如何在长三角核心区的一体化大空间里，最大限度地借助上海的极化效应，为江苏自身获取更多的国际关注度，同时为上海高质量发展提供更多协同力量？共铸具有国际影响力的“江南文化”人文区位成为推进区域一体化和高水平对外开放的理性选择。作为一个快速增长的世界级城市群，长三角城市群作为地域空间的板块，除了地理空间基础上的经济空间增长与深化之外，还需要一个国际化的文化标识，像纽约、旧金山、东京等就具有很强的代表性。同样，作为一个高水平对外开放的经济大省、文化大省，江苏也需要一个在国际上有很高认知度的文化符号。在这样的综合考量下，长三角区域一体化的深度推进，让江苏与上海联手打造具有世界认知度的江南文化示范区，不仅具有区域层面的条件，更是新时代建构高水平现代化样板区的责任担当。

从目前来看，长三角城市群核心区域内的15个城市，正是承载江南文化的主体地域，江苏的空间范围最大。因此，在长三角一体化国家战略构建中，江苏省可以率先精细定位并认证“江南文化标识区”的空间区域。[①] 以江苏为主，联动上海、浙北地区乃至皖南地区的相关城市，建构与培育一种全新的文化记忆标识和文化资本认知。自古江南便孕育了一种典型的“地域文化情愫”，江南的富裕、崇文重教、勤劳、雅致、文化繁盛、文人辈出、豪迈的家国情怀等都在各种文学、历史、诗歌中被不断深化和刻画，从而培育出一种中国本土文化体系中非常鲜明的“江南文化”。无论从空间还是从时间的维度来审视，“江南”的精神纽带与长三角一体化发展国家战略紧密相连。在长三角核心地区认定和形塑“江南文化标识区”，是新时代重现江南文脉，凸现江南文化，培育中国文化意象，彰显中国文化气派，提振中华文化自信，加快推动长三角地区构建更加具有本土化的“文化区位”和全球化时代的“中国意象”，将开辟一条全新文化国际化道路。以“江南文化”来重构长三角城市群的“人文区位”，既是地域文化的一种高度归纳与建构，也是以文化软实力加快推进长三角一体化发展，助推长三角城市群作为一个整体协同参与全球竞争的重要战略诉求。

对共有文化血脉的认同和创新，是区域一体化协同发展的重要力量。长三角地区三省一市共拥江南文化，以“江南文脉”的弘扬来塑造新时代的国际文化示范区，会进一步增强区域文化认同感，汇聚起更广泛的凝聚力。率先开启现代化新征程，江苏作为江南文化的核心承载区，把“江南文脉”的内涵发扬光大，在更大范围内聚集新时代创新发展的力量，可以更好地服务长三角区域一体化和长三角世界级城市群建设。从区域版图上看，江苏省内的江南文化区面积最大、人口最多，占15个江

---

① 参见胡小武：《长三角一体化国家战略中的城市定位》，载《群众》2019年第2期。

南文化地域核心城市中的8个，因而这8个沿江城市成为江南文化的核心承载区和主体标识区。就江苏而言，由沿江八市构成的扬子江城市群，作为长三角城市群北翼的主体区域，人口总量超过5000万，经济体量非常大，八市GDP总量超过7万亿元，城镇化水平较高，总体超过73%，是中国省域经济社会发展最发达的地区之一。江苏沿江八市的大部分区域，过去一直具有较高的“江南文化”意象标识，自明清以来，这里就是中国最典型的人杰地灵、文化昌盛、商业发达、士绅众多、充满家国情怀、景致宜人、开放革新的区域。扬州的盐商文化形象、南通的中国近代城市第一城形象、泰州的文化艺术重镇、苏锡常的近代民族工业发源地形象、南京和镇江的历史文化名城形象，以及扬子江城市群整体上的江南园林、白墙黛瓦、鱼米之乡、小桥流水人家的地域视角文化形象，无一不在诉说着江南文化的经典意象。这种经典意象扎根于记忆深层，铸造灵魂，外化于行动，在现代化新征程中，有助于打造强可识别的城市文化身份和强可持续的区域文化认同，[①] 并转化为创新驱动、奋斗不息的恒久动力。

区域一体化的成效与文化的开放包容程度直接相关，文化观念、价值体系的认同，会带来区域的发展创新。从历史上看，江南文化就具有开放、包容的典型特征，这与江南水域流转、大运河的南北通达等地理因素相关。美国耶鲁大学教授涛慕思·博格（Thomas Pogge）认为：“江南对于各种各样的生活方式都是非常开放包容的，愿意用这种精神来打造社会、经济、生活。”[②] 运河从先秦时期就已经开凿，但直到隋唐才真正成为一条贯通南北的京杭大运河。从此，南方的稻米、丝绸源源不断地输送到北方去。因为有了水路，就像我们今天有了物联网，人们才越来越发现江南之美，江南的特产、美食甚至风景越来越广为人知。大运

① 参见张鸿雁：《城市文化资本与文化软实力》，江苏凤凰教育出版社2019年版，第118页。

② 参见［德］涛慕思·博格：《江南文化的世界意义》，载《中国社会科学报》，2019年2月1日。

河与长江的交汇，孕育了江南文化的开放特质，贯通南北、连通东西、联结海外都因航运而起，因水而兴。江南文化具有典型的包容气质。自古江南游人多，中国人、外国人都喜欢游历江南，因而梦中的江南，几乎成为所有诗人、文学家、艺术家的“文化故乡”，从而培植了江南文化开放大度、诗情画意、家国一体的包容气质。江南文化的这种开放、包容的文化性格，在近代以来，特别是在改革开放进程中，推动了这一区域的奋斗拼搏的“四千四万”精神、“苏南模式”以及“昆山之路”“张家港精神”“园区经验”等苏州改革开放“三大法宝”的形成，为江南文化注入了鲜明的时代内涵。

开启现代化新征程，要对优秀传统文化进行更高水平的创造性转化、创新性发展。以“江南文脉”为基础，集中各方力量来打造新时代的国际文化示范区，是历史的责任，也是时代的担当。江南文化中有其经典的文脉传承。“江南是中华文明的重要发祥地，江南文化是中华文化的重要组成部分。江南文脉，是指江南文化的源流脉络。”① 江南文化的历史文脉，即江南地区崇德尚礼的历史资源，造就了江南强调和谐的精神道统，比如南京六朝古都、十朝都会的都市气派，扬州、苏州、无锡的江南大家族的园林文化精髓；商贾文脉，即江南地区经世致用、义利兼顾的重商文化资源，比如盐商、茶商、米商群体；红色文脉，指江南地区近百年来在革命和建设中自强不息的文化资源，包括新四军江南指挥部、雨花英烈精神等；文学艺术文脉，指江南地区品类丰富、风格多样的文艺资源，包括文人诗画、文学典籍、文学创作、艺术流派等都具有了江南文化的数百年的传承和延续。江南文脉恰好汇集在扬子江城市群各城市之中，成就了 11 个国家级历史文化名城（含县级市），20 多个国家级历史文化名镇。因此，依托 30 多个国家级的历史文化名城、名镇的江南文脉资源，打造国际文化示范区，助推江苏江南文化主体标识区成为

① 谢金良：《江南文脉的历史传承与文化使命》，载《人民论坛》2019 年第 11 期。

"江南文脉"的传承地、交流地和国际旅游目的地形象，对于促进江苏文化国际化、长三角地区国际人文区位的提升，具有很强的现实价值和长远的战略意义。

推进文化国际化活动，培育和打造高国际认同度的文化交流品牌，是文明互鉴的重要内容。在国际社会和外交舞台，文化交流互鉴是消除误解与偏见、增进理解与信任的良方。同时，像中国这样地域宽广、文化丰富的巨型国家，国家的整体形象与地方的局部形象，在对外文化交流和形象传播中，具有相互支撑和映衬的作用，讲好"江苏故事"、展示好"江苏形象"，就是为讲好"中国故事"、建构"中国形象"作出的重要贡献。因此，江苏推进的文化现代化，就要在对外建构中华文化的现代品牌、展现"中国道路""中国精神"的时代内涵，以及深化中国特色社会主义的文化自信等方面，去进行系统性的探索。由此，依托"江南文脉"、打造国际性的江南文化示范区，完全可以加快培育江苏对外文化交流的"苏派文化"品牌。江苏历史文化资源丰厚，体现"苏派文化"的名著佳作、文化名家众多，当代的"文化苏军"也推出了一批有影响力的苏派文化佳作。随着国际文化交流的日益活跃，除了需要以"江南文脉"塑造诗画江南的历史文化意象之外，还需要以与时俱进、创新创意的文化新品牌来开展国际文化对话，讲好江苏的发展成就和创新文化，把江苏作为文化大省、文艺强省的实力，以全球化、国际化的语言和元素进行深度广泛传播。在开展国际文化交流对话中，要将体现江苏文化历史内容、江南文脉意象、江南文化符号特色和现代江苏文化发展新特点的丰富内容，整合为特色性的"苏派文化"品牌，更好地展现江苏的历史文化底蕴和当代江苏发展的巨大成就。培育打造"苏派文化"的国际交流平台和品牌，关键在于能拿出代表国家水平、具有国际一流水准的精品力作。近年来，江苏省演艺集团推出挖掘江苏地方经典文化意象的《运之河》《郑和》《鉴真东渡》等三大歌剧，以国际一流的大制作，获得了非常好的国际口碑，构建了"苏派文化"的"歌剧品牌"主题节目。以此为借鉴，可以以苏州“新三朵金花”——苏州交响乐团、苏州民族管弦乐团和苏州芭蕾舞团为基础，构建“苏派文化”的代表性演出团体；以金陵画派、扬州画派、吴门画派等绘画地域品牌为依托，打造“苏派文化”的绘画品牌。总之，以展现文化底蕴和地域特色的精品力作，通过国际化的平台来扩大江苏文化的国际影响力，可以有效提升江苏文化国际化的全球能见度和美誉度，为国家文化软实力注入更多丰富精彩的内容。

三 拓展“广域通路”提升区域文化软实力

文化软实力是全球化时代国家竞争力和综合实力的重要组成部分。处于百年未有之大变局的当今世界，各种国际力量加速分化组合，围绕意识形态、发展道路、民族精神、国家形象的文化竞争越来越激烈。我国要在大变局下占据主动，在保持战略定力的同时还要强化战略主动，在文化理念上大力倡导共同构建人类命运共同体，努力在推动文化治理体系变革、构建国际文化新秩序的进程中综合提升文化软实力。① 开启现代化新征程，与时俱进建构新时代的社会主义文化，就必须坚定文化自信，在世界范围内树立具有责任担当的中国形象，彰显中国精神、中国价值、中国力量，以文化的创造创新来展现基于中国道路的文化软实力及其对当今和未来世界的普遍意义。因此，推进江苏文化建设的国际化战略实施，还需要进一步拓宽“广域通路”，推动“江苏故事”和“中国形象”全球化营销。

在全球化的坐标体系中提升文化软实力，要积极推动文化“走出去”“引进来”，这是文化自信应有的胆气和底气。应对新的世界文明多元化

① 参见颜旭：《百年大变局：世界文化格局的解构与重塑》，载《前线》2019 年第 12 期。

格局，伴随着中国在全球治理体系中话语权的不断加重，我们的文化影响力和软实力也在持续提升，越来越多的人开始对当代中国价值感兴趣，越来越认同“人类命运共同体”的理念。但是，必须承认，在涉及意识形态的文化领域，我们还无法从根本上改变“西方中心论”的旧有认知，[①] 因此，从战略高度来有效展示“中国形象”、讲好“中国故事”，让世界更好地读懂中国，提升中华文化影响力，仍是任重而道远的长期任务。

江苏是“一带一路”的交汇点，是中国对外开放的窗口地区，在开启现代化新征程中推进文化现代化，必须切实担当起“展形象”的重要使命，坚持地方定位、国家站位、全球视野，用江苏故事传播中国声音、用江苏实践阐释中国理念、用江苏文化展现中国形象。[②] 在这样的前提下，要以改革创新的精神对接国际平台和文化舞台，推动江苏省的文化资源、文化产品、文化形象、文化人才等文化要素的全球化流动、传播、互动，促进文化事业的繁荣和文化产业的振兴。通过展现江苏文化知名度和文化影响力，为提升国家文化软实力作出贡献。在国家对外传播的话语平台上讲好“江苏故事”，需要树立明确的政治站位，立足江苏的丰厚文化资源和巨大的发展成就，创新对外文化传播的内容和形式。要注重用鲜活的载体展现中华文化的核心理念和中华民族的深沉情怀，把其中最具当代价值、世界意义的文化精髓提炼出来、展示出来，进一步推动文明交流互鉴。讲好江苏当代发展的故事，就能引导国际社会透过江苏这扇窗口，进一步增进对中国的理解和认同，更加全面客观地认识中国道路、中国经验、中国理念。[③] 近年来，江苏省演艺集团用国际化语言讲述中国故事、江苏故事，陆续推出《运之河》《郑和》《鉴真东渡》《拉贝日记》四部原创歌剧，并在海内外巡演，均达到了“现象级”效果。其中，《鉴真东渡》《拉贝日记》分别于今年 6 月、7 月在美国、德

---

① 参见李程骅主编：《文化自信》，江苏人民出版社 2018 年版，第 265 页。
② 参见王燕文：《切实担当起“展形象”的江苏使命》，载《群众》2019 年第 5 期。
③ 参见王燕文：《切实担当起“展形象”的江苏使命》，载《群众》2019 年第 5 期。

国巡演，取得社会效益和经济效益的双丰收。江苏原创歌剧全球巡演产生的轰动性影响启发我们，运用西方世界乐于接受的原创歌剧方式，来承载经典的文化内容和历史事件，更有助于推动对中华文化高水平“走出去”，深化国际文化交流互鉴。歌剧《鉴真东渡》呈现悲悯情怀、开放胸襟和坚韧不拔精神，歌剧《拉贝日记》对历史的反思、对和平的珍惜以及跨越民族的感恩精神，都是对优秀传统文化的精神标志的提炼和展示，这种文化价值、文化精髓不仅属于中国，更属于整个世界。这表明，在对外传播中，借助于高水平的文艺作品，以艺术的方式来传达文化价值理念，是最容易收到成效的。

向世界展示江苏形象，讲述江苏故事，需要持续的品牌性的对外文化交流活动。首先是要推动江苏积极融入国家层面中外人文交流主题年活动。要坚持“走出去”和“引进来”双向发力，适时举办“江苏文化旅游年”，扩大“水韵江苏”特色旅游活动覆盖范围。其次是从省级层面来统筹到世界各地举办“感知中国·江苏文化周”“畅游江苏”“水韵江苏”推介会、“符号江苏”系列出版物发布会、“同乐江苏”外国人文化交流节庆活动。再次是用好激励政策，培育文化国际化的多元主体的积极性。可以以文化国际化为引领，推动文化资源、文化产品、文化服务的提质升级，加大对文化资源、文化产品、文化服务的生产者和供给者群体的奖励和激励。还可以对市场机构、民间团体、个人等积极投入文化国际化的组织、对外交流推广的活动加大力度进行奖励扶持，扩大江苏省文化国际化的推动力量，让更多主体参与到文化国际化当中。此外，可以与有关国家中国文化中心对口合作，加大支持海牙中国文化中心建设的力度，①

---

① 2014 年 3 月，中国国家主席习近平与荷兰首相吕特共同见证了《关于在荷兰设立中国文化中心谅解备忘录》的签署。文化和旅游部和江苏省政府正式签署《关于在荷兰合作共建海牙中国文化中心的协议》，这也是全国第二家部省共建的中国文化中心。中心投入运行后，将围绕“国情宣介、思想交流、文化展示、教学培训”等基本职能，举办各类高水平的活动，全方位展示中国文化，促进中荷文化交流，增进两国人民的相互了解和友谊。

打造江苏省对接荷兰、辐射欧洲的文化交流平台。与此同时，可以加大力度支持地方开展各种国际文化交流活动，支持扬州世界运河城市论坛、南京历史文化名城博览会品牌、南京国际和平论坛、南京国际文学之都高峰论坛等具有地方特色的对外文化交流平台和载体建设。最后，江苏还需引进更多的国外文化和艺术机构、团体或个人，扩大文化“引进来”力度，扩展江苏群众的文化国际观与视野，实现在家门口感知国外丰富的文化成果与演出、交流活动。这种双向交流机制，把“走出去”和“引进来”做大、做强、做活，有助于加快提升江苏省文化国际化的格局和水平。

在“展形象”的过程中，还应面向国际市场，不断优化文化产品和文化服务供给，持续培育江苏文化国际化的可持续发展能力。文化国际化的基础是文化资源与产品供给端的特色化与高质量。任何产品的交流传播，都需要有吸引力和魅力，这样才有竞争力。要把文化国际化置入“市场化”的竞争原则之中，特别重视文化产品国际化的“文化供给”。江苏要更加有效推动文化国际化战略，需要加强江苏省文化国际化的“产品研发与生产”工作。首先，是要全面梳理和检索江苏特色文化资源的国际竞争力与吸引力的目录清单。要通过专业队伍和现代技术手段，真正把江苏特色文化资源、文化产品进行分类梳理，最终制定一个涵盖各个文化领域的江苏省文化国际化的目录，以目录为指导，持续提升文化资源和产品的质量，为文化国际化交流与推广奠定坚实的产品基础。其次，是打造一批体现江苏特色、国家水平、世界水准的精品文化项目。比如绘画、书法、民歌、演艺节目、非物质文化遗产及其代表作、文化名人、文化出版项目等，将一批具有江苏文化特色且具有国际影响力和传播力的文化产品与资源，进行品牌化运作，以更好地实施文化国际化的重点推广与传播工作。最后，是要加强研发设计工作，进一步提升江苏文化企业、文化机构的创新研发与设计能力，打造一批具有国际视野，国际竞争力的文化产品，参与全球竞争，以市场化的方式，嵌入全球文化产业体系，推动江苏文化走出去，提升江苏文化品牌的国际影响力。同时，全面开展文化人才评估与评选工作，以更大力度，更宽边界，扶持和鼓励文化人才的创新创业。只有重视各个领域的文化人才，才能有真正多元化、多主体、更高水平的文化国际化的支撑条件。江苏省是文化大省和文化强省，要以经济强省的力度，进一步推动文化大省和文化强省的国际化能见度、影响力和竞争力。

高水平的文化生产和文化推广，人才是第一位的，一流的人才带来一流的创意，整合一流的资源，创作一流的作品，产生“现象级”的轰动效应，实现社会效益和经济效益的统一。以江苏省演艺集团推出的四部原创歌剧为例，讲述隋炀帝开掘京杭大运河的《运之河》、再现郑和七下西洋史诗的《郑和》、以唐代高僧鉴真大师六次东渡日本史实创作的《鉴真东渡》以及南京大屠杀期间国际友人建立国际安全区救助中国人的《拉贝日记》，都是按照“时代特征、中国特色、江苏特质”的要求来组织生产的。之所以每一部作品在海外的演出都取得巨大的成功，关键在于直接整合了国际国内公认的艺术大家的力量，用西方的艺术形式讲述经典的东方故事，编剧、作曲、导演、主唱以及巡演合作伙伴、演出场所等，都是业内最出色的。这种用人机制和合作方式，突破了体制、地域、国家的界限，保障了艺术精品生产的每一个环节，以精湛的艺术魅力来征服观众，以品质打品牌，以阳春白雪树高端形象，在高水平展现代表中国形象、振奋中国精神、传播中国价值的江苏元素的同时，也带来了丰厚的票房回报，表明了江苏精品艺术创作“叫好又叫座”的眼光和功力。①

文化的生产和繁荣必须依靠经济基础，面向全球的国际文化工程更需要大手笔的持续投入。江苏是经济大省，政府对文化国际化的公共财政投入应进一步加大，并通过有效的引领政策来撬动更多的社会力量参

① 参见郑泽云：《用原创歌剧架起文化交流桥梁》，载《群众》2019 年第 15 期。

与文化走出去行动。推进文化国际化，江苏应抓住经济基础较好的有利条件，在国家文化战略的引导下，进行更科学的布局，与更多国家的政府、大学以及文化机构建立文化交流合作项目。一是可以积极鼓励省内大学、文化团体乃至知名艺术家、学者，以“广域通路”的视角，与更多国家和地区达成各项文化、艺术、学术层面的交流合作，在海内外同步设立名人文化工作室，探索国际化的名师带徒人才培养机制，尽力嵌入江苏文化产品，开展文化交流与传播。实施文化与学术精品外译工程，整合省内高校的国际化资源，把江苏文化的海外传播作为一项基础工程来推进。二是加快实施文化与经济、商务联动策略，通过与商务部等机构的资源对接，力争把与江苏省企业有投资合作的国家、地区和城市，都嵌入相应特色主题的文化交流项目，实现经济搭台、文化唱戏，文化搭台，经济唱戏的“互为切换”，来加大江苏企业走出去的深度，拓展文化国际化的广域通路，进而实现文化国际化与经济全球化的两轮驱动，为文化国际化拓展全新视野，把“江苏故事”和“中国形象”推向真正全球化时代的各个国家、地区和城市，让全世界了解江苏，理解中国，认同中国道路，接受中华文化。另外，加强与各类国际民间组织合作，有助于深化江苏全球营销的社会广度。国际性的民间组织，多是独立于政府、企业之外的第三方社会力量，本身与民众有着天然联系，通过策划开展城市交往、人文互动与合作交流活动，有利于推动各国之间文化资源的共享，促进各国文明多维度的交融，夯实民意沟通的基础，达到以文明交流超越文明隔阂的目的，增强对彼此文化的认同感。江苏的相关机构可以强化与各类国际民间组织的交流合作，做好民间文化外交工作。通过全方位的广域通路，打造江苏文化国际化战略，能极大地延伸江苏省及中国的文化交流触角，力争做到覆盖世界主要国家和地区，持续提升江苏文化及中国文化的国际影响力，为中国形象建构和国家软实力的提升作出新的更大的“江苏贡献”。

文化建设国际化是一个复杂的系统工程，只有国家和地方协同发力，培育造就基于经济国际化的高度开放、互动的文化空间和对应的制度环境，才能实现预期的目标。在开启现代化新征程中，江苏的现代化建设水平的提升，必将带来公共文化事业的大发展，在满足人民群众更高水平的精神文化需求方面起到引领示范作用。在建设文化强省、实施高水平对外开放的进程中，也将书写文化国际化的新刻度。以文化国际化促进经济全球化，提升江苏区域创新力和文化竞争力与软实力，通过讲好“江苏故事”来展示“中国形象”，是江苏作为“探路者“的光荣使命和应有担当。面向未来，江苏的文化建设将以更高站位、更宽视野、更大力度、更多投入，来引领区域的现代化建设，为世界的江苏、中国的江苏和长三角世界级城市群中的江苏，构筑国际性的文化高地，培育国际性的文化高峰，不断推出具有国际影响力的文化精品，全面展示新时代的江苏“文化力”，为国家“文化力”的建构注入高质量发展的动能和国际化的元素，确保如期实现建成社会主义现代化文化强国的目标。

（原载《江南大学学报》2020 年第 4 期）

第九章

中国式现代化与老龄社会文明建构

以中国式现代化全面推进中华民族伟大复兴，是党的二十大确定的伟大奋斗目标。中国式现代化既有各国现代化的共同特征，更有鲜明的中国特色：14 亿多人口整体迈进现代化，是人口规模巨大的现代化；坚持把实现人民对美好生活的向往作为现代化建设的出发点和落脚点，是全体人民共同富裕的现代化；促进物的全面丰富和人的全面发展，是物质文明和精神文明相协调的现代化；坚持可持续发展，是人与自然和谐共生的现代化；坚定站在历史正确的一边、人类文明进步的一边，是走和平发展道路的现代化。中国式现代化道路的本质追求，是在中国共产党领导下全面建设社会主义现代化国家，推动构建人类命运共同体、创造人类文明新形态。按照我国现代化“两步走”的战略安排，到 2035 年基本实现社会主义现代化、到 21 世纪中叶建成富强民主文明和谐美丽的社会主义现代化强国，这是一项伟大而艰巨的事业，面对的挑战前所未有。我国推进的人口规模巨大的现代化，14 亿多人口规模超过现有发达国家人口的总和，艰巨性和复杂性超乎想象。我国改革开放以来创造了经济快速发展和社会长期稳定两大奇迹，物质生活丰富，生活水平提高，社会保障体系完善，人均健康寿命大大提高，加上前期人口政策，促使我国提前进入老龄化社会。2020 年的第七次全国人口普查主要数据显示，中国 60 岁及以上人口为 2.64 亿人，占总人口的 18.70%。预计到 2025 年这一人数将突破3亿，2033年将突破4亿。全国老龄办的预测与此相似，未来我国人口老龄化还将持续快速加深，到2050年左右，60岁及以上老年人口将达到4.87亿的峰值，占我国总人口的35%左右，占亚洲老年人口的40%，占全球老年人口的四分之一，相当于发达国家高龄人口的总和。① 这就预示着人口老龄化将是贯穿21世纪的中国基本国情。我国未来的老年人口数量增多、老龄化速度持续加快的趋势难以改变。因此，实施积极应对人口老龄化战略，是具有紧迫性、长期性的“国之大事”，是实现中华民族伟大复兴和国家可持续发展的战略选择，是在应对老龄化社会这一全球人类共同命运问题上，中国提供的中国式方案，展现了中国的时代担当。走好中国特色的积极应对老龄化道路，建立起基于人的全面发展、社会全面进步的中国特色的老龄化社会文明，是全面推进中国式现代化的应有追求。

（一）坚持以人民为中心：走中国特色的积极应对人口老龄化道路

党的二十大报告指出，新时代的十年，我们深入贯彻以人民为中心的发展思想，在幼有所育、学有所教、劳有所得、病有所医、老有所养、住有所居、弱有所扶上持续用力。人民生活全方位改善，人均预期寿命大幅提高。建成了世界上规模最大的教育体系、社会保障体系、医疗卫生体系，健康中国的建设取得了积极进展。② 这些成就成效的取得，与党

① 参见何毅亭：《全国人大常务委员会专题调研组关于实施积极应对人口老龄化国家战略、推动老龄事业高质量发展情况的调研报告》，中国人大网，http：//www.npc.gov.cn/npc/c2/c30834/202209/t20220902_319168.html。

② 参见习近平：《高举中国特色社会主义伟大旗帜 为全面建设社会主义现代化国家而团结奋斗——在中国共产党第二十次代表大会上的报告》，人民出版社2022年版，第10—11页。

和国家立足国情，针对老龄化对现实提出的挑战推进的积极应对老龄化战略直接相关，充分体现了中国特色社会主义制度的优越性。

老龄化是世界性问题。医学科学技术的进步会降低人类社会的死亡率，特别是婴儿死亡率，[①] 同时，社会经济的发展又内生地降低了人们的生育意愿，导致生育率的降低。[②] 低死亡率、低生育率的结果是低自然增长率与老龄化。因此，老龄化被认为是社会发展的必由之路，老龄化研究也成为国际社会的重要研究议题之一。在老龄化的认知上，国际社会总体呈现出经济—社会—道德的转向。历史上，国内外对人口与经济的关系都有持续的关注。[③] 延续着对经济的关注，人口老龄化的讨论最早更多聚焦在年龄结构对经济的影响上。[④] 1956 年联合国发布《人口老龄化及其社会经济后果》，划分了人口老龄化标准，将 65 岁及以上老龄人口数量占总人口比例超过 7% 的国家或地区认定为老龄化国家或地区。根据该标准，19 世纪中叶，法国、瑞典等国已跨入老龄化社会。[⑤] 随着该研究成果的问世，人口老龄化问题逐渐引起世界各国的关注。人口老龄化进入“社会”视野。[⑥] 1982 年，联合国第一次世界老年大会在维也纳召开，从发展与人道主义两个方面探讨老龄问题，[⑦] 老龄化议题被赋予道德的面

---

① 参见宋全成、崔瑞宁：《人口高速老龄化的理论应对——从健康老龄化到积极老龄化》，载《山东社会科学》2013 年第 4 期。

② 参见王金营、刘艳华：《经济发展中的人口回旋空间：存在性和理论架构——基于人口负增长背景下对经济增长理论的反思和借鉴》，载《人口研究》2020 年第 1 期。

③ 参见杨菊华：《“人口论”与“人手论”的千年迷争——兼述“人脑（才）论”》，载《人口与发展》2017 年第 6 期。

④ See D. V. Glass, *The population problem and the future*, The Eugenics review, Vol. 1, (1937).

⑤ 参见刘厚莲：《世界和中国人口老龄化发展态势》，载《老龄科学研究》2021 年第 12 期；黄小燕、陈卫：《世界人口老龄化：趋势与模式》，载《人口研究》1999 年第 3 期。

⑥ 参见王岱、刘旭、蔺雪芹：《发达国家应对人口老龄化的对策及对我国的启示》，载《世界地理研究》2013 年第 1 期。

⑦ 参见陈功、宋新明、杜鹏等：《国际老龄行动：从维也纳到马德里》，载《市场与人口分析》2002 年第 3 期。

向。2002 年，国际联合国第二次世界老龄大会召开，将“积极老龄化”的内涵写进《政治宣言》，并把“建立一个不分年龄、人人共享的社会”列为《2002 年行动计划》。积极老龄化以承认老年人的人权为基础，承认人们在增龄的过程中，在生活的各个方面都享有机会均等的权力。[①] “不分年龄、人人共享”，在此基础上进一步深化，将全生命周期纳入老龄化的探讨之中，从而以一个更为全面、公平的综合性视角探讨老龄化，也进一步加深了老龄化议题中的道德色彩。

中国老龄人口规模较大、人口老龄化增速较快、空巢老人迅速增加、未富先老等现象导致中国养老、医疗保障面临较大压力。[②] 在与世界交流的基础上，中国学者结合中国的具体国情以及优秀的传统文化，对老龄化及养老理念进行了独具中国文化意涵的阐释，形成了具有中国文化特色的理论。例如，邬沧萍等的研究将“共融、共建、共享”等蕴含中国文化内涵的概念引入“建立不分年龄、人人共享的社会”的阐释中，将不分年龄、人人共享的社会描述为多代人融洽、和谐、共同参与社会建设、共享各种机会和资源的社会，[③] 为积极老龄化社会提供了中国式的模板。这些扎根中国文化与现实的理论不断更新，逐步加深人们对老龄化的认识，也推动积极应对老龄化相关的理念倡导的产生，例如健康老龄化、积极老龄化、成功老龄化和生产性老龄化等理念。[④] 其中，健康老龄化的理念提倡构建老年人日常生活照料服务和医疗服务体系，以提升老年群体的生活质量；成功老龄化理念强调增进老年人自我实现；生产性老龄化理念注重鼓励老年人积极参与到经济和社会生活中去；积极老龄

---

① 参见任继萍：《人口老龄化问题：挑战及其应对》，载《理论探索》2009 年第 1 期。

② 参见穆光宗、张团：《我国人口老龄化的发展趋势》，载《华中师范大学学报（人文社会科学版）》2001 年第 5 期。

③ 参见邬沧萍：《构建中国特色的“不分年龄、人人共享”的社会》，载《人口研究》1999 年第 1 期。

④ 参见穆光宗：《成功老龄化：中国老龄治理的战略构想》，载《国家行政学院学报》2015 年第 3 期。

化理念则将健康、保障和参与看成一体，对社会提出更加综合的要求。[①]不过，理念倡导要通过政策实践才能真正地为人民的美好生活发挥效力。

党的十八大以来，我国践行积极应对人口老龄化的“中国方案”，推动解决老年人养老、健康、精神文化生活、社会参与等方面的现实需求问题，努力满足亿万老年人对美好生活的新期待。习近平总书记针对积极应对人口老龄化提出一系列新理念新思想新战略，强调要把积极老龄观、健康老龄化理念融入经济社会发展全过程。在制定我国“十三五”发展规划时，习近平总书记指出：“我国人口老龄化态势明显，2014 年 60 岁以上人口占总人口的比重已经超过 15%，老年人口比重高于世界平均水平，14 岁以下人口比重低于世界平均水平，劳动年龄人口开始绝对减少，这种趋势还在继续。这些都对我国人口均衡发展和人口安全提出了新的挑战。”[②] 2016 年 5 月 27 日，习近平总书记在中共中央政治局第三十二次集体学习时强调：“满足数量庞大的老年群众多方面需求、妥善解决人口老龄化带来的社会问题，事关国家发展全局，事关百姓福祉，需要我们下大气力来应对。”[③] 2017 年 10 月，习近平总书记在党的十九大报告中提出“积极应对人口老龄化，构建养老、孝老、敬老政策体系和社会环境，推进医养结合，加快老龄事业和产业发展”的决策部署，为新时代加快老龄事业和产业发展进一步指明方向。2020 年 8 月 24 日，习近平总书记在经济社会领域专家座谈会上的重要讲话中指出，“十四五”时期如何适应社会结构、社会关系、社会行为方式、社会心理等深刻变化，实现更充分、更高质量的就业，健全全面覆盖、可持续的社保体系，强化公共卫生和疾控体系，促进人口长期均衡发展，加强社会治理，化解

---

① 参见林卡、吕浩然：《四种老龄化理念及其政策蕴意》，载《浙江大学学报（人文社科科学版）》2016 年第 4 期。

② 习近平：《关于〈中共中央关于制定国民经济和社会发展第十三个五年规划的建议〉的说明》。

③ 2016 年 5 月 27 日，中共中央政治局第三十二次集体学习专项研究我国人口老龄化的形势和对策，习近平总书记在会上发表的重要讲话。

社会矛盾，维护社会稳定，都需要认真研究并作出工作部署。[①] 2020年10月，党的十九届五中全会提出“健全多层次社会保障体系，全面推进健康中国建设，实施积极应对人口老龄化国家战略”，将积极应对人口老龄化上升为国家战略。[②] 2021年5月31日，习近平总书记主持中央政治局会议，听取“十四五”时期积极应对人口老龄化重大政策举措汇报，审议《关于优化生育政策促进人口长期均衡发展的决定》，强调积极应对人口老龄化，事关国家发展和民生福祉，是实现经济高质量发展、维护国家安全和社会稳定的重要举措。要贯彻落实积极应对人口老龄化国家战略，加快建立健全相关政策体系和制度框架。[③] 2021年10月，习近平总书记对老龄工作作出重要指示，要求各级党委和政府要高度重视并切实做好老龄工作，贯彻落实积极应对人口老龄化国家战略，把积极老龄观、健康老龄化理念融入经济社会发展全过程，加大制度创新、政策供给、财政投入力度，健全完善老龄工作体系，强化基层力量配备，加快健全社会保障体系、养老服务体系、健康支撑体系。要大力弘扬孝亲敬老传统美德，落实好老年优待政策，维护好老年人的合法权益，发挥好老年人的积极作用，让老年人共享改革发展成果、安享幸福晚年。[④]

遵循习近平总书记关于积极应对人口老龄化的指示，我国加快实施积极应对老龄化的政策设计与制度安排，为全面建成小康社会和建设社会主义现代化国家起到了强基固本作用。2019年11月，中共中央、国务院印发《国家积极应对人口老龄化中长期规划》，明确了积极应对人口老龄化的战略目标，即积极应对人口老龄化的制度基础持续巩固，财富储

---

① 参见习近平：《在经济社会领域专家座谈会上的讲话》，载《人民日报》2020年8月24日，第1版。

② 参见《中共十九届五中全会在京举行》，载《人民日报》（海外版）2020年10月30日，第1版。

③ 参见《中共中央政治局召开会议》，载《人民日报》2021年6月1日，第1版。

④ 参见《贯彻落实积极应对人口老龄化国家战略 让老年人共享改革发展成果安享幸福晚年》，载《人民日报》2021年10月14日，第1版。

备日益充沛，人力资本不断提升，科技支撑更加有力，产品和服务丰富优质，社会环境宜居友好，经济社会发展始终与人口老龄化进程相适应，顺利建成社会主义现代化强国，实现中华民族伟大复兴的中国梦。到 2022 年，我国积极应对人口老龄化的制度框架初步建立；到 2035 年，积极应对人口老龄化的制度安排更加科学有效；到本世纪中叶，与社会主义现代化强国相适应的应对人口老龄化制度安排成熟完备。十九届五中全会将积极应对人口老龄化上升为国家战略，使之成为党和国家的中心工作之一，体现了最高层级的国家意志与发展定位。2021 年 11 月，《中共中央国务院关于加强新时代老龄工作的意见》明确要“走出一条中国特色积极应对人口老龄化道路”，将老龄事业发展纳入统筹推进“五位一体”总体布局和协调推进“四个全面”战略布局，把积极老龄观、健康老龄化理念融入经济社会发展全过程，促进老年人养老服务、健康服务、社会保障、社会参与、权益保障等统筹发展，推动老龄事业高质量发展。2022 年 2 月，《“十四五”国家老龄事业发展和养老服务体系规划》发布，为我国应对人口老龄化、实现向老龄社会转型、推动养老服务体系高质量发展进一步明确了主要目标和重点任务。

有效应对我国人口老龄化，事关亿万百姓福祉，事关国家发展全局。面对急骤而来的人口老龄化，我国从“积极应对”到“国家战略”，应对老龄化的政策体系日趋成熟健全，政策涉及领域更加广泛全面，相关内容不断丰富精细，老龄群体的保障更加坚实，整体健康水平不断提升，人均预期寿命从 2010 年的 74.8 岁提升至 2021 年的 78.2 岁①。过去的十年，我国的社会保障体系建设进入快车道，织起了世界最大的养老保障网，基本养老保险覆盖超 10 亿人。全面推开划转部分国有资本充实社保基金工作，使基本养老保险制度呈现代际公平和成果共享的特征。所有

① 2022 年 7 月 12 日，国家卫生健康委员会发布《2021 年我国卫生健康事业发展统计公报》：我国居民人均预期寿命由 2020 年的 77.93 岁提高到 2021 年的 78.2 岁。

省份均建立了80周岁以上高龄老年人津贴制度，老年人福利补贴制度基本建立，多支柱、全覆盖、更加公平、更可持续的老年社会保障体系日益完善，让老年人的基本生活、基本医疗、基本照护等需求得到保障。2021年底，全国享受高龄补贴的老年人数达3184.1万人，享受护理补贴的老年人数为104.7万人，享受养老服务补贴的老年人数为511.8万人，享受综合补贴的老年人数为76.1万人。[①] 与此同步，我国的社会养老服务体系建设不断完备，居家社区机构相协调、医养康养相结合的养老服务体系构建推进加快。“十三五”期间，我国先后在203个地区投入50亿元，开展居家和社区养老服务改革试点。自然资源部要求“新建城区和新建居住（小）区要按照相应国家标准规范，配套建设养老服务设施，并与住宅同步规划、同步建设、同步验收”，促进了居家社区养老服务设施的增量供给。[②] 协同推进养老产业与养老服务高质量发展，老龄产业体系逐步健全，深化“放管服”改革，全面放开养老服务市场，对养老机构企业加大政策支持力度，从财税、土地等各方面给予优惠扶持。智慧健康养老产业持续发展，对便利老年人使用智能化产品和服务的政策支持力度不断加大，老年产品用品不断丰富，有效满足老年人多样化、多层次的需求。东部发达地区的一些城市，已经将区域性养老服务中心建设、家庭适老化改造、居家上门服务等纳入高质量发展的考核检测指标。截至2022年8月底，我国养老服务机构和设施数达到36万个，床位数为812.6万个。[③] 老年健康支撑体系基本形成，各地政府相继开展老年人失能（失智）预防干预试点，着力推进普惠制的长期照护险，促进政府补贴转化为实实在在的服务，造福失能失智的老人及其家庭。截至2021年

---

① 参见何毅亭：《全国人大常务委员会专题调研组关于实施积极应对人口老龄化国家战略、推动老龄事业高质量发展情况的调研报告》，中国人大网，http：//www.npc.gov.cn/npc/c2/c30834/202209/t20220902_319168.html。

② 参见陈燕：《习近平总书记的敬老情怀》，载《瞭望》2021年10月11日，第40—41期。

③ 参见李昌禹：《各类养老机构和设施总数达36万个》，载《人民日报》2022年8月21日，第1版。

底，全国建成老年友善医疗机构的综合性医院 5290 个、基层医疗卫生机构 15431 个。[①] 由此，以居家为基础、社区为依托、机构充分发展、医养有机结合的多层次养老服务体系初步搭建起来。

以人民为中心走出具有中国特色的积极应对老龄化之路，探索面向数亿老年群体的养老路径，这是人类历史上从未有过的创举，是直面中国式现代化挑战的战略选择。尽管我国老龄化的浪潮急骤而来，而且与城镇化、工业化、数字化等形成复杂的交织，诸多问题集中爆发、同步呈现，由此带来的城乡、区域的公共服务体系建设、老龄事业发展不平衡不充分现象十分突出。但是，中国特色社会主义“集中力量办大事”的制度优势，让国家治理体系与治理能力现代化在老龄化应对上得到集中显现。政府主导的顶层设计、社会与市场化力量协同推进的养老事业与养老产业快速发展，促进了养老服务体系的持续健全，加上老龄事业的推进行动与传承弘扬孝亲敬老的中华优秀传统文化有机结合，在城镇社区彰显出以老人需求为核心的老龄文明建设成效，让我国得以自信从容地积极应对人口老龄化之挑战。为了应对快速城镇化和快速老龄化的交织，在高质量发展引领的新型城镇化与城市现代化的进程中，国内城市大力推进老龄友好城市建设，人民城市的理念得到充分体现。在践行新发展理念、转变城市发展方式的行动中，我国加大对城市空间尤其是社区的适老化改造，带动了各领域各行业适老化转型升级。在高质量发展引领的新一轮城市更新行动中，围绕居家、社区、机构这三个养老服务的主要场域，以及与全生命周期相适应的养老服务需求，发挥家庭、社区和机构的协同作用，促进养老服务形式和养老服务资源配置的优势互补、无缝衔接、融合发展，为社区支撑的居家养老服务提供系统支持，着力构建“15 分钟居家养老服务圈，打通养老服务‘最后一公里’”。城

① 叶红梅：《二十大报告解读 我国老龄工作有何进展?》，载《新京报》2022 年 10 月 17 日，https：//www. bjnews. com. cn/detail/166591660514011. html。

镇公共文化设施基本上实现免费为老年人服务开放。推进全龄友好的“完整社区”建设行动，以“一老一幼”为重点，深化社区公共服务理念，完善社区服务体系建设、增强社区服务功能。全面推进居家环境适老化改造，在为城市老年人日常生活提供硬件支持的同时，也营造出尊老敬老的社会环境氛围，较好满足了日益增加的社区养老需求，加快了新时代的老龄友好型城市的建设步伐。

老龄化是人类社会进步的产物，老龄社会是现代化国家的重要特征，坚持以人民为中心，让所有人享有社会发展的成果，决定了我国正在进入的老龄社会是社会文明的高级形态。积极老龄化观念下的老龄社会文明或曰“老龄文明”，是充分保障老年人生活权益、体现老年人价值的全龄友好、全员幸福的社会风尚。在中国式现代化的进程中，我国积极应对老龄化的战略安排，不仅要体现在多层次、全覆盖的养老服务体系的打造上，还应从社会与文化建设的高度，构建让全体老年人物质富足、精神富有的中国特色社会主义的“老龄文明”，为现代化国家的人的全面发展、社会全面进步赋予新的内容。

二 积极老龄化助力“美好生活”：老龄社会文明的现实观照

“人民对美好生活的向往，就是我们的奋斗目标。”① 新时代十年，在积极应对人口老龄化国家战略引领下，党和政府应对人口老龄化顶层设计的思路理念日益明晰，在为全面建成小康社会提供重要支撑的同时，也为建设现代化国家的老龄事业更高质量发展、书写“美好生活”的新篇章注入了强劲的动能。

总体来看，党的十八大以来，我国的积极老龄化推进行动是从两个

① 中共中央文献研究室编：《习近平关于社会主义社会建设论述摘编》，中央文献出版社 2017 年版，第 11 页。

方面来落实的：一方面是积极老龄化战略下的养老服务体系建设，着重满足老龄人群的生活，应对老龄化的法治和制度政策体系加快完善，已形成涵盖生育、教育、就业、退休、养老、医疗、长期照护和老年优待等全生命周期的制度安排和政策体系，初步做到了适合中国国情的养老服务管理体制和养老保障体系基本全覆盖；另一方面是在全民健康的“健康中国”战略下，着力推进包含老年健康的全生命周期健康提升行动。健康提升行动以提高人民健康水平为核心，以体制机制改革创新为动力，以普及健康生活、优化健康服务、完善健康保障、建设健康环境、发展健康产业为重点，把健康融入所有政策，加快转变健康领域发展方式，全方位、全周期维护和保障人民健康，大幅提高健康水平，显著改善健康公平。① 进入现代化发展新阶段，党的二十大报告把健康中国与老龄事业的发展，作为满足人民对美好生活追求的重要内容，提出把保障人民健康放在优先发展的战略位置。实施积极应对人口老龄化国家战略，发展养老事业和养老产业，优化孤寡老人服务，推动实现全体老年人享有基本养老服务。这是现代化新征程上对老龄事业发展的更高要求。人人享有全面发展、实现美好生活的权利体现出社会的全面进步，展现了中国式现代化社会文明的高品质生活样态。因此，针对我国老龄群体的需求结构已经加快实现从生存型向发展型转变的现实，必须把积极老龄化的各项推进行动与健康中国战略结合起来，加快建设基于养老事业和养老产业高质量发展的老龄友好型社会。这是提升老龄化时代社会文明程度的可行路径，也是在全球视域下，担当重构“老龄文明”责任的体现。

如今我国已经进入中度老龄化新阶段，这个阶段是将积极老龄观、健康老龄化理念融入经济社会发展全过程、推进实现基本现代建设目标

---

① 参见周先旺：《以养老服务高质量发展满足人民养老需求》，载人民论坛网，http://www.rmlt.com.cn/2022/0314/642064.shtml。

的重要窗口期，对加快构建基于老龄友好型社会、满足老年群体“美好生活”的老龄文明极为关键。对照中国式现代化的本质要求，必须从高质量发展的物质文明的高度，着力解决老龄事业发展布局、发展质量的不平衡不充分问题。全方位建构老龄友好型社会、建设基于积极老龄化的社会文明，是中国式现代化的应有要求。作为“美好生活”基石的物质文明发展水平，决定着老龄社会的生活品质。正如马克思在《〈政治经济学批判〉序言》中指出的：“物质生活的生产方式制约着整个社会生活、政治生活和精神生活的过程。”促进发达的物质文明创造出包括老龄群体在内的所有人皆可享受到的高品质“美好生活”，是国家治理能力的重要体现，也是积极老龄化的应有之果。我国是世界第二大经济体，人均 GDP 已经超过世界平均水平，尽管与此对应的公共服务体系、养老服务体系、健康中国支撑体系正在加快建立，但因中国特色的老龄化与工业化、城镇化的进程相伴而行，区域与城乡发展的阶段性不同，东中西地区、城市与乡村的老龄事业发展的不平衡、不充分问题的出现不可避免。首先，持续大规模的人口流动迁移，特别是农村劳动力人口的长期大量流出，加剧了不发达地区乡村老龄化问题。推进积极老龄化战略，必须着力加强农村养老服务体系建设，补齐养老体系与养老服务短板。其次，随着我国养老服务体系的重心调整，对照“构建居家社区机构相协调，医养康养相结合的养老服务体系”的新格局，居家社区服务发展不充分与机构服务发展不平衡的问题凸显。最后，老龄产业与老龄事业协同高质量发展的驱动力不强，养老服务的质量体系得不到充分推广，老龄产业政策碎片化现象突出，从事老龄产业的企业市场主体地位认同度不高，社会化养老机构可持续运营难度加大。[①] 这些问题的出现，既与积极老龄化战略的顶层设计有关，也与对市场资源的优化配置方式有关。

---

① 参见王海东：《走中国特色积极应对人口老龄化之路》，载南方周末网 2022 年 11 月 12 日，https：//www. infzm. com/contents/23815b？source = 131。

只有坚持把以人民为中心的理念落实到老龄事业发展的各层次与所有方面，加快构建与物质文明发展水平基本适配的社会保障体系、公共服务体系，让养老服务体系惠及所有的老龄人群，才能从根本上解决这些问题，即破解长期存在的老龄事业与养老服务的不平衡不充分问题，在全社会树立起建构“老龄文明”的观念认同。

党的二十大报告指出，“中国式现代化是物质文明和精神文明相协调的现代化，物质富足、精神富有是社会主义现代化的根本要求”，[①] 也是推动积极老龄化战略的应有观照。从物质文明与精神文明协同推进的角度来看，推动老龄群体“物质富足、精神富有”，有助于持续提高老龄化时代的社会文明程度，推进文化自信自强。在现代化新征程上，老龄文明是社会文明的高级形态，是物质文明与精神文明的高度凝结，代表国家的文明建设程度，公民道德水准，是“社会文明程度高”的直接体现，具有创造出高品质生活的动能。社会对弱势群体、老龄群体的关照关怀，直接体现了一个国家和社会的文明程度。在现实场景中，与在经济社会一线打拼的中青年群体相比，老龄人群处于弱势地位，尤其需要获得充裕的物质保障和广泛的社会认同。但从老龄群体不断提高的生活诉求来看，在物质生活得到了充分保障之后，精神生活的满足变得越来越重要。因此，在厚植现代化物质基础的前提下，必须大力发展社会主义先进文化，通过提升老龄群体的学习能力以及科学人文素养，发挥好老年人的积极作用，让老年人得以精神富有，有能力践行社会主义核心价值观，以积极的姿态投身到社会、社区的公益行动与文化行动中，展现出乐观向上的精神面貌，释放出源源不断的精神动能，不断增强获得感、幸福感、安全感，持续丰富和提升老龄化时代的社会文明内涵。

从系统提升老龄化时代社会建设水平的角度看，只有建立起涵盖公

---

① 习近平：《高举中国特色社会主义伟大旗帜　为全面建设社会主义现代化国家而团结奋斗——在中国共产党第二十次代表大会上的报告》，人民出版社2022年版，第22页。

共服务、老龄事业与产业高质量发展、老年人权益保护等多领域多层次的社会治理架构，才能充分展现积极老龄化战略下国家治理体系与治理能力现代化的效能。中国式现代化在政治制度、经济基础、文化传统、家庭伦理等方面的资源禀赋与综合优势，为我国的积极老龄化战略提供了多元的治理工具。① 首先，全社会都应把老龄化作为经济社会发展的机遇来看待，在满足庞大的老龄群体日益增长的物质文化需求的基础上，提升全社会公共服务体系建设水平和老龄服务的品质，优化老龄产业结构，促进老龄事业全面高质量发展，为满足包括老龄群体在内的所有人对“美好生活”的向往提供根本保障。其次，统筹推进老年社会保障体系、老年健康服务体系以及覆盖城乡的养老服务体系建设，在为老龄群体提供高品质生活的坚强保障的同时，综合提升全社会的公共服务与健康保障水平，比如，制度化地实现基本养老保险和基本医疗保险全覆盖，并随着经济社会发展逐步提高公民的待遇水平，让“已老”与“未老”群体对未来美好生活的确定性都充满期待，消除快速老龄化带来的群体恐慌与社会焦虑，② 凝聚起建设社会主义现代化国家的磅礴力量。再次，充分发挥优秀传统文化在积极应对老龄化战略行动中的作用，在新型社会结构变迁中弘扬孝亲敬老、互帮互助的文化传统，为老龄化时代的家庭伦理与社会伦理夯实思想观念基础。在社区养老服务体系建设中，要注重弘扬邻里守望、救急扶弱的传统，展现新型“熟人社会”的助老文明。在未来养老体系重心“下沉”，社区支持的居家养老服务成为新趋势的情况下，必须大力加强社区支撑居家的养老服务供给。要放大“孝道”在家庭养老中的特殊作用，放大家庭的养老功能，比如从政策上鼓励支持家庭成员与老人同住或就近居住，通过市场之手扶持培育居家养老上

---

① 参见胡湛、彭希哲、吴玉韶：《积极应对人口老龄化的“中国方案”》，载《中国社会科学》2022 年第 9 期。

② 参见樊浩：《中国社会大众伦理道德发展的文化共识——基于改革开放 40 年持续调查的数据》，载《中国社会科学》2019 年第 8 期。

门服务机构和企业，大力发展以生活照料、康复护理、精神慰藉等上门服务为主要内容的居家养老服务，从而满足大多数老年人居家养老、在家中有尊严地老去的精神需求。最后，要有效运用数字政府、智慧城市的多重效能，加快破除老龄群体的“数字鸿沟”，让智慧养老服务助力养老事业与老龄产业高质量发展。针对我国老年群体数量庞大、老年人用品和服务需求巨大的特点，要加大推进数字化、智能化引领的老龄产业、银发经济与老龄事业高质量发展的协同性，实现供给侧与需求侧在老龄服务、老龄消费的最优化配置，为高品质的老龄生活提供智慧保障，书写老龄文明的前沿篇章。

三　在中国式现代化道路上建构中国特色的“老龄文明”

老龄化被联合国称为“人类共同面临的问题”，中国的老龄人口规模，已超过世界发达国家老龄人口的总和。在全面建设现代化国家的进程中，以积极老龄化战略为引领，高质量推进老龄事业的发展，不断提高老龄群体的生活品质，提升人与社会的全面发展水平，是建构中国特色“老龄文明”的应有担当。中国式现代化道路创造了人类文明新形态，为中国特色的老龄社会文明建构明确了方向和路径。党的二十大报告提出要在前进的道路上充分展现文化自信自强，走出一条具有中国特色的积极应对人口老龄化道路。这就要求我们必须从全局战略与实践创新的高度，在中国式现代化进程中建构起具有鲜明中国特色的“老龄文明”，彰显自身作为“文明型国家”的应有作为，为人类文明新形态注入更丰富的内涵、呈现出更生动的可观可感场景。

文明是文化的内在价值，体现的是国家与社会的价值提炼；文化是文明的外在形式，体现为形态和样式的多样化。文明的内在价值通过文化的外在形式得以实现，文化的外在形式借助文明的内在价值而有意义。[①] 中国式现代化具有世界现代化的共同特征，与此同时，中国作为发展中的大国，在应对人口老龄化的制度安排上起步远远滞后于发达国家。因此，在实施积极老龄化战略的制度安排上，中国可以全方位审视发达国家的老龄化应对之路，从中获取经验和教训，避免走弯路，少折腾。建设物质富足、精神富有的老龄友好型的文明社会，以积极老龄化的社会和文化心态应对老龄潮，让老龄群体有尊严、无忧虑融入全社会的体系运行中，体现应有的群体价值和个体价值，是现代化国家社会建设与治理的基本准则。20 世纪末，国际社会倡导“积极老龄化”的新理念：老龄人口不是负担、“负资产”，是可以被持续开发利用的资源。世界卫生组织（WHO）强调要以“健康”“参与”“保障”为三大支柱，构建积极老龄化政策框架。在世界应对老龄化的集体行动中，无论是英国、法国、德国、美国等欧美国家，还是日本、韩国、新加坡等亚洲国家，都把健全完善养老服务体系，提供多层次、多元化、高质量的养老服务，作为主攻方向和重点革新领域。这就启示我们构建基于中国式现代化的老龄文明，要将中国老龄化国情的特殊性与世界发达国家应对人口老龄化的普遍性有机结合起来，综合考量“健康”“参与”“保障”的支撑方式与持续动能。老龄化带来的长寿时代，延展了全生命周期，积极健康的老龄化为包括老龄群体在内的全社会所有群体的创造创新提供了更多自由选择，完全可以转化为推进社会进步的力量。从世界发达国家的老年人口变化规律来看，当老年人口增长到一定水平，人口年龄结构将进入相对稳定的状态，社会经济组织和要素配置在调整、重建后，会逐渐形成一种新均衡。[②] 我国在积极老龄化的路径选择与政策制度安排上，必须充分尊重老龄化及其引发的全社会变革的基本规律，让积极老龄化行

① 参见范玉刚：《从坚定文化自信迈向文明自信——新时代中国文化发展的使命担当》，载《山东社会科学》2022 年第 6 期。

② 参见陈东升：《长寿时代的理论与对策》，载《管理世界》2020 年第 4 期。

动突破以往“养老育幼”的局限，向全人群、全生命周期拓展。在加快老龄友好的硬件支撑体系和软件服务体系，与全面高质量发展同步对应的同时，还要彻底扭转将老龄化社会视为“社会老化”的传统认知，促进老年人的角色转变，着力营造“全龄友好型”的制度环境和“不分年龄、人人共建共治共享”的社会氛围，在全社会树立起老龄化是现代文明体现、是一种新的社会形态的全新认知。由此，在吸收借鉴世界发达国家的老龄化应对经验的基础上，我们要全力打造老龄群体服务社会、不断展现自身价值的平台，积极探索完善符合中国国情、中国人生活习惯与满足人民多重需求的养老服务体系与养老方式，为中国特色的老龄文明赋能注力。

建构中国特色的“老龄文明”要突出鲜明的文化自信自强。坚持以社会主义核心价值观为引领，让中华优秀传统文化在积极老龄化的战略安排中得到创造性转化、创新性发展，让中华美德的核心之一——“孝道”，在现代社会的家庭与社区养老服务体系建设中传承弘扬并发挥有效作用，带动家庭家教家风建设。在我国的文明城市、文明典范城市创建等活动中，要把孝亲敬老作为社会公德、职业道德、家庭美德、个人品德建设的重要内容，促进积极老龄化成为全社会的文化自觉，尊老敬老助老成为文明风尚，让积极老龄化社会中各年龄群体之间的和谐场景得以展现。要将积极老龄化的老龄文明建设，提升到推进文化自信自强、铸就社会主义文化新辉煌的高度，强化老龄群体的自我认同与社会认同，巩固全社会共同奋斗的思想基础，对外讲好老龄事业发展、老龄文明建设的中国故事，不断丰富提升国家文化软实力和中华文化影响力的新内容和新实践。

建构中国特色的“老龄文明”要在“共同富裕”的轨道上推动养老服务、老龄事业的健康可持续发展。中国特色社会主义的制度优势有利于国家层面的顶层设计——“一张蓝图绘到底”，具有发展基本养老服务的多重优势，充分调动各领域促进积极健康老龄化社会发展的资源，共建共享老龄化社会的美好生活。在“共同富裕”的轨道上高质量推动养老服务、老龄事业的健康发展，有助于规避快速、大规模老龄化带来的系统性社会风险，充分体现老龄社会的“善治”制度优势。要始终坚持从“五位一体”的总体布局来系统推进积极老龄化，破解老龄化社会的重大问题，为老龄群体筑起法治的保护防线，推进上下贯通、全过程的人民民主，调动老龄群体投身社会服务的积极性，强化老龄领域的社会组织建设，让老龄群体可以通过自身的智慧创新创造，获得更强的身份认同感、满足感，促进他们在新型社会形态中发挥多重作用，将全社会的老龄友好转变为全龄友好、代际友好。从建构健康的社会形态来看，以积极老龄化营造“全龄友好”的社会环境，是对老龄社会的最大“善治”。而在一个健康的文明社会里，所有人的发展权利与机会都应该是均等的，“善治”就是通过制度化的政策手段撬动代际利益最佳的平衡点，找到符合代际利益的最大公约数，从而不断促进代际的共建、共融和共享，打造代际利益的共同体。①

建构中国特色的“老龄文明”要突出终身教育体系的“化人”作用。老龄化社会是长寿时代造就的新型社会常态，这就决定了长寿时代托起的老龄社会文明更加具有学习型社会的特征，为人的全面发展提供了更多的学习机会与教育支持，可以进一步提升老龄生活的品质与价值。因此，中国式现代化培育的老龄文明，必须建立完备的老龄学习教育体系，并将其纳入全民的终身学习体系之中，作为我国建设学习型社会、学习型大国的有机构成。2019 年出台的《国家积极应对人口老龄化中长期规划》，已经提出要构建老有所学的终身学习体系，创新发展老年教育，实施发展老年教育行动计划。② 党的二十大报告则提出“建设全民终身学习

① 参见李志宏：《实施积极应对人口老龄化国家战略的思路转变和政策取向》，系作者在 2022 年 11 月 26 日中国老年学和老年医学学会学术大会上的主旨演讲。

② 参见齐志明：《深入推进城乡社区老年教育（延伸阅读）》，载《人民日报》2021 年 9 月 22 日，第 19 版。

的学习型社会、学习型大国”[①] 的目标，指出未来的关键是要突出终身教育体系的“化人”特色，把老龄教育作为公共产品来惠及大多数老龄人士。老龄大学、开放大学、职业大学以及社会化的老年教育机构，要从老年人多元化的学习需求出发，开发满足不同需求、特色各异的老年学习课程体系，促进老龄教育多元主体之间的交流合作，最大程度地实现老龄教育资源的共享共用，由此不断放大人口老龄化带来的健康红利和长寿红利。

建构中国特色的“老龄文明”须全力拥抱数字文明。我国的老龄化与信息化、数字化相伴而行，“数字化生存”与老龄社会新形态形成融合联动，也在重构人类文明的内容。互联网、物联网、云计算、大数据、人工智能等信息技术已在养老服务体系中得到了具体应用，带来了巨大的经济及社会效益。全力拥抱数字文明，是积极老龄化战略的时代选择，也是推进老龄事业高质量发展的重要手段。从现阶段发展态势来看，综合运用信息数字技术推动积极老龄化战略，我国具有先发老龄化国家在相同阶段所不具备的科技手段优势，数字化治理有助于提升老龄事业发展的科学化和法治化水平，促进跨领域、跨部门、跨层级的涉老数据共享，为推进积极老龄化提供科学、精准的决策依据。在推进智慧养老服务与产业的高质量发展方面，数字化应用带来的新场景更加丰富、空间更为巨大。[②] 从世界范围来看，促进老年人的“数字化生存”问题已经得到普遍重视。与此对应，基于老龄社会形态的健康运行、老龄文明建设的价值导向，决定了数字文明时代的标志是“科技向善”，即发挥数字技术的全方位助老作用，最大限度地消除老龄群体与社会的“数字鸿沟”。

---

① 习近平：《高举中国特色社会主义伟大旗帜 为全面建设社会主义现代化国家而团结奋斗——在中国共产党第二十次代表大会上的报告》，人民出版社2022年版，第34页。

② 2019年，国务院发布《关于推进养老服务发展的意见》，提出实施“互联网＋养老”行动，促进人工智能、物联网、云计算、大数据等新一代信息技术和智能硬件等产品在养老服务领域深度应用。

就我国现实状况来看，尽管依托数字化新兴科技构成的新型养老助老运营和服务平台得到广泛使用，但整体的效能还有待于提升。抗击新冠疫情三年来，城市中社区封控、居家隔离的高龄家庭、独居老人因为不会运用智能手机对外及时沟通带来诸多悲情事例，不少老年人在核酸检测、团购、就医等方面遇到很大困难，甚至寸步难行。互联网技术推进的“科技向善”要落实到老龄社会的应急管理与服务中，很多应用场景需要细化验证。要积极探索数字文明赋能老龄社会文明的路径、措施与系统支持，建好数字政府对接老龄事业发展的“数字底座”，遵循人性智能、便捷高效、即时预警等运行原则，为老年群体提供多元化、多样性、多层次的高品质服务，填平老龄社会中的“数字鸿沟”，加快消除社区、家庭存在的代际认知差距，在促进代际的生活与情感弥合中，整体推动老龄社会形态下的文化反哺，为中国特色的老龄社会文明注入更加丰富的数字化内容与内涵。

（原载《江苏社会科学》2023 年第 2 期）

第十章

中国特色城市软实力体系建构与路径提升

党的二十大报告明确了以中国式现代化全面推进中华民族伟大复兴的战略路径与重大原则。推动构建人类命运共同体、创造人类文明新形态，成为中国式现代化的本质要求。现代城市集中显现了人类社会发展可以达到的高度文明状态，在全球城市体系的运行中，城市文明的集聚力与外溢力已经超越基于经济发展的“硬实力”，更多表现为文化、教育、科技等映射出的“软实力”。城市是现代国家发展的载体、对外连接的平台、文明交流的窗口，城市软实力是国家文化软实力的有机构成和重要支撑，是文化自信自强的传播场域，是国家文明形态的具象空间。全面建设社会主义现代化国家，回应物质文明和精神文明相协调的现代化要求，必须构建高度发达的城市文明，在全面高质量发展的轨道上加快提升国内城市的软实力，为强健国家文化软实力作出贡献，不断为人类文明新形态——中国式现代化注入更加丰富的内涵。

一 中国特色城市软实力的“硬核”把握

“软实力”理论源于美国哈佛大学的教授约瑟夫·奈（Joseph Nye），他在 1990 年提出“软实力”的学术概念：国家的综合实力可区分为经济、军事等硬实力和文化、价值观以及国民凝聚力等软实力。[①] 软实力是能够影响他国意愿的无形的精神力，主要包括政治制度吸引力、价值观感召力、文化感染力、外交说服力、国际声誉以及领导者与国民形象的魅力。尽管这一被称为“智慧性”的概念并不符合学术规范，但由于随后被借用到政治、经济、社会、文化等各个领域，“软实力”已被公认为是一个国家、一个地区、一座城市核心竞争力的重要标识。进入21世纪，全球城市网络体系运行中的现代城市发展与核心竞争优势培育，已经越来越体现在“软实力”与“硬实力”共同构成的综合实力上。如果说基于经济的产业、航运、金融等可量化的“硬实力”代表了城市的能级与地位，那么展现文化的城市形象、营商环境、人才吸引力等非量化的“软实力”，则是城市更可感可知的“无法抗拒的魅力”。

随着全球城市网络体系运行带来国内城市竞争力与城市功能定位的比拼，开放视角下“城市软实力”的概念，在我国的城市研究与城市现代化实践进程中得到具体应用，并且随着其内涵与构成要素的不断丰富，为国内学界、政界与社会广为接受：城市软实力是建立在城市文化、城市环境、城市服务、创新生态、人口素质、社会文明、治理水平等非物质要素上的一种城市“精神凝练”与“品质合力”，这一力量最终通过城市居民的认可和城市以外人们的向往而得以体现。软实力对城市经济社会系统具有极为重要的“加速器”作用。[②] 加快提升城市软实力，可以为城市发展提供“质”的动力支撑。特别是对进入全球网络、竞争日趋白热化的特大城市而言，仅仅硬实力的提升已经不足以将具有高弹性、高流动性的人才流、资金流、技术流、生产流、消费流等吸引而至，必须通过更进一步塑造城市“精神品格”、比拼城市“软实力”来实现争先进

---

① 参见［美］约瑟夫·奈：《美国注定领导世界：美国权力性质的变迁》，刘华译，中国人民大学出版社2012年版。

② 参见陶希东：《城市软实力的构成要素及建设路径》，载人民论坛网，http：//www.rmlt.com/cn/2022/0916/656339.shtml。

位的目标。

软实力的“硬核”作用，在城市发展到高级阶段后更加凸显，主要体现为文化魅力、城市形象、创新活力与社会包容等具体层面的感知上，体现在人才、科研、资本、制度等高级生产要素的整合驱动上。在全球城市体系中，纽约、伦敦、巴黎、东京、洛杉矶、新加坡、迪拜以及我国的上海、深圳等国际化大都市，都是公认的软实力较强的城市。[①] 在我国的城市研究领域，城市软实力的相关指标体系被广泛用于城市综合实力与竞争力的评价活动中，并重点体现在城市精神、城市品格、城市形象传播等方面。进入21世纪以来，我国几乎所有的直辖市、省会城市都制定推广了基于自身文化资源禀赋的城市精神，以求从“软实力”的层面来提升城市形象，吸引海内外的企业与人才前来创业创新。2021年6月，上海率先在国内提出将城市软实力应用于建设社会主义现代化国际大都市的发展与治理中，[②] 以此厚植城市精神、彰显城市品格，体现出中国城市在全球城市体系运行中的责任担当，以及在建设人类命运共同体中的坚定自信，也为国内城市加快建立起软硬实力匹配的发展格局、增强全球叙事能力，提供了标杆与示范作用。

当工业文明造就了现代城市的空间形态之后，新兴的数字文明、生态文明又赋予了现代城市更多以人为本的内涵与内容，城市的功能与角色发生了根本性的变化。在以城市能级竞争为主导的国家竞争发展新格局中，城市能级与综合实力在一定程度上是国家实力的直接映现。城市软实力是城市综合实力的重要构成，又是城市创新发展源源不断的精神力量。从工业文明带来的人类社会大变革的宏观历史视野来看，尽管我

---

① 参见全球化与世界城市研究网络（GaWC）历年发布的《世界城市名册》（《The World According to GaWC》），访问网址，https：//www. lboro. ac. uk/microsites/geography/gawc/gawcworlds. html。

② 参见《中共上海市委关于厚植城市精神彰显城市品格全面提升上海城市软实力的意见》，载上海市人民政府网，https：//www. shanghai. gov. cn/nw12344/20210628/11c22a0c594145c9981b56107e89a733. html。

国的工业化、城镇化进程起步较晚，但“压缩型”的城镇化道路，[①] 特别是改革开放以来的经济持续增长与社会长期稳定的两大奇迹，[②] 使中国特色的现代化城市、城市群在崛起的进程中，既充分尊重了工业文明下的产业与经济驱动的城镇化的一般规律，又体现了生态文明、数字文明的人与自然和谐共生、空间正义的价值导向，突出了以人为核心、人的全面发展的根本追求，把建设社会主义的“人民城市”作为至高目标，这是对中国特色社会主义城市软实力核心要义的应有把握。因此，基于国情与制度安排，源于西方“软实力”的概念在中国不能简单地套用，应被赋予价值观层面的内涵，即在具体语境中是以社会主义核心价值观统领的“文化软实力”为核心内容的。可见，中国特色的城市软实力，是集政治、经济、社会、文化与情感为一体的特定概念，最直接的表述，“就是利用价值观、文化、制度等软要素的感召引领，进而产生的一种无形的力量”[③]。在改革开放以来的新型城镇化和城市现代化的进程中，我国形成了城市群、都市圈主导的现代化城市网络体系，使中心城市成为对外开放和参与国际事务的重要力量。城市软实力的构建越来越受到重视，在经济社会生活以及国际叙事中发挥的作用越来越重要，城市软实力不仅体现了城市自身的综合实力、竞争力，也在一定程度上直接映现国家软实力。

硬实力让城市强大，软实力则让城市伟大。城市软实力是软实力概念在城市研究中的具体运用，是建立在城市文化、城市环境、人口素质、社会和谐等非物质要素之上的一种合力，这一力量最终通过内部公众对城市的认可和城市对外部公众的吸引得偿所愿。推动中国特色社会主义现代化城市的软实力建设，可以为中国城市的发展提供“无形有质”的

---

① 参见赖世刚：《时间压缩下的城市发展与管理》，载《城市发展研究》2018 年第 3 期。

② 参见任保平：《中国“两大奇迹”形成逻辑的政治经济学阐释》，载《经济理论与经济管理》2022 年第 2 期。

③ 李强：《全面提升城市软实力》，载《人民日报》2022 年 3 月 9 日，第 9 版。

动力，提升中国城市创新发展的核心竞争优势。经济全球化、区域一体化带来的城市间的竞争也日趋激烈，尤其是在竞争白热化的高级阶段，在很大程度上比拼的就是高级生产要素支撑的软实力。国内城市间竞争日趋激烈，软实力对城市社会经济系统具有极为重要的“加速器”作用。基于中国特色社会主义道路、中国式现代化的“城市软实力”建设，对内要凝聚人民群众的磅礴力量，对外要展现国家的文化软实力与城市的国际竞争力。在全面高质量发展的新要求下，我国城市的发展方式加快转变，以人口转变、经济升级、社会转型、文化创新等方式深化城市内涵、提升城市竞争力，必须加快建立基于“人民城市”理念的城市软实力建设与评价体系，呼应新发展理念统领下的以人为核心的新型城镇化战略，建设宜居、创新、智慧、绿色、人文、韧性城市，综合提升城市品质，这是在现代化发展新阶段坚持高质量发展、高水平治理，为人民群众创造高品质生活，以人民的获得感、幸福感为旨归的必然选择。

进入新时代以来，习近平总书记对提升国家软实力发表了一系列重要论述，深刻阐明了新时代背景下，特别是应对百年未有之大变局，软实力作为国家的基础性和可持续性发展力量的根本属性，充分彰显了我国打造强大国家软实力的坚定决心和信心。“提高国家文化软实力，关系‘两个一百年’奋斗目标和中华民族伟大复兴中国梦的实现”，[①] “一个国家的文化软实力，从根本上说，取决于其核心价值观的生命力、凝聚力、感召力”。“核心价值观是文化软实力的灵魂、文化软实力建设的重点。”[②] “提高国家文化软实力，要努力提高国际话语权。加强国际传播能力建设。”[③] 全面提高国家软实力、城市软实力，是走好中国式现代化道路、

① 习近平：《建设社会主义文化强国 着力提高国家文化软实力》，载人民网，http：//politics，people. com. cn/n/2014/0101/c1001 －23994334. html。

② 习近平：《使社会主义核心价值观的影响像空气一样无所不在》，载新华网，http：//www. xinhuanet. com//politics/2014 －02/25/c_119499523. htm。

③ 习近平：《建设社会主义文化强国 着力提高国家文化软实力》，载人民网，http：//politics，people. com. cn/n/2014/0101/c1001 －23994334. html。

实现中华民族伟大复兴的应有之义，这一方面是“引导我国人民树立和坚持正确的历史观、民族观、国家观、文化观，增强做中国人的骨气和底气”[①] 的需要；另一方面是讲好中国故事、阐释好中国式现代化道路的世界价值的重要路径。

二 城市软实力研究的多维审视及实践启示

软实力的概念来源于西方，但对城市软实力的研究则主要在国内。自20世纪90年代起，国际上对软实力的阐释与研究，已经形成较为成熟的理论体系，但针对城市软实力的研究，多是从单一维度、指标对城市软实力的发展进行研究，如城市在规划设计、文化艺术以及旅游观光等方面的实力等，鲜有对城市综合软实力进行系统剖析的理论成果。自软实力的概念提出以后，国际研究便将其看作影响一个国家或地区的文化、制度、价值观念等发展潜力和影响力的主要表征。经过梳理发现，国外的相关研究主要围绕三个方面展开。一是对软实力的概念和内涵的研究。约瑟夫·奈（Joseph Nye）在提出软实力概念以后，对其相关理论进行持续深化研究，他认为软实力主要表现在意识形态和社会文化的吸引力，尤其在信息时代，软实力变得比以前更加引人关注。李根（Geun Lee）的研究根据国家或地区发展的主要目的，将软实力建设分为五种类别，分别为宣传国家形象改善外部环境的软实力；促使其他国家支持本国政策的软实力；影响其他国家意识形态的软实力；促进区域或国家内部团结的软实力；以及提高对政府信任度的软实力。[②] 二是从软实力发展的角

---

① 习近平：《建设社会主义文化强国 着力提高国家文化软实力》，载人民网，http：//politics，people. com. cn/n/2014/0101/c1001 -23994334. html。

② See Geun Lee, *A Theory of Soft Power and Korea's Soft Power Strategy*, Korean Journal of Defense Analysis, Vol. 2, (2009) .

度重新解构地区关系、国际政治等实证问题，如鲁（Rugh W.）将软实力理论应用于地区的外交政策的研究之中，探讨了数字革命对美国在阿拉伯地区所开展的公共外交的影响。[①] 沙（Shah）等人比较了中国和印度的软实力发展和构成要素，认为中国在文化交往、留学吸附等方面表现良好，而印度则在社会活力和民主秩序上更胜一筹。三是针对中国的软实力发展及其效果的研究。随着中国综合国力和全球影响力不断提升，软实力作为中国外交政策的重要组成部分，受到了国际学者的高度关注。约瑟夫·奈对中国软实力的关注，也促使国际学界对中国软实力建设的研究持续升温。相关研究主要涉及中国政治制度、文化传播和国际形象等方面。总体来看，国际上对软实力的研究多侧重于外生性文化吸引力的文化软实力，多数研究将国家“软实力”视作文化影响辐射的一种武器，将“软实力”硬化为“软权力”。相关研究，从国际关系研究的视角入手，认为文化软实力是国家间交往的重要方式。又或是，基于对区域的文化软实力建设现状，运用实证方法，描述该地区的文化状况和特征。此外，国外相关研究在尺度、视角以及文化基底等方面存在着较大的差异，针对软实力的内涵和要素还未形成统一的见解。

现代城市是承载与彰显国家软实力的重要平台和窗口，对城市软实力的内涵与构成体系的研究及推广应用之道，一直是国内学界关注的热点话题。进入21世纪以来，国内城市软实力的研究不断拓展与深化，在国际软实力研究成果的基础上，结合国内城市发展和社会文化环境进行理论与实践观照。国内的相关研究主要集中在以下几个方面。

第一，以城市创新发展为基础的软实力内涵研究。软实力建设的核心是全面提升城市品质，为城市创新发展服务，诸多学者从城市发展的基础和潜力视角来考察软实力的内涵。马志强认为，城市软实力是指城

---

① See Rugh W., *American Soft Power and Public Diplomacy in the Arab World*, Palgrave Comunications, Vol. 2, (2017).

市在生存和发展中所逐渐积累起来的各种精神力量、文化力量和对外影响力。① 胡健认为，城市软实力主要是由物质资源产生的软实力、精神文化产生的软实力、制度文化产生的软实力，以及市民素质及其总体行为产生的软实力四个方面构成的。② 郭春燕和朱孔来认为，应当从城市文化、教育发展、公共服务、城市环境、经济实力、科技实力 6 个层面入手，对城市发展的软实力和硬实力进行综合测度。③ 陈恒则认为，城市软实力的组成要素应该包含包容力、提供力、号召力和吸引力四个方面。④ 综上，以发展为核心的软实力内涵，更加强调从城市发展的政策、文化、制度、服务、影响力等方面来对软实力进行解构分析。

第二，以城市文化为核心的软实力内涵研究。文化是软实力的核心要素，对城市软实力内涵的解析多数是从城市打造的文化脉络分析的。匡纯清认为，城市文化软实力和软实力两个概念不是简单叠加，城市文化软实力直接影响到城市的竞争力、影响力及发展模式，要提升城市文化软实力需要发展城市文化产业、打造城市品牌、发扬城市历史文化。⑤ 王廷信认为，城市文化软实力的构建主要依靠城市的精神追求以及与此相适应的一系列城市政策的发展。⑥ 余晓曼认为，城市文化软实力是城市综合实力的重要组成部分，它是由文化凝聚力、文化创新力、文化辐射

① 参见马志强：《论软实力在城市发展中的地位和作用》，载《商业经济与管理》2001 年第 4 期。

② 参见胡键：《城市软实力的构成要素、指标体系编制及其意义》，载《探索与争鸣》2021 年第 7 期。

③ 参见郭春燕、朱孔来：《城市软实力评价指标体系和测度方法的实证研究——以山东省 17 市为例》，载《西安财经学院学报》2014 年第 4 期。

④ 参见陈恒：《全球文明史视野下的城市软实力与国家文明形态》，载《探索与争鸣》2021 年第 7 期。

⑤ 参见匡纯清：《论城市文化“软实力”》，载《湖南工业大学学报》（社会科学版）2008 年第 4 期。

⑥ 参见王廷信：《城市精神、城市政策与城市文化软实力》，载《艺术百家》2008 年第 4 期。

力、文化影响力和文化生产力等五个方面构成的。[①] 张鸿雁和邵颖萍认为，对区域经济体和城市而言，软实力指区域文化、价值观念、制度机制、城市形象、市民素质等方面所具有的感召力和影响力，并成为城市能级提升的动力源。城市的文化软实力，直接构成国家软实力和综合实力的核心部分，应围绕区域形象、市民精神，政策环境、文艺传统等核心要素构建完整的文化软实力链条。[②] 王战认为，公共政策层面的软实力，是城市软实力建设的基础，也是国际大都市发展中要面对的普遍性问题，具体体现在城市安全、社会诚信、环境友好、社区治理等方面。他还提倡以"信、义、仁、智、礼"为要义的东方传统文化主流价值，可以成为当代中国城市软实力的价值观表达。[③] 从文化的视角来看，城市文化软实力的内涵来自两个方向，一是以中国传统文化，以及城市历史文化为基础，对城市的文化表现进行解读，二是从文化相关产业发展出发，对典型城市文化的发展与影响进行解读。

第三，以"硬实力"为支撑的软实力内涵研究。软实力和硬实力共同构成了城市竞争力，二者相互促进、密不可分。城市软实力更为抽象，难以捕捉和测度，而硬实力作为城市软实力的外在表征，则更容易被解读。如，任宏和喻丽君从城市文化、教育发展、公共服务、城市环境、经济实力、科技实力 6 个层次构建了城市软实力评价体系，而这更多源自对城市硬实力的分析。[④] 杨扬以上海为例，认为文化软实力的提升应该注重基础建设、空间营造、产业设计和区域协调，而这些都离不开城市硬实力的支撑。[⑤] 城市会展、体育赛事等活动对城市经济的发展具有重要影

---

① 参见余晓曼：《城市文化软实力的内涵及构成要素》，载《当代传播》2011 年第 2 期。

② 参见张鸿雁、邵颖萍：《现代化进程中文化的软实力地位及其传承与创新》，载《区域现代化理论与实践研究》，江苏人民出版社 2014 年版。

③ 参见王战：《多管齐下打造城市软实力》，载《探索与争鸣》2021 年第 7 期。

④ 参见任宏、喻丽君：《城市软实力与硬实力协调发展度测度——以湖北省 12 市为例》，载《工程管理学报》2018 年第 5 期。

⑤ 参见杨扬：《城市文化软实力建设的基础与路径》，载《探索与争鸣》2021 年第 7 期。

响，是城市创意经济的重要组成部分，在发展推进中与城市软实力能够互动提升，相互促进，也受到了许多研究的关注。① 而这种城市大型活动与城市软实力塑造的互动，更离不开城市硬实力的支撑。相关研究成果表明：硬实力是建构软实力的载体和基础，软实力是硬实力的灵魂和延伸。一个城市，只有拥有了强大的软实力，才有发展的后劲。对城市软实力内涵的解读离不开对其所在城市的硬实力的分析，硬实力与软实力是融合一体、不可分割的。

国内城市软实力研究是伴随着我国的快速城市化进程而展开的，这就决定了研究成果注重从全球城市体系运行中的中国城市的地位提升，以及国内典型城市在建构软实力与城市形象等方面的成功实践来进行现实观照，并力求以系统的评价体系来引导城市竞争力战略。倪鹏飞首次明确地将城市竞争力分为“硬力”和“软力”，虽然没有用“城市软实力”的提法，但“软力”和“软实力”在本质内涵上是一样的。② 他用“弓弦箭”模型来评价城市竞争力——硬实力作弓，软实力作弦，把城市产业比作箭，认为弓和弦代表了要素环境，是城市发展和竞争力的基础，产业处于中间层面，最上层是要素环境及产业最终创造出来的价值。在各类研究成果中，城市软实力的核心指标是关注的重点。陶建杰在对中国主要城市软实力的评价过程中，构建了基于文化号召力、教育发展力、政府执政力、城市凝聚力、社会和谐力、形象传播力、区域影响力和环境舒适力评价体系，对城市软实力的内涵进行解构。③ 李韶驰和程文丽借

---

① 参见汤立许：《城市体育对城市软实力的提升及路径选择研究》，载《山东体育学院学报》2010 年第 4 期；黄玉妹：《会展业与城市软实力互动发展的辩证思考》，载《厦门理工学院学报》2013 年第 3 期。

② 参见倪鹏飞：《中国城市竞争力的分析范式和概念框架》，载《经济学动态》2001 年第 6 期。

③ 参见陶建杰：《城市软实力评价指标体系的构建与运用——基于中国大陆 50 个城市的实证研究》，载《中州学刊》2010 年第 3 期。

助灰色系统理论构建指标体系对代表城市软实力进行评价研究。① 在各类评价体系中，“文化”“公共服务”“传播力”“执政力”“环境”等关键词较为集中，并且集中在上海学者的研究成果中。如陈海燕以上海市为例，认为城市软实力主要包含了城市精神、城市文化、城市文明、城市政策、城市形象五个基本要素。② 孟建和董军提出城市软实力的五大关键词：形象传播力、文化号召力、政府执政力、区域影响力和城市凝聚力。③

通过以上研究成果梳理，我们会发现国内关于城市软实力的内涵、要素以及指标体系的阐释、论述已经较为丰富，但总体来看，理论与学术滞后于实践的格局尚未发生根本性的改变，对软实力、城市软实力与文化软实力的关系剖析不够，特别是对国内城市通过物质文明与精神文明相协调的创新实践提升竞争力的做法缺乏系统的研究。新时代的十年，国内文明城市、文明典范城市创建的成效显著，城市的精神面貌焕然一新，公民文明素养、社会文明程度同步提升，城市的软实力内涵和构成要素也在不断丰富，这些都需要在未来的城市软实力研究，特别是在软实力体系构建中得到体现，以更有效地促进现代化道路上中国特色城市软实力的建设。

三 中国特色城市软实力体系建构的依据与核心内容

从全球文明演进的阶段性特点来看，现代化进程开启了国家与城市

① 参见李韶驰、程文丽：《基于灰色系统理论的澳门城市软实力评价研究——以大珠三角城市为比较》，载《城市观察》2015 年第 5 期。

② 参见陈海燕：《上海城市文化软实力的认同研究》，载《上海市社会主义学院学报》2011 年第 4 期。

③ 参见孟建、董军：《软实力视域中的城市形象塑造与传播》，载《现代传播》（中国传媒大学学报）2011 年第 8 期。

"文化话语权"时代，这种"文化话语权"就是基于经济实力但又超越经济影响的国家与城市的软实力。城市软实力是城市的物质文化、制度文化和精神文化中所体现出来的延续力、创新力、向心力、认同力、生命力和凝聚力以及在对外交往中产生的感召力和辐射力。现代城市不但控制着物质财富的生产、分配、流通，而且也是精神文明的荟萃之地，是文化的熔炉，不断创造着辉煌的物质文明、精神文明，这就是城市的品格、城市的软实力。这种软实力既影响着城市的空间权力变迁，也能跨越边界，超越国家、民族，影响本区域乃至世界范围的城市。当代中国改革开放创造的经济奇迹，直接表现为全球性与区域性城市、城市群的崛起，整体提升了国家与城市实力。国内的一线和二线城市，目前就经济总量、硬件建设水平来说，已经超过了世界许多知名城市，比如 GDP 过 1 万亿元的已经有 24 家，超过 2 万亿元的有 6 家，超过 3 万亿元的有 3 家。[①] 但在全球城市的各项竞争体系中，多数城市的知名度和影响力仍然不足。城市形象与经济地位的不相匹配较为普遍，其中一个重要原因就是软实力不强，特别是城市品牌的认知度和城市形象的影响力缺位，城市的国际叙事能力有待进一步提升。

进入 21 世纪以来，中国主要城市在全球排名中的位次不断提升。在全球化与世界城市研究网络（GaWC）2000 年首次进入世界城市分级的中国城市仅有 6 个，占入选城市（227 个）的整体比例不到 3%，而到 2020 年世界城市分级有 42 个中国城市入榜，占入选城市（394 个）的整体比例超过 10%。2020 年入选 GaWC 的中国城市前十名依次为：香港、上海、北京、广州、台北、深圳、成都、天津、南京、杭州。[②] 在中国社会科学院发布的 2020—2021 年度《全球城市竞争力报告》中，中国有 5

① 数据来自国家统计局《中国统计年鉴 2021》。

② 参见全球化与世界城市研究网络（GaWC）历年发布的《世界城市名册》（《*The World According to GaWC*》），载拉夫堡大学官网，https：//www. lboro. ac. uk/microsites/geography/gawc/gawcworlds. html。

个城市跻身全球经济竞争力前20名，分别是深圳（第4）、上海（第10）、香港（第13）、北京（第17）、广州（第18），表明中国城市在全球经济活动中的地位和影响力日益增强。[①] 总体来看，在多个国际城市排行榜单中，香港和“北上广深”始终处于国内“一线”城市位置，在全球城市体系中有重要的影响力。成都、杭州、重庆、天津、南京、武汉等城市处于国内城市的第二方阵，在国内城市体系中起到重要的支撑作用。不同城市在各个评价体系中均有侧重，尽管与城市的人口规模、发展能级与经济结构直接关联，但在全球城市体系的运行以及世界各类事务交往中，整体的城市形象与文化影响力依然是短板。因此，在国际国内激烈的城市发展竞争中，扩大城市影响力，提升城市软实力，已经成为国内许多城市发展的重要途径。2021年《中共上海市委关于厚植城市精神彰显城市品格全面提升上海城市软实力的意见》强调要弘扬城市精神品格，提升城市软实力，把上海打造成为引领未来超大城市发展的典范标杆。深圳建设中国特色社会主义先行示范区，提出要以“开放多元、兼容并蓄”的城市文化、“敢闯敢试、敢为人先、埋头苦干”的特区精神、社会主义核心价值观等共同构成城市精神内涵。上海与深圳在城市软实力、城市精神建设上的率先而为，表明新时代的中国城市必须全力铸造内外认同的城市精神，树立文化自信自强，才能建构起具有凝聚力、认同感的城市文化软实力，才能在日趋激烈的城市竞争中拥有不竭的动力源泉，不断提升城市创新活力和知名度，为新形态的城市文明注入更加丰富的内涵。

综上所述，构建中国特色的城市软实力体系，首先，要牢牢坚持以人为核心的“人民城市”发展理念。现代化的本质是人的现代化，以人民为中心是新型城镇化的根本宗旨，这不单是要提高城镇化率和扩张城

---

① 参见倪鹏飞等著：《全球城市竞争力报告（2020—2021）全球历史价值链：一百年城市全球的烟火》，中国社会科学出版社2023年版。

镇规模，而是要以人的全面发展、社会全面进步为最终目的。2019 年 11 月习近平总书记在上海考察时曾深情阐释“人民城市”的理念，“城市是人民的城市，人民城市为人民”。[①]“无论是城市规划还是城市建设，无论是新城区建设还是老城区改造，都要坚持以人民为中心，聚焦人民群众的需求，合理安排生产、生活、生态空间，走内涵式、集约型、绿色化的高质量发展路子，努力创造宜业、宜居、宜乐、宜游的良好环境，让人民有更多获得感，为人民创造更加幸福的美好生活。”[②] 建构城市软实力的根本要求是坚持“人民至上”。因此，城市软实力发展应始终坚持以人为核心的新型城镇化价值导向，践行好“人民的城市”的根本宗旨。其次，要系统体现社会主义核心价值观对文化软实力建设的引领。核心价值观是文化软实力的灵魂，是当代中国精神的集中体现，凝结着全体人民共同的价值追求。改革开放以来，社会主义核心价值观作为全国人民共同的价值担当，不仅切实巩固了我国的物质基础，还有效提升了我国的文化软实力。大力加强社会主义核心价值观是逐步提高全体国民的思想道德素质，不断提升我国文化软实力的重要途径。在培育和践行社会主义核心价值观的道路上，大力弘扬民族精神和时代精神，大力弘扬城市精神和城市品格，是城市软实力建设的基础任务。因此，在构建城市软实力评价体系的过程中，应系统体现社会主义核心价值观对城市社会文化的引领作用。最后，要更加彰显新时代“文明典范城市”[③] 的鲜明特色。城市的文明形态在一定程度上是国家文明形态的映现。在近代国家概念出现之前，西方世界经常是以著名城市来指代一个地区或时代的，比如苏美尔、雅典、亚历山大里亚、君士坦丁堡等。正是因为这些城市

---

① 习近平：《城市是人民的城市，人民城市为人民》，载《人民日报海外版》2019 年 11 月 4 日，第 1 版。

② 习近平：《城市是人民的城市，人民城市为人民》，载《人民日报海外版》2019 年 11 月 4 日，第 1 版。

③ 文明典范城市创建是中央文明办在第七届全国文明城市评选周期中，选取部分有较强示范引领作用的全国文明城市，先行开展全国文明典范城市创建试点工作。

拥有巨大的财富聚集能力，具有独特的文化特质，富有城市感召力，在重大历史事件中逐渐演变为城市的软实力，最后形成地区乃至国家的文明形态。中国特色社会主义创造出人类文明新形态，应在现代化城市的软实力建构上得到显现。进入新发展阶段，“国际格局和国际体系正在发生深刻调整，全球治理体系正在发生深刻变革，国际力量对比正在发生近代以来最具革命性的变化，世界范围呈现出影响人类历史进程和趋向的重大态势”①。城市的发展处于快速的时代变革之中，全球城市网络体系正在重构。因此，我国城市软实力的构建应准确把握时代背景，呼应构建新发展格局的要求，并在数字城市、智慧城市的建设中把握先机，彰显新时代中国特色社会主义“文明典范城市”的鲜明特色，为构建人类文明新形态提供重要支撑。

在现代化的轨道上转变城市的发展方式，全面提升城市软实力，是新时代践行新发展理念、推进城市高质量发展的重要体现。但由于城市软实力的建构涉及的领域众多，不同学科定位、不同发展阶段、不同类型城市的研究重心与话语构成都有很大区别，如何构建学界、政界广为接受的核心指标体系？我们认为，这个体系既要有充分的学理支撑，把握当代中国城市发展的基本规律，同时又要体现实践观照性，可以直接指导城市竞争力实践活动。结合中国特色社会主义现代化城市的最根本特征，我们认为应该把价值观层面的文化软实力作为城市软实力最核心的子系统，其他子系统如教育影响力、社会和谐力、公共服务力、人才聚集力等形成拱卫之势，构成中国特色社会主义城市软实力的建设与评价体系。当然，这些评价分析的具体指标，在聚焦具体城市时，可依其发展阶段、人口规模、竞争能级、区位特点、文化资源禀赋等的不同，进行动态调整，确保其适用性与引导性。

---

① 《人间正道开新篇（习近平新时代中国特色社会主义思想学习问答④）——关于新时代坚持和发展中国特色社会主义》，载《人民日报》2021年7月22日，第5版。

结合中国特色社会主义现代化城市的特点，借鉴和吸取现有的国际、国内城市软实力研究成果，笔者将城市软实力分成了七个子系统（见表10－1）：城市主角、城市形态、城市文化、城市“磁力”、城市治理、城市品格和城市叙事。这七个子系统协同发力，共同支撑起中国特色城市软实力的内容体系。

城市主角是指参与城市软实力构建的主体，如城市政府、企业、科研机构、社会组织以及市民等。将城市主角的发展和参与程度作为衡量城市软实力的标准之一，是践行“人民城市”理念，坚持以人为核心的新型城镇化、建设社会主义现代化城市的重要体现。

城市形态是指构成城市的各类实体组成，或实体环境以及各类活动的空间结构和形式，既包括组成城市的人文社会结构，如人口结构、经济结构等，也包括组成城市的资源环境结构，如资源结构、生态环境等。将城市形态作为衡量城市软实力的标准之一，是对人与自然生态环境和谐共生现代化理念的良好诠释，也是对不断发展的城市格局和快速变革的时代背景的准确把握。

城市文化是孕育城市精神和形象的沃土，也是城市软实力建设的力量源泉。城市文化既包括城市历史传统文脉，也包括城市文脉更新所带来的新的城市符号、形象和文化认知。厚植优秀传统文化，传承城市历史文脉，更新现代城市精神，是对文化的创造性转化和创新性发展的践行，是社会主义核心价值观引领的重要体现。

城市“磁力”，指城市的吸引力，既包括城市在科教、商务、旅游等领域的吸引力，也包括城市对人才的吸引力。当今城市间的竞争越来越多的是对“人”的竞争，这就体现在城市对人的“磁力”上面，习近平总书记在谈人才战略布局时曾强调，要在北京、上海、粤港澳大湾区建设高水平人才高地，一些高层次人才集中的中心城市也要着力建设吸引和集聚人才的平台，加快形成战略支点和雁阵格局。因此，在软实力建设中强调城市“磁力”，是对“以人为核心”城市建设原则的重要支撑，有利于准确把握时代变革的特征。

城市治理是指城市内部的治理能力和现代化水平，主要体现在城市服务型政府的执政能力、市场活力、社会参与和城市面对危急时刻的韧性等方面。提高城市治理现代化水平，开创人民城市建设新局面，必须坚持以人民为中心提高城市治理现代化水平，为人民创造更加幸福的美好生活。因此，城市治理是软实力的重要体现，也是建设“人民的城市”的重要内容。

城市品格是对城市历史社会发展过程中所凝聚的城市性格、精神的重要表征，可以表现为城市的包容性、开放性、城市担当、城市向善等诸多方面。“一座城市有一座城市的品格”，厚植城市优秀历史文化，传承城市文脉，凝练城市精神，是坚持社会主义核心价值观引领的重要体现，也是城市文化软实力建设的重要内容。

城市叙事即对外讲好中国城市故事的能力，强调的是做好城市文化的传播，从更深层次上讲，还包括城市文化的多元参与、创新城市叙事能力、引起社会的共鸣共情等诸多层面。城市叙事能力是城市文化软实力传播的重要表征，要牢牢把握新时代发展背景，坚持社会主义核心价值观引领，通过创新讲好城市故事，释放出中国城市软实力与国家软实力的无尽魅力。

表 10－1　国内城市软实力的体系构成

序号	准则层	要素层
1	城市主角	政府、企业、科研机构、社会组织、市民
2	城市形态	人口结构、经济结构、空间结构、资源结构
3	城市文化	城市文化禀赋、现代城市符号认知、开放国际化的形象认知、城市文化显示度
4	城市“磁力”	人才吸引力、科教吸引力、商务吸引力、旅游吸引力
5	城市治理	服务型政府、活力型市场、社会参与、城市韧性
6	城市品格	城市包容性、城市开放性、城市勇为担当、城市向上向善度
7	城市叙事	城市传播、多元参与、创新叙事、共鸣共情

从上述的体系构成来看，尽管相关指标对城市软实力的发展水平可以用问卷、指数以及公开的“流量”数据来评价，但由于城市文化、城市品格等的自我与外向认知有一个周期性的累积沉淀过程，最终依然要取决于公众的直接感受与判断，体现在个体、社群的精气神上。辩证地看，城市软实力之“软”，体现在城市人的精神面貌与气质上；城市软实力之“硬”，则是精神力量的攻无不克，战无不胜，精神变物质，精神创造世界。人的精神面貌与昂扬奋进的力量，是城市软实力的直接映现，是城市持续的核心竞争力。“核心价值观是文化软实力的灵魂”，[①] 大力提升国内城市软实力，充分展现当今城市人的时代追求、彰显人文特质、弘扬城市品格，无不凝结在城市精神的塑造、认同与全民响应上，让城市的主角更有责任感、自豪感，城市形态体现人与自然的高度和谐，城市文化的显示度更加明晰亮丽，城市对各类人才更有“磁力”，城市治理的参与度更为广泛，城市品格更加包容开放，城市叙事更注重共鸣共情，从而生成出生生不息、澎湃向上的城市精神，促进城市软实力的持续强劲。

四 全面提升中国城市软实力水平的路径选择

全面建设社会主义现代化国家，在中国式现代化道路上创造人类文明新形态，是党的二十大确立的伟大目标。在我国经济空间结构已经发生深刻变化，中心城市和城市群成为承载发展要素的主要空间形式的新变局下，建设现代化国家、铸就社会主义文化新辉煌，必须着力提升城市的综合实力和核心竞争力，让城市成为物质文明与精神文明协调发展的典范空间，在系统提升城市软实力的进程中，熔铸中国特色的现代城

① 习近平：《使社会主义核心价值观的影响像空气一样无所不在》，载新华网，http：//www. xinhuanet. com//politics/2014 -02/25/c_119499523. htm。

市强实力，以新形态的城市文明为国家文化软实力提供坚强支撑，为世界的城市化道路提供更多的路径选择。因此，把准中国式现代化的本质要求，在全球城市体系运行的观照中，以改革创新的魄力和行动，运用社会主义核心价值观锻造的城市品格，构建高水平开放包容的国际化空间、打造高认同度的城市国际化标识品牌，培育造就基于经济国际化的高度开放、互动的文化空间和对应的制度环境，[①] 不断强化人民城市的主体意识与使命感、着力推进城市空间的文化赋能，加快提升城市品质和“善治”效能，强化数字化时代的城市叙事能力，进而达到以城市“磁力”聚集天下英才的目的，全面展现社会主义现代化城市“令人向往”的魅力。

强化城市主角使命感。城市是人民的集合，人民团结起来共创城市美好生活。城市软实力建设是事关人人的“人心工程”。人人都是城市软实力的载体，人人都是城市软实力的建设者、受益者、传播者。要统筹塑造打动人心的“城市表情”“城市面孔”，让城市更有温度、更为雅致、更有韵味，让广大市民在参与相关活动中体现价值，增强“人民城市”的主角意识与使命感。深化城市文化自觉自强，把城市精神品格内化于心、外化于行，不断为城市品格赋予核心价值观的新内涵，真正把城市精神品格化为每个市民精神成长的丰厚滋养，转化为城市发展进步的不竭动力。用好文明城市创建的抓手，把握文明典范城市建设的新要求，促进公共文化服务共享、文明行为入脑入心化为常态行动，进一步强化见贤思齐、崇德向善的社会风尚与市民情怀，内化为城市精神的全员自觉坚守，形成追求文明、追求礼节、追求高雅的自然行为特质，深化推进物质富足、精神富有的社会主义现代化城市建设，实现城市文化软实力、竞争力与影响力的“能级”跃升。

---

① 参见李程骅、胡小武：《开启现代化新征程：文化建设国际化的战略路径》，载《江南大学学报》（人文社会科学版）2020 年第 4 期。

传承弘扬城市历史文化。把握城市软实力体系中的城市文化资源要素，推进城市历史文化创造性保护与创新性发展，在“本来”、“外来”与“未来”的时空体系中持续传承弘扬城市历史文化，其超强的扩张性和传导性，对提升城市影响力具有强大的倍数效应。注重发掘城市文化，有助于提升城市文明程度，能够改善社会整体观念，营造良好的社会风尚，进而加强城市的吸引力与凝聚力，让城市软实力的内涵更为扎实细密。赓续城市文脉，激发城市活力，注重用历史文化熏陶人，用红色文化凝聚人，用开放文化感染人，通过开展系列主题活动，强化市民的城市记忆，促进城市空间与城市人的互动，让自然景观与人文景观充分融合，实现历史文化“活态化”，在此基础上创造出新的城市文化。加强历史文化保护与文明典范城市的创建、新时代文明实践中心的活动等一体推进，不断“催化”基于市民精神的城市软实力，促进全民参与到提升城市软实力与城市精神推广的行动中来，凝聚起建设社会主义现代化城市的磅礴力量，深化城市空间文化赋能。

在基于“多规合一”的城市建设与更新行动中，擦亮城市特色文化名片，打造特色鲜明的“城设”。加快转变城市发展方式，统筹城市规划建设管理，推动城市空间结构优化和品质提升。美好的城市风光是城市对外彰显自身魅力最为直接的窗口。要通过对文化遗存、城市风貌、历史遗迹与文化标识的有序开发利用，促进其转化为富足的城市文化资本，彰显城市软实力的深厚文化内涵。要注重保护和延续城市文脉，杜绝大拆大建，让城市留下记忆、让居民记住乡愁。统筹推进城市更新，对城市公共空间、城市角落、城市建筑、城市社区、城市街道以及楼幢院落，特别是人流量极大的地铁站等，通过地标性项目的视觉空间美化，让整体的城市空间更加彰显文化品位、生活品位和美学意象，让市民在高品位的文化空间中强化归属感、幸福感，提高审美趣味与向上向善动力，深化城市文化自信自强。

提升城市“善治”效能。政府主导、社会响应、个体参与的现代城市治理能力，在很大程度上直接决定了城市营商环境的建设水平，也影响着广大市民对政府执政能力的评判，是体现城市软实力的“硬度”指标。要着力推进以人为核心的城市现代化，激发城市活力，落实主体责任，增强城市韧性，促进安全发展。要着力在社区营建上下功夫，深化“邻里社区关系”建设，建构城市社区版的“熟人世界”，确保在遇到公共危机及灾难事件时及时互相帮助，提升城市善治效能。要更大力度地推进“全龄友好型城市”工程，把以人为本具体化、具象化、细节化，在城市空间设计、公共服务供给、社区环境共建、群体社会交往等各个方面，让所有人感受到温度与尊重，营造出儿童友好、青年友好、老年友好、女性友好、外国人友好的城市氛围与自觉行动，综合展现中国城市文明的新样态。

锻造开放包容的城市“磁力”。城以才兴，才以城荣。人才是城市创新发展的高级要素，城市对人才的吸引力和人才对城市的向往度是城市软实力的直接体现。要通过构建高品质人才生态，以更高含金量的人才政策和高效的全过程无忧服务体系，搭建引才聚才的“强磁场”，链接国际聚才网络，吸引和集聚更多的战略科学家、科技领军人才与创新团队创新创业、扎根生活。强化企业创新主体地位、聚力关键核心技术攻坚、锻造国家战略科技力量、广聚各类创新创业人才，为勇攀高峰的科学家、创新创造的企业家、走在前沿的投资人、追梦逐梦的创业者，提供高效能和专业化、定制化服务。营造识才爱才敬才用才的环境，形成大胆创新、勇于创新、包容创新的良好氛围。广泛寻找城市发展的合伙人——在经济、科技等领域开展的深度合作中具有引领带动作用的重要合作伙伴，培养在各个领域话语强的城市主角，为持续提升城市竞争力积累爆发型的动能。如华为、比亚迪、大疆等企业之于深圳，阿里巴巴之于杭州，科大讯飞之于合肥，这些高新技术企业加速了城市产业的转型升级，为城市的高质量发展赋能，也成为城市创新发展与一流营商环境的名片。

锤炼推广城市精神。城市精神是城市的灵魂。习近平总书记深刻指出："一个民族需要有民族精神，一个城市同样需要有城市精神。城市精神彰显着一个城市的特色风貌。要结合自己的历史传承、区域文化、时代要求，打造自己的城市精神，对外树立形象，对内凝聚人心。"[①] 城市精神是一以贯之的城市品格与文化表情的凝结，当今世界知名大都市的影响力与辨识度，都是与其铸就的城市精神紧密相关的。国内城市通过城市精神塑造，凝聚在现代化建设中争先奋进的磅礴力量，是提升城市软实力的重要途径。锤炼推广城市精神，规范人们的日常行为，在潜移默化中形成统一的意志和信念，并由此产生强烈的城市荣誉感、责任感、自豪感和使命感，激发市民关心与投入城市建设和城市治理的主动性、创造性，形成思进向上、共担重任、共赴使命的坚定信念，转化为推动城市前进的巨大群体力量。从而创造更好的发展环境、吸引更多的优秀人才，配置更加优质的发展要素，促进城市的发展与治理形成良性循环。

创新建构城市叙事能力。在全球城市体系的运行中，包容、开放、活力的城市形象建构，直接影响城市的软实力和竞争力。因此，在数字化传播时代，以受众为对象的城市叙事能力，对讲好城市故事、塑造城市形象、建构城市软实力至关重要。全球化时代的城市软实力竞争，做好城市文化形象和城市意象的国际化传播，也是城市营销的重要策略。在现代化的语境中，以文化自信自强向世界讲出中国城市发展的特色故事，创新讲好中国故事的城市篇章，必须强化城市传播议程设置，共鸣共情创新城市叙事，从城市国际化营销的战略高度，实施国际传播计划，持续提升全球叙事能力，在国际化的情境中，运用好新型技术手段以及受众容易感知和参与的主题活动来推介城市形象，并及时处置城市传播危机。要尊重传播规律，坚持受众本位，实施内外联动，稳步推进系统性、深触达性的城市形象传播，形成稳定的、专业的城市形象信息源、认知模式和评价标准，不断强化"锚定效应"，建构起富有特色的城市传

① 习近平：《坚定文化自信，建设社会主义文化强国》，载《求是》2019 年第 12 期。

播话语体系，探索出立足“中国情景”的城市叙事新路径。要加强城市文化 IP 的数字化传播管理，建立城市文化 IP 的作品目录管理，深度推动城市文化 IP 的渗透性，综合提升城市文化软实力的多维影响，建构高度开放、创新驱动、文化包容、生活舒适的中国城市形象，以生动的中国城市故事展现社会主义现代化城市的现实模样，阐释好推动构建人类命运共同体的使命担当。

（原载《江苏行政学院学报》2023 年第 2 期）

▶ **链接1：**

“精准扶贫”：决胜全面建成小康社会的重要法宝

到2020年全面建成小康社会、实现第一个百年奋斗目标，是我们党向人民、向历史做出的庄严承诺。在迎接党的十九大之时，习近平总书记在省部级主要领导干部“学习习近平总书记重要讲话精神，迎接党的十九大”专题研讨班开班式上的重要讲话中进一步强调，要继续统筹推进“五位一体”总体布局、协调推进“四个全面”战略布局，决胜全面建成小康社会，夺取中国特色社会主义伟大胜利，为实现中华民族伟大复兴的中国梦不懈奋斗。决胜全面小康社会，关键是补齐扶贫攻坚的短板，对贫穷落后地区扶贫、实现脱贫，一个不丢、一户不落，让深度贫困群体也能同步进入小康。党的十八大以来，以习近平同志为核心的党中央，从实践以人民为中心的发展思想、夯实执政基础的高度，强化总体部署，全面实施精准扶贫、精准脱贫战略。习近平总书记就扶贫开发工作发表的一系列重要讲话，形成了新的历史时期我国扶贫开发的战略思想，他所建构的“精准扶贫”思想体系及对扶贫攻坚的具体指导，是我国决胜全面建成小康社会的重要法宝，是其治国理政新理念、新思想、新实践的重要组成部分，进一步丰富和充实了中国特色社会主义建设理论与实践的内涵。

1. “精准扶贫”思想体系是我国扶贫攻坚的指导思想

习近平总书记关于精准扶贫、精准脱贫方面的一系列论述，展现出高瞻远瞩的战略思维，是马克思主义中国化的又一重大理论发展成果，是中国特色社会主义道路的又一重大实践，也是我们党不忘初心，带领全中国人民走社会主义共同道路的庄严承诺，进一步强化了我们党的马克思主义理论自信和社会主义道路自信。

解决现实难题的责任担当。习近平总书记的精准扶贫思想的创立与发展，是在中国特色社会主义理论体系中进行的，是针对我国经济社会阶段性特征等现实状况提出并日益完善的。改革开放以来，我国实施大规模扶贫开发，使7亿多农村贫困人口摆脱贫困，成为全球首个实现联合国千年发展目标、贫困人口减半的国家，取得了举世瞩目的成就。[①] 但是，作为一个发展中的大国，我国脱贫攻坚形势依然严峻，中西部一些省（自治区、直辖市）深度贫困地区的人口规模仍然不小，且贫困程度深，致贫原因复杂，减贫难度大，为此，党的十八大以来，以习近平同志为核心的党中央把扶贫开发纳入"四个全面"战略布局，扶贫开发已由解决温饱问题，转向加快贫困地区和贫困人口的脱贫致富、实现全面建成小康社会的新阶段。[②]

体现社会主义的本质要求。在我国实现全面建成小康社会的目标，彻底消除贫困，达到共同富裕、共享发展，是习近平精准扶贫思想的现实基础。习近平总书记多次指出："消除贫困、改善民生、实现共同富裕，是社会主义本质要求。"在2020年实现全面小康，是党的十八大根据中国经济社会实际做出的重大决策。对贫穷地落后区扶贫、实现脱贫，一个不丢、一户不落，是全面小康的"最后一公里"。我国的扶贫脱贫已进入攻坚克难的重要阶段，确保如期脱贫、杜绝返贫，需要精细化的扶贫思想，促使贫困地区整体脱贫、全面脱贫，共享改革发展的成果。特别是现有贫困大多集中在深度贫困地区，生态环境脆弱，自然灾害频发，贫困人口占比和贫困发生率高，人均可支配收入低，脱贫任务重，越往

① 参见中华人民共和国国务院新闻办公室：《中国的减贫行动与人权进步》白皮书，载新华网，http：//www. xinhuanet. com/politics/2016 - 10/17/c_1119730413. htm。

② 参见刘永富：《不忘初心 坚决打赢脱贫攻坚战——党的十八大以来脱贫攻坚的成就与经验》，载《求是》2017年第11期。

后脱贫成本越高、难度越大。必须给予更加集中的支持，采取更加有效的举措，开展更加有力的工作，打赢这场硬仗中的硬仗。精准扶贫思想是我国脱贫攻坚进行到新阶段后的新战略、新举措。

实践以人民为中心的发展思想。始终坚持以人民为中心，构成了习近平精准扶贫思想的厚重底色。民本思想是中华民族优秀传统治理理念，人民性是马克思主义区别于其他“主义”的根本标志。回顾历史，我们党能取得革命的成功，走向中国特色社会主义道路，关键就在于牢记初心，始终代表了最广大人民的根本利益，拥有广泛的群众基础。作为马克思主义政党，我们党的根本宗旨就是全心全意为人民服务，始终坚持以人民为中心。做好扶贫开发工作，支持困难群众脱贫致富，帮助他们排忧解难，使发展成果更多更公平地惠及人民，是我们党坚持全心全意为人民服务根本宗旨的重要体现，也是党和政府的重大职责。习近平总书记在“7·26”重要讲话中进一步强调，我们要按照党的十六大、十七大、十八大提出的全面建成小康社会的各项要求，突出抓重点、补短板、强弱项，特别是要坚决打好防范化解重大风险、精准脱贫、污染防治的攻坚战，坚定不移深化供给侧结构性改革，推动经济社会持续健康发展，使全面建成小康社会得到人民认可，经得起历史检验。

增强对基层社会的稳定作用。习近平总书记的扶贫攻坚思想、精准扶贫思想，落实到治国理政的实践行动中，就是让作为社会基础的广大农村居民获得实实在在的物质利益、发展红利，用取得的实绩来说话，这在增强党对基层号召力的同时，还起到稳定基层社会的作用。“小康不小康，关键看老乡，关键在贫困的老乡能不能脱贫。”① 全面建成小康社会，不让现行标准下的任何一个贫困人口落下，就是证明社会主义制度优越性的最好例证。“我们不能一边宣布全面建成了小康社会，另一边还有几千万人口的生活水平处在扶贫标准线以下，这既影响人民群众对全

① 习近平：《在全国脱贫攻坚总结表彰大会上的讲话》，人民出版社 2021 年版，第 8 页。

面建成小康社会的满意度，也影响国际社会对我国全面建成小康社会的认可度。”[①]

2. “精准扶贫”政策体系保障我国扶贫攻坚精准发力

习近平总书记的精准扶贫思想，是我国实施脱贫攻坚战略的指导思想，体现出严谨有序的系统思维，直接指导着扶贫攻坚的工作实践，确保我国如期实现全面建成小康社会的目标。党的十八大以来，我国出台并实施了《“十三五”脱贫攻坚规划》和一系列专项规划及政策文件，构建了精准扶贫的政策体系和工作流程设计。十八届五中全会明确提出，到2020年我国现行标准下农村贫困人口实现脱贫，贫困县全部摘帽，解决区域性整体贫困。作为打赢脱贫攻坚战这一硬仗的“总指挥”，习近平总书记不辞辛苦，多次深入贫困地区调研考察，对难啃的“硬骨头”，涉及面广的棘手问题，现场指导，提出解决方案，务必见到实效。通过稳扎稳打，一步一个脚印，确保各项扶贫政策措施落到实处，积小胜为大胜，最终取得全面胜利。

扶贫开发，贵在精准，重在精准，成败之举在于精准。习近平总书记的精准扶贫思想，是他的扶贫攻坚思想的发展和深化。2013年11月，他在湖南湘西考察时，首次提出“精准扶贫”。[②] 2014年10月在首个“扶贫日”之际作出重要批示时，第一次提出扶贫应“注重精准发力”，这是习近平总书记论述扶贫时第一次用到“精准”两字，也是他第一次公开谈精准扶贫。此后，习近平总书记进行了一系列深入的调查研究，并不断丰富和完善其精准扶贫思想的内涵，持续扩展其外延。他在多个调研场合指出了“精准扶贫”的落实到位问题：扶贫要实事求是，因地制宜。要精准扶贫，切忌喊口号，也不要定好高骛远的目标。他在多次重要讲

---

① 中共中央：《中共中央关于制定国民经济和社会发展第十三个五年规划的建议》，人民出版社2015年版，第54页。

② 参见《习近平讲述精准扶贫背后的故事》，载新华网，http：//www. xinhuanet. com//politics/2016lh/2016－03/09/c_1118275227. htm。

话中强调，“扶贫开发推进到今天这样的程度，贵在精准，重在精准，成败之举在于精准”；坚持精准扶贫、精准脱贫“关键是要找准路子、构建好的体制机制，在精准施策上出实招、在精准推进上下实功、在精准落地上见实效”。

精细化的扶贫工作方式是“精准发力”的关键。习近平总书记在系列重要讲话和扶贫工作调研现场中多次强调，我国的扶贫脱贫已进入攻坚克难的重要阶段，不能再继续“灌水式”“输血式”的传统扶贫模式，要确保如期脱贫、杜绝返贫，必须贯彻精准扶贫思想，实施精细化的扶贫方式，科学配置资源，系统推进各项工作，促使贫困地区整体脱贫、全面脱贫。精准扶贫就是要求实施精细化的扶贫方式，把“精准”的理念和工作方式落实在实践与操作层面。把精准化的扶贫思想转化为精细化的扶贫工作方式，是做到精准发力的关键。最为突出的是，我国的扶贫工作在“大水漫灌”取得了整体的成效之后，贫困地区仍然存在着一批从未实现过脱贫的群体，另有一度脱贫后因病等返贫的群体，导致扶贫工作成效不持久。因此，“从扶贫机制上要由主要依赖经济增长的‘涓滴效应’到更加注重‘靶向性’对目标人群直接加以扶贫干预的动态调整”。另外，还有一些地区确实因自然条件恶劣，一方水土养不活一方人，无论怎样投入都解决不了持久的生存发展问题，就需要拿出切实可行的搬迁安置方案。

因人因地施策，要在“六个精准”下实功、见实效。新的扶贫攻坚阶段，要实施精准扶贫、精准脱贫，因人因地施策，提高扶贫实效。习近平总书记指出，不能为了“形象工程”，实施一些华而不实的扶贫项目，由此产生巨额的“扶贫债务”，留下扶贫“后遗症”。扶贫工作贵在看真贫、扶真贫、真扶贫，少搞一些“盆景”，多搞一些惠及广大贫困人口的实事。为此，他提出了“六个精准”要求：扶持对象精准、项目安排精准、资金使用精准、措施到户精准、因村派人精准、脱贫成效精准。推进精准扶贫，重点是项目安排精准。项目建设是扶贫开发的重要举措，是推动贫困地区加快发展的重要抓手，要让扶贫项目成为贫困地区发展、贫困群众脱贫的动力之源、致富之源。①

扶贫先扶志，以“精神脱贫”深化“精准扶贫”工作实践。在落后的农村地区树立脱贫信心、营造脱贫环境，帮助贫困群体充分认识到自身优势以及主观能动性的重要性，拿出敢想敢干的毅力和决心，在精神上保持向上的追求，是习近平精准扶贫思想的重点内容之一。“脱贫致富贵在立志，只要有志气、有信心，就没有迈不过去的坎。”② 精准扶贫，心理扶贫很重要。早在20世纪80年代后期，习近平在闽东调查提出了扶贫的“先飞”理论，认为与发达地区相比，贫困地区好比一只“弱鸟”，提出“地方贫困，观念不能贫困”“弱鸟可望先飞，至贫可能先富”等贫困思想。③ 习近平总书记多次强调，精神脱贫，教育要放在第一位。阻隔“代际贫困”。“必须大力发展乡村教育，让每个乡村孩子都能接受公平、有质量的教育，增强贫困地区的自我发展能力，阻止贫困现象代际传递”④。“到2020年稳定实现扶贫对象不愁吃、不愁穿，保障其义务教育、基本医疗和住房，是中央确定的目标。其中，把贫困地区孩子培养出来，这才是根本的扶贫之策。”⑤

3. “精准扶贫”实践路径引领深化我国大扶贫格局

习近平总书记的精准扶贫思想是其治国理政新理念、新思想、新实践的重要组成部分，是在总结数十年扶贫工作经验、教训的基础之上，根据现阶段中国贫困群体状况和完成扶贫攻坚的艰巨任务要求，所提出的战略判断、实施路径和具体的实施对策，并创造性地运用辩证思维和

---

① 参见唐任伍：《习近平精准扶贫思想阐释》，载《人民论坛》，2015年10月21日。

② 中共中央党史和文献研究院编：《习近平扶贫论述摘编》，中央文献出版社2018年版，第142页。

③ 参见洪名勇：《探究习总书记精准扶贫思想的提出与理论基础》，载人民网—中国共产党新闻网，http：//cpc. people. com. cn/xuexi/nl/2016/0923/c385474 – 28736232. html。

④ 习近平总书记11月26日在中央全面深化改革委员会第十一次会议的重要讲话。

⑤ 黄承伟、燕连福主编：《新时代脱贫攻坚前沿问题研究》，人民出版社2021年版，第43页。

底线思维，把精准化理念贯穿于脱贫攻坚的全过程，把握主动，突出实效，建立了健全稳定脱贫的长效机制，以“精准扶贫”引领，构建“三位一体”大扶贫格局，成为我国彻底消灭贫困的制胜法宝。

全盘统筹扶贫攻坚，发挥政府投入的主体和主导作用。扶贫开发、脱贫攻坚是全面建成小康社会的重要任务，是践行新发展理念、改善民生的首要工作，必须树立全盘统筹的观念，体现社会主义制度的优越性，充分发挥政府投入的主体和主导作用。习近平总书记强调，扶贫开发是全党全社会的共同责任，要动员和凝聚全社会力量广泛参与。坚持党政一把手负总责的工作责任制，坚持专项扶贫、行业扶贫、社会扶贫等多方力量、多种举措有机结合和互为支撑的“三位一体”大扶贫格局。健全东西部协作、党政机关定点扶贫机制……要广泛调动社会各界参与扶贫开发积极性。① 2014 年 9 月 28 日，习近平总书记在中央民族工作会议上的重要讲话指出，“要坚持输血和造血相结合，坚持民族和区域相统筹，重在培育自我发展能力，重在促进贫困区域内各民族共同发展”。精准扶贫能有效引领大扶贫格局的实施重点、提升扶贫的质量和效果。大扶贫格局的形成，有助于贫困地区产生内生动力，最大限度地调动起当地群众积极性，变“你来扶贫”为“我要脱贫”，变“要我发展”为“我要发展”。各地在构建大扶贫格局中，进一步强化了扶贫开发工作领导责任制，促进了扶贫开发与基层组织建设有机结合起来，有效发挥了基层党组织建设在带领群众脱贫致富中的战斗堡垒作用。

科学运用精准化工具，按期完成阶段性扶贫攻坚任务。在“十三五”期间，针对我国脱贫攻坚的艰巨繁重任务，习近平总书记在十八届五中全会上所做的《关于“十三五”规划建议的说明》中，指出了产业扶持、转移就业、易地搬迁、社保兜底等因情况不同而可能采取的各种不同的脱贫方式，以确保我国决胜全面小康。具体要求为“四个一批”：“通过

① 参见黄承伟、燕来福：《新时代脱贫攻坚前沿问题研究》，人民出版社 2021 年版，第 44 页。

扶持生产和就业发展一批"，要因地制宜制定特色扶持政策、机制，帮助一批具备软硬件基本条件的群体迅速脱贫；"通过移民搬迁安置一批"，要有计划地把因居住地自然条件恶劣等而无法脱贫的贫困群体，搬迁安置到条件相对较好的居住地来实施帮扶，直至其脱贫；"通过低保政策兜底一批"，要针对那些劳动能力低下或丧失劳动能力的贫困人群，果断通过低保等救助的方式保障其基本生活；"通过医疗救助扶持一批"，要杜绝因病致贫、因病返贫，防止扶贫工作倒退。在践行新发展理念的进程中，"要通过推进就业创业，发展社会事业，打好扶贫开发攻坚战，不断打通民生保障和经济发展相得益彰的路子"。"脱贫致富终究要靠贫困群众用自己的辛勤劳动来实现。""没有比人更高的山，没有比脚更长的路。"要始终坚持扶贫开发与经济社会发展相互促进、精准帮扶与集中连片特困地区开发紧密结合、扶贫开发与生态保护并重、扶贫开发与社会保障有效衔接，从而巩固建立起长效的"精准扶贫"机制。

重点解决突出制约问题，实现对深度贫困地区的脱贫攻坚。十八届五中全会明确提出到 2020 年全面建成小康社会时按 2010 年贫困标准确定的贫困人口全部如期脱贫。依照习近平总书记的阐述，全面建成小康社会之时，就必须让贫困人口如期脱贫，贫困县全部摘帽，消除区域性的整体贫困现象。以贫困人口而言，即使按照 2010 年的物价水平确定人均纯收入 2300 元的标准，"十三五"期间要脱贫的贫困人口规模有 7000 万之众。[①] 最新统计数据表明，我国贫困人口的群体到 2016 年底已降至 4300 万人的规模，说明在中央统筹、层层签订责任状的工作机制下，脱贫目标正按时间表兑现。但不容忽视的是，越到最后的攻坚阶段，难度就越大。把关键的深度贫困群体的生活水平提高到贫困的标准线以上，是"精准扶贫"的核心对象，是全面小康的"短板"。全面建成小康社会

① 参见李国祥：《习近平精准脱贫思想的实践和理论意义》，载人民网，http：//politics.people.com.cn/nl/2016/0209/c/001－28118280.html。

的要义在于“全面建成”，要补齐“这个短板”，必须实事求是，拿出真招实招硬招。[①] 对此，习近平总书记多次强调，扶贫开发成败系于精准，要找准“穷根”、明确靶向，量身定做、对症下药，真正扶到点上、扶到根上。“实践证明，深度贫困并不可怕。只要高度重视、思路对头、措施得力、工作扎实，深度贫困是完全可以战胜的。”[②] 坚持因人因地施策，因贫困原因施策，因贫困类型施策，做到对症下药、靶向治疗，强化针对人口、家庭的精准扶贫措施，既不漏网，又要兜底，就能真正完成补齐“短板”任务，实现让中国老百姓认可，让世界信服的全面建成小康社会的目标。

4. “精准扶贫”成效高度验证“中国道路”的正确抉择

贫困是人类社会发展进程中一直存在的现象，扶贫资源如何更好聚焦贫困的目标人群，是一个世界性的难题。在中国这个世界人口最多的国家，通过政府主导的大规模开放式扶贫，让数亿农村人口摆脱贫困，创造了世界扶贫减贫史上的“中国奇迹”。[③] 精准扶贫、精准脱贫的中国智慧，在世界减贫行动中作出了重大贡献，也充分验证了改革开放以来“中国道路”的正确性和未来的光明前景。

“精准扶贫”彰显超凡的国家治理能力。党的十八大以来，党中央把贫困人口脱贫作为全面建成小康社会的底线任务和标志性指标，在全国范围全面打响了脱贫攻坚战。习近平总书记的“精准扶贫”思想和系统的战略部署，在这场前所未有的攻坚战中发挥了指挥棒作用，充分展现了以习近平同志为核心的党中央打赢脱贫攻坚战的坚定决心和超凡能力，体现了新发展理念对国家治理能力提升的全局影响力。当前，在吹响进军全面小康的进程的号角中，已经运行成熟的“精准扶贫”的策略和措

① 参见胡鞍钢：《全面建成小康社会的核心是补短板》，载《新华日报》2017 年 3 月 23 日，第 11 版。

② 习近平：《在深度贫困地区脱贫攻坚座谈会上的讲话》，人民出版社 2017 年版，第 16 页。

③ 胡鞍钢：《中国减贫方案为世界树标杆》，载《人民日报海外版》，2017 年 5 月 27 日。

施，进一步瞄准深度贫困地区与贫困群体，以更加集中的支持、更加有效的举措和工作，确保打赢扶贫攻坚这场硬仗中的硬仗。

为人类包容性发展作出重要贡献。中国作为发展中国家所取得的扶贫成效、脱贫成绩，为人类减贫事业作出的贡献，获得了国际社会的广泛赞誉。2016 年 8 月，联合国开发计划署发布《中国人类发展报告 2016》，高度评价中国的扶贫工作，认为通过有针对性的多维减贫和精准扶贫，中国使 6.6 亿人脱贫，特别是对民族地区和边疆地区的发展扶持，为人类的包容性发展作出了贡献。我国承诺到 2020 年实现农村贫困人口全部脱贫，既是全面建成小康社会的必要条件，也是落实联合国《2030 年可持续发展议程》的重要一步，体现了中国作为负责任大国的历史担当。自党的十八大以来的四年多中，我国又有 5564 万贫困人口摆脱了贫困，每年减贫人数都在 1000 万以上，贫困的发生率从 2012 年底的 10.2% 下降到 2016 年的 4.5%。[①] 面对尚有的 4335 万深度贫困地区人口，尽管脱贫任务依然艰巨繁重，但在"精准扶贫"战略的"精耕细作"之下，通过超常规的举措的实施，到 2020 年，这些深度贫困地区一定会与全国一起迈上全面小康的台阶。

为实现第二个百年奋斗目标布阵筑基。习近平总书记在"7·26"重要讲话中指出，2020 年全面建成小康社会后，我们要激励全党全国各族人民为实现第二个百年奋斗目标而努力，踏上建设社会主义现代化国家新征程，让中华民族以更加昂扬的姿态屹立于世界民族之林。"两个一百年"的奋斗目标是紧密连接、相互贯通的，要有步骤、分阶段地去实现。基于中国特色社会主义进入新的发展阶段的战略要求，在"十三五"时期最后的三年多时间里，精准扶贫战略指导下的脱贫攻坚战，不仅将补齐全面建成小康社会"短板"，还为全面小康之后的实现第二个百年奋斗

① 参见顾仲阳：《扶贫精准有力 减贫提质增速》，载《人民日报》2017 年 7 月 13 日，第 9 版。

目标发展道路，起到布阵筑基作用。① 我国在2020年实现全面小康之后，整体经济发展的不平衡性，城乡、地域、阶层之间的收入、发展差距还难以发生根本性的改变，局部地区的相对贫困问题会依然存在。同时，国家整体的发展水平特别是创新能力、劳动生产率、社会水平等方面还会与发达国家存在一定的差距，益贫式的经济增长的多元效应还有待被进一步释放，共享发展理念还要通过深化改革来落实。② 尽管“精准扶贫”在不同的地域有不同的方式方法，但各地都必须在新发展理念的统领之下，找准自身的比较优势、实现小康社会的可持续性特色优势和后发优势，抓住战略机遇期，在转变发展方式上下功夫，解决实现全面小康之后发展可持续性问题，持续开拓发展的新境界。

（原载《南京社会科学》2017年第9期）

---

① 参见李程骅：《以全面建成小康社会目标引领经济发展新常态》，载《南京社会科学》2015年第12期。

② 参见范从来、谢超峰：《益贫式增长、分配关系优化与共享发展》，载《学术月刊》2017年第3期。

▶ 链接2：

文化自信的多维认知与建构逻辑

文化自信是一个国家、一个民族发展中更基本、更深沉、更持久的力量。把文化自信与道路自信、理论自信、制度自信作为中国特色社会主义必须坚持的“四个自信”，是习近平总书记2016年在庆祝中国共产党成立95周年大会上正式提出的：中国共产党人要“坚持不忘初心，继续前进”，就要坚持“四个自信”，即“中国特色社会主义道路自信、理论自信、制度自信、文化自信”。在党的十九大报告中，习近平总书记进一步强调：“文化是一个国家、一个民族的灵魂。文化兴国运兴，文化强民族强。没有高度的文化自信，没有文化的繁荣兴盛，就没有中华民族伟大复兴。”同时，把“建设中国特色社会主义文化”写入党章，把我国文化建设提到了前所未有的新高度。这一举措，充分表明文化自信在国家、民族发展道路上的深刻价值，在追求中华民族伟大复兴过程中的深远意义。从多重视角来认知文化自信的丰富内涵与建构逻辑，对于进一步明晰建设中国特色社会主义文化的路径，有效提升国家文化软实力，开拓文化创新，促进文化进步，具有很强的理论意义与实践价值。

一 文化自信源于文化自觉

一个国家、民族的强盛，离不开文化的繁荣。文化是一个国家、一个民族的灵魂。文化兴国运兴，文化强民族强。无论哪一个国家、哪一个民族，如果不珍惜自己的思想文化，丢掉了思想文化这个灵魂，这个国家、这个民族是立不起来的。因此，没有高度的文化自信，没有文化的繁荣兴盛，就没有中华民族的伟大复兴。中国特色社会主义文化自信的提出，是基于马克思主义中国化的理论新飞跃，是基于中国共产党人对中国优秀传统文化的忠实传承，是基于改革开放以来中国特色社会主义的伟大实践，是基于开启全面建设社会主义现代化国家新征程的必胜信念，更是中国特色社会主义进入新时代的精神气质。

在这样一个特定的新时代节点提出和践行中国特色社会主义的文化自信，是因为我们在文化自觉的基础上，具备了文化自信所对应的强大底气。在人类文明史上，中华广阔的土地上孕育出了优秀的传统文化，创造了 5000 多年来唯一没有间断的中华文明，在克服艰难险阻中彰显了自身的优越性。罗素曾说：中华文明是唯一从古代存留至今的文明。在 1840 年之后，中国社会被迫打破循环运行模式，踏入现代线性的发展模式之中。① 西方的文明霸权对我国传统文化及其根基带来巨大的冲击。在长时间落后挨打的境遇中，民众无法理性审视自身的文化，很容易形成“文化自卑”的民族文化心理。在马克思主义思想的东风吹入中国以后，中国共产党人结合我国的国情，实现了马克思主义的中国化，在艰苦的革命实践中形成了具有传承中华优秀传统文化基因的革命文化，取得了新民主主义革命的胜利，让中国人民站立起来，重新回到文化自信的轨道上。新中国成立后，在中国共产党的领导下，全国各族人民积极探索社会主义革命建设和国家现代化之路，取得了举世瞩目的成就，特别是四十多年的改革开放，使我国成为世界第二大经济体，加速将我国从世界的边缘推向世界舞台的中心。中国由过去被动遵守国际秩序和规则逐渐向参与制定和主导国际规则转变。由此，文化自信上升到全民族的文化建设和价值追求的层面，并成为推进实现全面建成小康社会、开启社会主义现代化国家建设新征程的重要力量。

---

① 参见费正清、费维恺主编：《剑桥中华民国史（1912—1949 年）》（下卷），中国社会科学出版社 1994 年版，第 22 页。

习近平总书记在中国特色的社会主义道路自信、理论自信和制度自信的基础上强调文化自信，是立足当下并面向未来对中国特色社会主义内涵的总体性、主体性和普遍性的科学诠释与意义把握，体现了更系统、更深层次的文化自觉，以及在此基础上的文化建设与创造。文化自信本质上是我国在与西方文明不断交流互动的进程中，为建构“文化主体性”及现代“主体话语”而进行的探索实践。① 文化自主性的根本，是文化自觉的问题。费孝通指出，文化自觉，是指生活在一定文化中的人对其文化有“自知之明”，是为了加强对文化转型的自主能力，取得决定适应新环境、新时代的文化选择的自主地位。② 可见，“文化自觉”是一种“文化自知”，是对自我文化的“自知之明”。但要做到有自知之明，并非易事。拉康的镜像理论告诉我们，我们最初生活在一个富足的想象世界里面，在这样的世界中，听到的、看到的以及感受到的都属于“我”的成分，没有任何的压抑和缺乏，是一种“物我合一”的状态。在“物我合一”的状态中，没有“他”“我”之分，也没有认知。随着个体的成长，借助对“他者”的想象逐渐获得对“自我”的认知，“他者”成为“自我认知”的镜像。在对“他者”感知的基础上，人们逐渐形成“自我”的认知。③ 因此，要对自文化达到“文化自觉”的目的，必须首先将自文化进行“陌生化”处理，获得“他者”之镜。那么在现实中，如何获得自文化的他者之镜呢？费孝通先生答，“出得来”和“进得去”。④ 所谓“出得来”，是因为我们在对自文化认知的过程中，容易“不识庐山真面目”，从而导致“出不来”，而与异文化接触的过程中，我们才能在文化自觉的过程中“出得来”；所谓“进得去”，是因为我们在与异文化接触

① 参见费孝通：《对文化的历史性和社会性的思考》，载《思想战线》2004 年第 2 期。

② 参见苏国勋：《社会学与文化自觉——学习费孝通“文化自觉”概念的一些体会》，载《社会学研究》2006 年第 2 期。

③ 参见李怀涛、徐小莉：《镜像：自我的幻象》，载《马克思主义与现实》2016 年第 5 期。

④ 参见费孝通：《费孝通文集》（第 14 卷），群言出版社 1999 年版，第 200 页。

的过程中，受到自身文化因素的影响，可能带有文化偏见，从而无法真正理解异文化，面临“进不去”的问题。因此，在与异文化交流互动的过程中，基于不同的出发点，所面临的主要问题也存在差异。但无论从哪一点出发，都要面临“进得去”和“出得来”，其本质都是以期在文化交流沟通的过程中，获得他者之镜，对自我文化进行“陌生化”处理，消除本身文化偏见，形成客观中立的文化自知。在现实中，人们总是通过时空两个维度来对自文化进行“陌生化”处理，跨越“进不去”和“出不来”的困境。从时间维度来看，人们通过对自文化在历史中的不同面向比较，获得自我观照之镜。由于文化是在历史的长河中积淀而成的观念、道德、法律、艺术、信仰等，[①] 我们对自文化的认识首先需要在历史的进程中去探寻。从空间的维度来看，人们是通过外文化的异质性面向，将自我文化要素凸显，对其进行“陌生化”的处理。人们与外来文化的接触能够摆脱对本土文化的“麻木”，形成对本土文化的“知之”或“文化自觉”，[②] 或者说，在异文化不同文化要素的刺激下，将自文化从潜意识状态转变到意识层次，为人们对自文化形成“自知”“自觉”提供了可能，为文化的自我建构与认同奠定了基础。但在自我建构和自我认同的过程中，必然伴随着对“他者”的建构，自我建构与认同必然通过对“他者”的排斥得以体现。[③] 在现实实践中，若坚持文化自觉“出得来”和“进得去”的努力，在国家政策层面采用“进得来”和“出得去”的策略，可以跨越文化自觉的“排他”性困境。所谓“进得来”，即克服对“他者”的排斥，持开放的态度，让异文化能够进入人们的认知视野，并在相互欣赏的角度对“异文化”进行建构；“出得去”，即要积极与异文化接触，将自我文化充分在“他者”面前展现，通过他者的反馈来形成

---

① 参见吴克礼：《文化学教程》，上海外语教育出版社 2002 年版，第 50 页。

② 参见周晓虹：《江村调查：文化自觉与社会科学的中国化》，载《社会学研究》2017 年第 1 期。

③ 参见范可：《全球化语境下的文化认同与文化自觉》，载《世界民族》2008 年第 2 期。

文化自知。由此，“进得来”和“出得去”的策略，使文化之间的交流在平等的地位上“美美与共”。

文化自觉的历史实践证明，只有努力从自文化中“出得来”，对异文化的认知与建构“进得去”，同时坚持让异文化“进得来”和自文化“出得去”的文化发展战略，自文化才能不断获得新鲜血液，在历史与时代的弥合中历久弥新，发展壮大，也才能在历史实践过程中铸就真正的文化自信。中国共产党在深刻理解我国传统文化精髓的基础上，对马克思主义进行中国化改造，领导全国各族人民进行新民主主义革命和社会主义建设、推进现代化的伟大实践，使整个社会逐渐脱离文化自卑、文化盲从，在历史实践的过程中建立起文化自信。在“站起来”“富起来”之后，实施“强起来”的新战略，在文化发展上坚持“进得来”“出得去”，不断充实提升中华民族的文化自信，努力实现现代文化意义上的文化自强。

二 文化自信离不开文化自省

文化自觉是文化自信的前提，表现为一个民族和国家在文化上的觉悟和觉醒，包括对文化在历史进步中地位、作用的深刻认识，对文化发展规律的正确把握，对发展文化历史责任的主动担当。文化自觉往往直接体现为一种内在的精神力量，表现为对自身文化在觉醒自知基础上的强烈反省与批判精神，并在批判与反省中探寻新文化、新文明的建构之路，这种文化自省精神，则是推动文化繁荣发展的先决条件，是建构文化自信的推动力量，是文化自信的更高层次。

从世界文明史来看，诸多文明在发展的进程中要么衰退了、要么消亡了，到现在仍然兴盛发达的只有西方的欧美文明和东方的中华文明，而中华文明是唯一连续不断的文明。英国历史学家汤因比认为每一种文明在发展中都会遇到外来的挑战，如果能很好地应对挑战就会发展强大起来，否则就会衰亡。我们今天充满底气地坚持社会主义文化自信，是因这种文化根植于中华优秀传统文化，我们不仅在马克思主义中国化的进程中形成了理性的文化自觉，还树立起了强烈的文化自省意识。这种意识与中华文化的忧患意识一脉相承，在发展的任何时候、任何阶段都需要具有自我反省、批判的能力。国家落后要挨打，文化沉沦要亡国。中国共产党领导下的新民主主义革命的成功，得益于以批判的眼光、自省的角度，重新审视传统文化，取其精华，去其糟粕，更好地传承和发展中华优秀传统文化，从而在社会主义建设时期和改革开放后，构建起更有深厚影响力的中国特色的社会主义文化，谱写中华文明发展的新辉煌。文化自信源于文化自觉的理性态度，也始终离不开文化自省的批判精神，无论对自身过去的传统文化还是强势的外来文化，都不能全盘拿来、照单全收，对传统文化中的“糟粕”和外来文化的“有害激素”，都要具备识别和剔除的能力。① 因此，文化自信不是简单的自傲、盲从，而是在具备对自身的本来文化与外来文化的鉴别能力、整合能力的基础上，形成的文化建设与文化发展的内容结构与形式表达。

突出文化自省精神的文化自觉，只有在具体的文化建设与文化创新实践中真正落实下来，才能有效促进文化融合与文化的健康发展。但在现实实践中把文化自省运用于文化自觉的实践中，并非易事，一方面要结合时代背景和具体国情对自身文化和外来文化进行解析判断，确定文化发展内核；另一方面需要在此基础上科学地、理性地探索建构新文化的有效路径，特别是在新的全球化背景下，反全球化的声音越来越响亮，文明的互鉴与融合难度加大。

全球化为世界构建起一个统一的、庞大的网络系统，原地方性的、边缘的要素都登录到这一系统中，加速了经济、人口与文化的流动，致

① 参见许嘉璐：《中华文化的前途和使命》，中华书局 2017 年版，第 10 页。

使世界人与人的交往出现“密集化”的趋势。全球化创造了跨国性的社会关联和空间，重估区域文化的价值并推动第三文化的产生。① 但全球化受到自反性原理的影响，不仅意味着“同一化”或“一体化”，还意味着“地方化”。在全球化的背景中，地方性的、边缘性的、异质性的要素获得了新的、根本性的意义，在全球化的过程中，得到了强化。所以，在全球化的背景下，以文化自觉建构文化自信，一方面，要积极与国际接轨，加强与外文化的交流沟通，在充分了解异文化的基础上，对其文化内容要素结合时代特点与趋势进行辨别与判断，将有利于适应时代发展及趋势的要素加以吸收，将不利于适应发展环境和趋势的内容祛除；另一方面，在文化自觉的基础上，强化文化自省，对自身的文化内容及要素进行历史功能分析，将有利于时代趋势的文化要素予以保留，对落后的文化内容予以抛弃，有效处理好文化建构与文化发展中的“变”与“不变”的关系。

“取其精华，去其糟粕”是文化自省的基本要求和总体性实践策略。在总体性实践策略指导下的自文化重构，是在存续自文化精髓内容的基础上不断引入、调整和融合异文化精华内容的持续过程。所以，文化重构在很大程度上直接表现为自身文化与外来文化关系调整的过程。但在现实中，如果缺少历史时代的实践视野，抽象地谈论文化的发展与重构，会常常面临诸多难以跨越的困境。其一，文化内容与要素是在特定历史条件下的生成，虽然与社会保持相对的独立性，但是仍然会随着历史环境的变迁发生变化，文化的重构则是以确定性的文化要素为基础，这一文化重构是否能经得住时代流动性的冲击是首先需要探讨的问题；其二，正如鲍曼所说流动的现代性，历史时代的流动与现代社会空间的流动性在全球化浪潮中得以加剧，如何确定文化精华与糟粕成为一个棘手的问题；其三，由于现代社会具有多面性，同一文化在面对社会不同面向时，

---

① See Ulrich Beck, *What is Globalization*? Polity Press, 2000, p. 12.

其适应能力及缺陷表现也不同，适应与失调同时存在，① 致使在文化重构的过程中对文化要素难以取舍。实际上，在当今全球化与反全球化的两种力量博弈中，离开现实情境来谈文化重构和文化发展，就失去了文化自觉与文化自省的本义，就会重新陷入文化本位主义和文化保守主义的困境，这与人类整体文明的进程是相悖的，也就自然难以做到“美美与共”的文化发展愿景。

文化的发展不可能一帆风顺，总是在接受挑战的过程中强健起来的。在世界现代化的潮流中，文明互鉴、文化融合，在丰富文化的多样性中开展文化建设，本已成为共识。但近年反全球化现象愈演愈烈，这种共识也受到了直接影响，文化本位主义的势头重新泛起，如何“求同存异”，是对各个国家文化建构的新考验。中国在改革开放的过程中，不仅经受住了全球化的挑战，而且有效应对了反全球化的问题。伴随着全球治理体系的重构，中国越来越接近世界的中心，文化的优势与影响力进一步彰显，特别是“一带一路”倡议、打造人类命运共同体的理念与实践行动，正在从经济层面上升到文化的层面，让中国的文化软实力与硬实力差距缩小。尽管二者形成均衡之势，需要一个长期的过程，但方向的选择是正确的。新时代中国特色社会主义，将开启现代化建设的新征程，无论是实现第一阶段的基本现代化目标，还是第二阶段的建成现代化强国的目标，都必须强化文化的价值引领，始终坚持以文化自觉为基础的文化自信，在强化文化自省的前提下兼容并蓄，在处理好“本来”与“外来”文化的条件下，构建面向未来的文化创新发展体系，全面提升国家的文化软实力，从“各美其美”到“美美与共”，促进世界文化的大发展、大繁荣。

---

① 参见李友梅：《文化主体性及其困境——费孝通文化观的社会学分析》，载《社会学研究》2010 年第 4 期。

三 文化自信的时代建构

“欲人勿恶，必先自美；欲人勿疑，必先自信”，只有对自己的文化有坚定的信心，才能获得坚持坚守的从容，鼓起奋发进取的勇气，让文化自信转变为创新创造的活力。文化自信主要体现为一个国家、一个民族基于文化在历史进步中地位、作用的深刻认识和对文化发展规律的准确把握，充分肯定自身文化的价值追求，形成对自身文化生命力的坚定信念，[①] 进而积极引领文化发展方向，担当起文化发展的责任。这决定了文化自信是一种持续提升的理想建构，是一个长时间历史实践铸就的过程。历史上诸多文明的兴衰变迁印证了，一个国家、民族，从文化自觉意识的苏醒，到建立起支撑文化自信的整体文化价值体系，需要一个很长的历史周期。中国特色社会主义进入新时代，传承中华优秀传统文化的社会主义先进文化，伴随着中国的和平崛起，迎来了大繁荣大发展的新阶段，为建构中国特色社会主义的文化自信，提供了前所未有的新机遇和新动能。

中国特色社会主义取得的举世成就让我们坚定了道路自信、理论自信和制度自信，文化自信作为更基础、更广泛、更深厚的力量将进一步持续推动道路自信、理论自信和制度自信。没有高度的文化自信，没有文化的繁荣兴盛，就没有中华民族的伟大复兴。以文化自信为支撑建设现代文化体系和社会主义核心价值观并在此基础上提升文化影响力和文化软实力，是中国走向强国的根本战略。[②] 因此，树立起新时代的文化自

① 参见云杉：《文化自觉 文化自信 文化自强——对繁荣发展中国特色社会主义文化的思考》，载《红旗文稿》2010 年第 15—17 期。

② 参见张勇、胡福明：《文化自信是制度自信和国家竞争实力的基础》，载《红旗文稿》2017 年第 4 期。

信，要加快建立起中国特色社会主义的文化价值体系，全方位发挥文化立世、文化兴邦的功能，进一步彰显中国精神、中国价值、中国力量，以社会主义文化强国的建成来托起中华民族伟大复兴的中国梦。

建立起全社会都能认同拥护的中国特色社会主义的文化价值体系，并以这种文化价值体系引领社会主义核心价值体系的生根落地，持续强化民族的凝聚力、创新力，朝着建成社会主义现代化强国的目标迈进，是文化自信实践的基本方略。对此，习近平总书记在党的十九大报告中强调："必须坚持马克思主义，牢固树立共产主义远大理想和中国特色社会主义共同理想，培育和践行社会主义核心价值观，不断增强意识形态领域主导权和话语权，推动中华优秀传统文化创造性转化、创新性发展，继承革命文化，发展社会主义先进文化，不忘本来、吸收外来、面向未来，更好构筑中国精神、中国价值、中国力量，为人民提供精神指引。"这是在新时代建构文化自信的"中国方略"，是基于中国现代化建设、实现中华民族伟大复兴中国梦的文化建设的方向引领和实践指导。

精准把握好文化价值体系的建构机理和践行社会主义核心价值观的要义，是建构文化自信的关键所在和基本要求。近代以来，中国人的文化自信经历了一个从丧失到重构的过程，鸦片战争之后，我们在反侵略战争中失败，主要是由于核心价值观的衰败，从而导致了文化自信的丧失。到了 1894 年甲午战争之时，整个民族的精神激奋起来了，救亡图存成为历史的抉择，核心价值观开始了新一轮的上扬，从戊戌变法、辛亥革命、土地革命战争、抗日战争到解放战争，直到 1949 年中华人民共和国成立，中国人民站起来了，民族的自信心才真正树立起来。浴火之后方能重生，当我国进入到社会主义建设时期，占人类四分之一人口的中华民族展现出了从未有过的民族凝聚力和昂扬向上的斗志。改革开放之后，中国特色社会主义取得的巨大成就，进一步表明了核心价值体系对发展的统领作用。

进入新时代，强化文化自信，发展中国特色社会主义文化，必须以马克思主义为指导，坚守中华文化立场，立足当代中国现实，发展面向现代化、面向世界、面向未来的，民族的科学的大众的社会主义文化。中国特色社会主义文化，源自于中华民族五千多年文明历史所孕育的中华优秀传统文化，熔铸于党领导人民在革命、建设、改革中创造的革命文化和社会主义先进文化，植根于中国特色社会主义伟大实践。这就决定了我们的文化自信在不忘“本来”上的独特性，这是对中华优秀传统文化的直接传承。中国共产党的“不忘初心”，不仅仅指我们党 100 多年来发展历史的初心，也包含中华历史文化的初心和本来。这样的阐释，鲜明地体现出了我们党深刻的文化自觉和文化自信，通过高扬中华文明、中华文化的自信，在新的历史阶段继续推进马克思主义中国化，以新时代中国特色社会主义的伟大实践重塑文化道统与文化觉悟，在博大深厚的民族文化血脉中建构新的民族精神与文化精神，真正实现中华民族伟大复兴的中国梦，全面昭示中国特色社会主义道路、中华文化价值对于推进世界进步的普遍性意义。

“不忘初心”地传承与弘扬优秀传统文化，需要结合新的时代背景和历史使命，嵌入马克思主义引导下的社会主义现代化革命与建设之中，在社会主义现代化的伟大实践中实现与彰显文化自信。在新的时代背景下，经济、制度与文化之间的关联日益紧密，观念、信仰、道德、价值观等文化价值体系要素，可以直接或间接地影响经济行为，产生约束、控制、激励等各种效果，进而成为经济社会发展的重要力量。① 经济的发展为文化自信的建构提供基本条件，文化自信不仅可以为经济的建设与发展提供根本的精神动力，还可以将文化直接嵌入经济发展之中，使其成为推动经济发展与升级的动力，甚至成为现代经济发展的新兴产业。在此背景下，要结合国内国际形势的变化和新要求，从对内和对外两个

① 参见张勇、胡福明：《文化自信是制度自信和国家竞争实力的基础》，载《红旗文稿》2017 年第 4 期。

方面提升文化软实力，推进文化自信在实践层面的双轮驱动。

从国内来看，我国正处在声势浩大的城市化背景中。从经济社会发展的阶段性规律来看，一个国家的现代化必须依托城镇化，没有高度城市化，就不可能有包括文化在内的现代化。我国的城市化率已经超过50%，正在从“乡村中国”向城市群主导的区域一体化的“城市中国”转型。在这个转型的过程中，文化建设、文化自信的内涵也在发生变化。在我国的传统文化形成的历史以及近现代的文化自信的实践中，农村主导的“乡村文化”构成其主要内容。我国传统文化是在漫长的自给自足的封建经济社会中形成的，虽其内容对我国目前的社会主义建设实践以及对化解国际社会化的风险有其不可化约的价值和意义，但其本质仍是农业文明和农村文化；我国优秀的革命文化是在“农村包围城市”的革命实践中形成的，社会主义现代化建设实践首先是从农村的土地改革开始的，社会主义改造也是首先从农村的人民公社展开的，经济制度的市场化探索还是从农村的家庭联产承包责任制开始的。因此，在某种程度上来说，我国过去的文化自信实践是乡村文化自信的实践。在这个转型的过程中，我们必须实现由乡村文化自信实践向城市文化自信实践的过渡，与时俱进建构社会主义现代化的文化自信，才能实现人的全面发展、社会的全面进步的目标，进而在构筑人类命运共同体的实践中、向世界践行民族文化自信的过程中，实现文化自信实践的蜕变。

我国的城市化进程是发生在欧美完成两次城市化以后的世界第三次城市化浪潮。在城市化的浪潮中，优质资源与能量向城市集中，并培育出与乡村文化内涵和形态不同的城市文化。正如芒福德所说，城市的功能主要是化力为形，化能量为文化，化死的东西为活的艺术形象。① 所以在城市化的浪潮中，城市的建设与发展成为国家经济发展的主要引擎，

① 参见［美］刘易斯·芒福德：《城市发展史：起源、演变和前景》，中国建筑工业出版社2005年版，第582页。

也逐渐成为国家文化与文明的孵化器。随着经济的转型和社会的流变，城市也处于不断变化发展之中，其持续发展的动力主要来自产业结构调整及不断地转型升级，驱动城市发展的主要动力的核心要素由资本、劳动力、资源禀赋等资源要素向人才、文化、创新等要素转变，而创意文化产业逐渐成为引领城市转型发展的主要力量。[①] 文化通过与科技、空间、产业及社会融合成为城市转型发展的驱动力。[②] 从城市社会的文化取向可以看出，文化成为国家发展与竞争的核心资源，从而导致国家与民族的竞争主要是文化力量之间的竞争，由此促进了文化自信、文化自强与国家自强的一体融合。以城市为平台、以城市人为主体的现代文化价值体系在经济社会发展中的作用越来越大。全球化背景下的城市化建设与发展的文化转向趋势要求我国城市的发展要聚焦文化领域，要将文化创意产业的发展与城市经济增长方式的目标叠加起来，以解决告别“乡愁”之后的“城愁”问题，由此，科学的、本土化的城镇化理论建构及“城市文化自觉”显得愈发重要，这也有助于在全球和地方文化中找到平衡并获得可持续发展力。[③]

“城市文化自觉”结合“城市文化自省”，注入创新动力，创造文化价值，培育文化产业，在经济建设中壮大文化力量，实现文化自强，营造出以人为本的、高度开放的现代中国城市文化，就成为建构文化自信的新要求。特别是当前中国已经进入城市化的加速期，每年超过一个百分点的城市化率，意味着每年都要有千余万人进入城市，让这些人在城市找到位置，具有归属感，进而成为城市文化建构的新力量，也是中国特色社会主义文化自信的重要体现。

---

① 参见李程骅：《中国城市转型研究》，人民出版社2013年版，第3、174页。

② 参见周蜀秦、李程骅：《文化创意产业驱动城市转型的作用机制》，载《社会科学》2014年第2期。

③ 参见张鸿雁：《新型城镇化进程中的“城市文化自觉”与创新——以苏南现代化示范区为例》，载《南京社会科学》2013年第11期。

党的十八大以来，建设社会主义文化强国被摆到更加突出的位置，建构文化自信的“四梁八柱”愈发稳固。伴随着我国社会主要矛盾已经转化为人民日益增长的美好生活需要和不平衡不充分发展之间的矛盾，未来的发展必将大力提升发展质量和效益，以更好地满足包括文化方面在内的人民的一切需要，更好地推动人的全面发展和社会全面进步。认清并加快解决不平衡、不充分发展的社会基本矛盾，可以有效促进文化事业、文化产业的发展，满足人们在文化上的更高需求，同时以社会主义文化价值体系的构建，充分发挥文化的多重功能，在文化自信的建构中，有效提升经济的发展质量和社会的文明程度以及人民的幸福感。

文化自信须建立在文化自强、民族自强的基础上。在国际的交流互动中，弱者无法表达自己，只能被别人表达。[①] 文化自强必须建立在不断深化改革开放的层次，让外文化“进得来”，在与外文化交流互动的过程中，兼容并蓄，扬长补短，为文化自强与文化自信不断输入新的活力。然而，全球化背景下的文化自信实践，不仅要开放，让外来文化“进得来”，还要让自文化“出得去”，在国际舞台上与异文化交流互动，在国际融入实践中培养、彰显文化自强和文化自信。如果说早期改革开放是文化自信实践的“进得来”逻辑，那么“一带一路”倡议则是更高层次的“出得去”与“进得去”的文化自信实践方略。

“一带一路”倡议为我国的文化自信实践和彰显提供了更高的平台，是我国面向国际社会构建文化自信的又一推动力，是在新的时代背景下，为契合国家和时代要求而提出的。首先，在全球经济都处于低迷萎缩的经济形势下，我国经济仍然保持较高的增长态势，成为促进全球经济增长的主引擎。我国在改革开放的战略政策的推动下，积极参与全球化分工和资源分配的过程中，取得了惊人的成就，离强国之梦越来越近。其次，早期的改革开放是让异文化“进得来”，是我们从被动适应向主动学

---

① 参见《马克思恩格斯选集》（第 1 卷），人民出版社 1995 年版，第 763 页。

习的质性飞跃。“出得去”则是在自我强大以后，为让世界更多地，更深层次地了解自己，更深入地与世界各族人民交流互动，相互学习，从而使自我得到不断提升的过程，具有更深层次的文化自信实现意义。再次，由于我国长时间在现代化的进程中落后于西方国家，加上屈辱的近代历史使国民从“文化自负”变为“文化自卑”，“崇洋媚外”仍然深藏于人们的文化意识中，要祛除“文化自负”和“文化自卑”，则要更深层次与异文化接触、交流，充分地进行文化自觉、文化自省和文化自信的实践。“一带一路”倡议不仅为世界了解中国提供了更多的机会，也为我们了解世界搭建了平台，为文化自信提供了实现和彰显机制。最后，中国目前处于前所未有的广泛而深刻的社会变革，正在进行着宏大而独特的实践创新，这一社会背景为理论的创造和学术繁荣提供了强大的动力和广泛的空间。[①] 但是，现代文明对中国来说是舶来品，西方社会的研究拥有学术霸权，[②] 我国的科学研究在国际上声音还比较小，甚至在理解和解读中国实践的理论构建中，还处于有理说不出，说了传不出去的境地。[③]“一带一路”倡议和实践的人文交流，则为学术主体性话语的获得提供了现实基础，为文化繁荣与文化自信开拓了空间。

从对内对外双轮驱动来建构文化自信，从本土的文化自信到世界性的中华文化自信，是社会主义文化自信的建构路径，这种建构的过程永远都在“进行时”。进入新时代，运用国际化的广泛传播讲述好“中国故事”，展现中华文化魅力，需要进一步丰富丰满，体现文化张力。如何讲好“中国故事”？习近平总书记为此指明了方向：“提高国家文化软实力，

---

① 参见李友梅：《中国特色社会学学术话语体系构建的若干思考》，载《社会学研究》2016年第5期。

② 参见黄宗智：《连接经验与理论：建立中国的现代学术》，载《开放时代》2007年第4期。

③ 参见李友梅：《中国特色社会学学术话语体系构建的若干思考》，载《社会学研究》2016年第5期。

要努力展示中华文化独特魅力。”① “把跨越时空、超越国度、富有永恒魅力、具有当代价值的文化精神弘扬起来，把继承传统优秀文化又弘扬时代精神、立足本国又面向世界的当代中国文化创新成果传播出去。”② 他还指出：“要以理服人，以文服人，以德服人，提高对外文化交流水平，完善人文交流机制，创新人文交流方式，综合运用大众传播、群体传播、人际传播等多种方式展示中华文化魅力。”③ 近年来，我国在海外大力布局中华文化“名片”——孔子学院，尽管也曾遭到别有用心者的诋毁，但整体的传播效应是被广泛认可的。而随着中国对世界经济的贡献度越来越大，中国企业的新型服务产品大踏步走出去，带给国际社会的就业岗位迅速增长，与之相伴的中文学习热，也有助于提升中国的文化软实力，从另一个层面促进文化自信的全方位建构。

文化是凝聚人心的精神纽带，是推动经济社会发展的重要手段，是社会文明进步的重要目标。一个文明进步的社会必然是物质财富和精神文化共同进步的社会，一个现代化的强国必定是经济、政治、文化、社会、生态文明协同发展的国家。联合国教科文组织提出：“发展最终应以文化概念来定义，文化的繁荣是发展的最高目标。”进入新时代，发展中国特色社会主义文化，夯实文化自信的基石，要在尊重文化发展规律的前提下建构文化自信，避免过度热情带来的行动上的盲目性、随意性，这本身也是文化自觉的表现。毕竟，任何一个时期的文化都有长时间积淀的过程，尤其在精神、心理、核心价值层面，更需要时间的洗练。要在坚持中华优秀传统文化和文化传统的基础上，吸取外来文化的精华内容与先进要素，不断提升自文化的适应与发展能力，为文化自信注入新

---

① 《习近平在中共中央政治局第十二次集体学习时强调建设社会主义文化强国 着力提高国家文化软实力》，载《人民日报》2014 年 1 月 1 日，第 1 版。

② 中共中央文献研究室编：《习近平关于全面深化改革论述摘编》，中央文献出版社 2014 年版，第 97 页。

③ 中共中央宣传部编：《习近平总书记系列重要讲话读本》，学习出版社 2014 年版，第 118 页。

的内容。要以新时代的文化担当托起文化自信，在实践创造中进行中华文化创造，在历史进步中实现文化进步，再造中华文化的新辉煌，为人类文明进步作出新的贡献。

（原载《学习与探索》2017年第4期）

▶ **链接3：**

先进思想引领：百年文化建设的核心战略与路径创新

“以史为鉴、开创未来，必须继续推进马克思主义中国化。”这是习近平总书记在庆祝中国共产党成立100周年大会上的坚定宣示。中国共产党自成立之日，就是以马克思主义为理论依据与文化建设的政党。高举先进文化旗帜、用先进文化引领思想文化建设和社会进步，是中国共产党百年来先进性的重要体现。坚持推进马克思主义中国化，是党和国家文化建设的根本立场。百年奋斗历程的实践成就已经证明，中国共产党是中国人民和中华民族的先锋队，代表中国先进文化的前进方向，是中华优秀传统文化的忠实传承者和弘扬者，是每个历史阶段文化变革与文化创新的开拓者，是先进文化的传扬者和建设者。开启建设社会主义现代化国家新征程，以马克思主义中国化的最新成果指导文化创新创造，我们就一定能如期建成社会主义文化强国，为实现中华民族伟大复兴、开辟中国式现代化新道路新境界提供源源不断的动能和力量。

一 马克思主义中国化：百年文化建设的核心战略与行动自觉

“马克思认为，在不同的经济和社会环境中，人们生产不同的思想和文化，思想文化建设虽然决定于经济基础，但又对经济基础发生反作用。先进的思想文化一旦被群众掌握，就会转化为强大的物质力量；反之，落后的、错误的观念如果不破除，就会成为社会发展进步的桎梏。”① 中国共产党是坚持马克思主义作为行动指南的政党，深知理论先行、文化引领，以理服人、以文化人的重要性，无论在革命还是建设时期，都把思想文化建设作为核心战略，摆在统领全局工作的位置，以马克思主义的宽广眼界和博大的文化胸怀，更好推进党的事业全面发展。

百年前，五四大力宣传马克思主义及各种社会主义流派的思想运动，促使旧民主主义的文化运动转变为马克思主义理论指导的新民主主义的文化运动。中国共产党的诞生，揭开了中国历史崭新的一页，开启了中华民族伟大复兴的新篇章，也拉开了中国百年文化建设的历史帷幕。在不同历史时期，中国共产党人都善于把马克思列宁主义基本原理同中国具体实际相结合，探索与伟大事业相契合的文化建设道路，在践行为人民谋幸福的初心中，将先进的思想文化“转化”为激发斗志、凝聚人心的巨大物质力量，为中国革命和社会主义建设提供方向引领和自信底气。

新民主主义革命时期我们党文化建设主体意识的觉醒，是与马克思主义中国化的实践进程紧密相随的。轰轰烈烈的大革命失败后，我们党从巨大的代价中惨痛地认识到，必须把先进文化代表的马克思主义同中国本土实际相结合，告别洋文化、“洋教条”，运用好自己“山沟里的马克思主义”“唤起工农千百万”，才能保证革命走上正确的道路。在长征途中，以毛泽东同志为代表的中国共产党人已着力从军事上纠正“洋教条”。到了延安时期，我们党在通过延安整风系统纠正政治上的“洋教条”的同时，从文化立场和文化态度的转变，对以往因崇尚洋教条而导致文化自信缺失进行系统性的检讨，从根本上改变了马克思主义中国化的方向，创制出作为文化形态的中国化马克思主义——毛泽东思想体系。毛泽东的《实践论》，确立了我们党文化立场转变和文化自信的根基，指

① 习近平：《在纪念马克思诞辰200周年大会上的讲话》，载《人民日报》2018年5月5日，第2版。

明唯有实践才是一切认识发生的根本来源和基础，也是检验真理的唯一标准。这一时期，延安发动整风运动，从文风、文化层面彻底反思“洋教条”，深刻检讨以往马克思主义中国化进程中的文化立场和文化态度，推进新民主主义的思想文化建设成为我们党的自觉行动。抗战期间，毛泽东高度重视文化建设的全局统领作用。他在中国文艺协会成立大会上提出：“至于文化，它是政治、经济的反映，又指导政治、经济；它反映军事，又指导军事。”在《〈共产党人〉发刊词》《中国革命和中国共产党》《新民主主义论》等重要著作中提出新民主主义文化观，发展“无产阶级领导的人民大众的反帝反封建的文化”，即“民族的科学的大众的文化”，建设新文化“只能由无产阶级的文化思想即共产主义思想去领导”。正是有了这种坚定的文化立场，使延安文化重铸了“中国作风”“中国气派”，确立了用优秀的中国文化基因再造中国化马克思主义的新方略。①当时的延安虽然被重重封锁，但红色革命文化依然与世界各国文化保持密切联系，与世界同呼吸，共命运，在革命抗日实践基础上融通世界文化，发展为生机勃勃的开放、创新的革命文化。这一时期，融合了西方先进文化思想、扎根于中国文化土壤的毛泽东思想，在革命实践中生成，又在革命实践中得到检验，成为我们党思想文化建设的灵魂和实践指引。以毛泽东思想为指引，我国进行了成功的抗日战争和解放战争实践，最终建立了以马克思主义主导的、走社会主义道路的新中国，将“民族的科学的大众的文化”推向历史的新高度。②

进入社会主义革命和建设时期，我们党文化建设的方针与目标任务因时应势不断调整变化，在马克思主义中国化方面持续深化，不断巩固马克思主义在意识形态领域的指导地位。为解决长期存在的“一盘散沙”问题，毛泽东提出要用科学文化现代化，建立中华民族的新文化，特别

---

① 参见任平：《全球文明秩序重建与中国文化自信的当代使命——兼论建构马克思主义中国化的文化形态》，载《中共中央党校学报》2017 年第 1 期。

② 参见李程骅主编：《文化自信》，江苏人民出版社 2018 年版，第 29 页。

强调要用马克思主义占据文化阵线，发展共产主义的道德，进而以一个具有高度文化的民族出现于世界，由文化落后的国家变成有现代文化的国家。改革开放之后，邓小平提出解放思想、实事求是和实现文化发展战略思想转变，要求社会主义物质文明和精神文明两手抓。邓小平特别强调指出，文化领域的东西，一定要用马克思主义指导，建设社会主义的物质文明和精神文明，提高全民族的科学文化水平。“三个代表”重要思想要求提高建设社会主义先进文化的能力，确立了经济、政治、文化建设“三位一体”的总体布局。“科学发展观”形成经济、政治、文化、社会建设“四位一体”的总体布局。党的十八大之后，习近平新时代中国特色社会主义思想进一步深化了我国文化发展战略，把文化自信同道路自信、理论自信、制度自信统筹起来，形成政治、经济、文化、社会、生态文明建设“五位一体”的总体布局。习近平总书记在党的十九大报告中指出，发展中国特色社会主义文化，就是以马克思主义为指导，坚守中华文化立场，立足当代中国现实，结合当今时代条件，发展面向现代化、面向世界、面向未来的，民族的科学的大众的社会主义文化，推动社会主义精神文明和物质文明协调发展。十九届四中全会的《决定》明确了我国推进国家治理体系和治理能力现代化，在坚持和繁荣社会主义先进文化的制度上，必须牢牢确立马克思主义在意识形态领域指导地位的根本制度，从制度层面铸牢文化建设的四梁八柱，保障社会主义文化强国建设的目标和方向。在实现全面建成小康社会目标之后，我国开启建设现代化国家新征程，必须以更宏大的战略、更宽广的视野、更科学的路径和更有效的文化治理方式来不断深化文化自信，更加突出文化建设的引领作用，以社会主义文化的繁荣昌盛滋养文化现代化的内涵。[①] 确保在2035年实现基本现代化之时，率先建成社会主义文化强国。

---

① 参见李程骅、刘心怡：《从小康迈向现代化：文化建设的新要求新方略》，载《学海》2020年第4期。

百年风云激荡，百年初心弥坚。无论处在哪个历史阶段，我们党坚持马克思主义指导的文化建设方略一脉相承。党对马克思主义文化建设思想的学习和实践，经历了从模糊到清晰、从零散到系统的过程，在马克思主义中国化的历史进程中，特别是对社会主义思想文化建设引领和推动中国特色社会主义道路，也越发自信自觉。面对百年未有之大变局，我们党坚持把科学社会主义基本原理同我国具体国情、历史文化传统与时代要求紧密结合，不断为文化发展战略注入新内涵，赋予文化建设新使命，为不断开辟当代中国马克思主义、21 世纪马克思主义新境界，提供了持续的磅礴动能。

二 先进文化浇筑伟大精神谱系：百年文化建设的实践创新与宝贵经验

文化是一个国家、一个民族的灵魂，与经济和政治相比，文化对一个国家发展进程的影响更为深刻和久远。我们党百年来领导的波澜壮阔的文化建设进程，是中华民族从站起来到富起来再到强起来的精神血脉的激越流淌。马克思主义与中国具体实践相结合的历史成果，以雄浑伟力推动社会沧桑巨变，重塑了中国人的精神世界，重新唤起了中国人的文化自信。党在历史潮流中，带领人民不断探索文化发展规律，既有传承又有创新，既有坚守遵循又有丰富发展，始终坚持以先进文化凝聚奋斗力量、浇筑党的精神谱系，始终坚持以人民为中心，始终坚持走中国特色的文化发展道路，使文化建设在各个历史时期都发挥了不可替代的重大作用，为推动中华文化繁荣和民族复兴大业作出了彪炳千秋的历史贡献。历史是最好的教科书，是最好的营养剂。梳理党百年来领导文化建设的宝贵经验，可以获得思想的启迪、知识的武装，对于全面建设社会主义现代化新征程中繁荣发展社会主义先进文化，如期实现 2035 年建成文化强国战略目标具有重要意义。

坚持马克思主义的指导地位，牢牢掌握意识形态工作领导权，善于运用马克思主义中国化的先进思想理论成果指引文化建设方向，是我们党一以贯之的文化建设指导思想。百年来的历史证明，马克思主义是我们立党立国的根本，也是社会主义文化建设的根本，只有不断推进马克思主义中国化时代化大众化，才能让先进文化释放出影响时代、改造社会、服务人民、增强信仰信念的伟力。马克思主义与中国实际相结合，激活了中华文化那些蛰伏在深处的力量和活力，为中国特色社会主义文化的繁荣发展确立了正确的方向。毛泽东说，共产党人要坚持的“是活的马克思主义，不是死的马克思主义”。邓小平强调：“只有结合中国实际的马克思主义，才是我们所需要的真正的马克思主义。”毛泽东在延安文艺座谈会上的讲话中指出：“马克思列宁主义是一切革命者都应该学习的科学，文艺工作者不能是例外。”并强调了马克思主义指导下的立场问题，“我们是站在无产阶级的和人民大众的立场”“对于共产党员来说，也就是要站在党的立场，站在党性和党的政策的立场”。[①] 始终坚持和发展马克思主义，善用马克思主义的思想武器去剔除“文化糟粕”“文化毒素”，用马克思主义来激活中国传统文化，就能在接受外来文化进程中保持民族本色的文化定力，让精神的力量转化为中国革命和中国特色社会主义建设的持续动能。[②] 在每个重要历史阶段，中国共产党都能遵照文化发展的客观规律，结合时代要求、围绕党的中心任务提出文化纲领、文化发展目标、文化政策，不断加强改进党对文化工作的领导，把握文化发展的正确方向。党的十八大以来，思想文化战线自觉承担起举旗帜、聚民心、育新人、兴文化、展形象的使命任务，在建设具有强大凝聚力和引领力的社会主义意识形态，建设具有强大生命力和创造力的社会主

---

① 毛泽东：《毛泽东选集》（第3卷），人民出版社1991年版，第848页。

② 参见许嘉璐：《中华文化的前途和使命》，中华书局2017年版，第10页。

义精神文明，建设具有强大感召力和影响力的中华文化软实力方面取得了显著成效，中华文化在世界的影响力不断扩大。党的十九大报告决定把“建设中国特色社会主义文化”写入党章，把我国文化建设提到了前所未有的新高度，这充分表明文化自信在国家、民族发展道路上的无上价值和在追求中华民族伟大复兴过程中的无限力量。

坚持以人民为中心的文化建设立场，始终把文化建设置于党和人民事业发展全局的高度来谋划和推进。文化建设是党和人民事业的重要组成部分，我们党牢牢站稳人民立场、自觉服从服务于大局。中国共产党百年来能够领导文化建设不断取得新成就，一个重要的前提，就是在“人民至上”的核心理念引导下，深刻把握文化的内涵和本质，根据社会发展变化及时做出新的判断、新的定位，与时俱进推进文化建设战略。在中国抗日战争的最困难时期，毛泽东高度重视文化建设的作用。1940年，他在《新民主主义论》中，将新民主主义革命时期的政治、经济、文化建设作为有机互动的完整系统予以论述，强调了文化建设的地位和作用。在延安文艺座谈会上，毛泽东提出的文艺工作“二为”方向和在新中国成立后提出的“百花齐放、百家争鸣”“洋为中用、古为今用”“厚今薄古、推陈出新”等繁荣科学文化方针，有力推动了社会主义文化事业的发展。进入新时代，中国共产党把文化建设作为满足人民群众日益增长的精神文化需求、保障公民的基本文化权益、促进人的全面发展的出发点和落脚点，不断强化大局观、全局观，把为人民服务、为社会主义服务统一于文化建设实践之中。党的十九大报告提出，发展中国特色社会主义文化，要坚持为人民服务、为社会主义服务，坚持百花齐放、百家争鸣，坚持创造性转化、创新性发展，不断铸就中华文化新辉煌。可见，在文化建设中始终秉持为人民服务的理念，自觉代表中国最广大人民的根本利益，始终致力于人的全面发展，是中国共产党践行初心使命的崇高追求。

坚持以先进文化培根铸魂，把弘扬和培育民族精神作为文化建设极为重要的任务，为伟大事业提供强劲动能。人无精神则不立，国无精神则不强，党无精神则不兴。精神的力量与文化的引领，是我们党战胜强敌和各种困难、取得一个又一个胜利的重要法宝。中国共产党从成立之日，就注重用文化宣传工具来唤起群众支持和参与革命运动的斗志。在战争年代，善用直抵人心的传播话语开展斗争运动、将革命进行到底。毛泽东同志明确提出，“共产党是要左手拿宣传单、右手拿枪弹，才可以打倒敌人的”。《在延安文艺座谈会上的讲话》开宗明义地阐明了文化建设的重要性：“在我们为中国人民解放的斗争中，有各种的战线，就中也可以说有文武两个战线，这就是文化战线和军事战线。我们要战胜敌人，首先要依靠手里拿枪的军队。但是仅仅有这种军队是不够的，我们还要有文化的军队，这是团结自己、战胜敌人必不可少的一支军队。”要把文化“作为团结人民、教育人民、打击敌人、消灭敌人的有力的武器，帮助人民同心同德地和敌人作斗争”。这篇讲话把文化建设的重要地位和作用及中国共产党对文化建设的重视，上升到全新的历史高度。在社会主义革命和建设时期，中国共产党以思想文化建设为引领，大力提升人民群众的思想觉悟，兴起了民族的、科学的、大众的文化建设高潮。在改革开放之后的中国特色社会主义文化建设中，中国共产党再次强调了“百花齐放、推陈出新、洋为中用、古为今用的方针”，[①] 党的十二大把努力建设高度的社会主义精神文明定为我国社会主义现代化建设的重要目标。十七届六中全会《关于深化文化体制改革推动社会主义文化大发展大繁荣若干重大问题的决定》第一次明确提出建设社会主义文化强国的目标。党的十八大以来，以习近平同志为核心的党中央对文化建设更加重视，文化发展的战略方针不断调整和深化，文化建设的目标任务要求不断提高。强调文化建设的最终目标是增强国家文化软实力，打造以坚定的理想信念、高尚的思想道德为核心的社会主义精神文明高地，进一

① 《邓小平文选》（第2卷），人民出版社1994年版，第210页。

步突出了文化创新创造对精神培育塑造和促进思想变革、形成进步力量的时代引领作用。

坚持以社会主义核心价值观引领全民广泛参与的文化建设。核心价值观是一个民族赖以维系的精神纽带，是一个国家共同的思想道德基础，关系社会和谐稳定，关系国家长治久安。中国共产党自执政以来，从培养有社会主义觉悟、有文化的劳动者，加快改善人民的物质生活和提高人民的文化生活，到使各族人民都成为有理想、讲道德、有文化、守纪律的人民，再到以为人民服务为核心、加强思想道德建设，提高全民族的思想道德素质和科学文化素质，把弘扬和培育民族精神作为文化建设极为重要的任务，不断深化精神文明的培根铸魂作用。在此基础上，系统总结提炼出社会主义核心价值观，坚持立德树人、以文化人，弘扬民族精神和时代精神，充分发挥人民群众在文化建设中的主体作用，在全社会营造鼓励文化创造的良好氛围，不断夯实中国特色社会主义的思想道德基础，造就具有正确世界观、人生观、价值观的一代新人，为建设社会主义文化强国和现代化国家提供强健的生力军和后备军。党的十八大以来，在统揽伟大斗争、伟大工程、伟大事业、伟大梦想的推进行动中，全党持续提升思想文化领域的斗争本领，坚决与历史虚无主义作斗争。对外讲好中国故事、中国文化的故事，打破西方世界主导的全球文化霸权，在文明互鉴中促进文化创造创新，夯实共建人类命运共同体的人文基础，全方位地把道路自信、理论自信、制度自信升华为精神层面的文化自信，在守正创新中实现了文化建设的新突破新开拓。

中国共产党百年的非凡奋斗历程，百年一脉相承的文化建设，铸就了中华民族文化精神的“硬核”——伟大建党精神，形成了鲜明的政党文化标识和代代相传的红色文化，红船精神、井冈山精神、长征精神、延安精神、西柏坡精神、大庆精神、抗美援朝精神、“两弹一星”精神、抗疫精神、脱贫攻坚精神等一系列伟大精神，构筑起了中国共产党人的精神谱系，成为激励全党全国各族人民奋勇前进的强大精神力量。这种生生不息的强劲精神动能，将驱动我们全面建成社会主义现代化强国、实现第二个百年奋斗目标，让整个世界都高度认同认可先进文化引领的人类文明的新形态——中国式现代化新道路的历史贡献。

三 新格局下文化建设新使命：筑造人类文明新形态“文化场景”

中国共产党百年来在思想文化建设上取得了历史性的成就，探索出以马克思主义为思想旗帜的中国特色社会主义文化发展道路，为新征程上建设社会主义文化强国指明了正确方向和科学路径。咬定第二个百年实现中华民族伟大复兴的目标，我们要以历史的定力来应对百年未有之大变局，把握“世界走向中国”的时代向“中国走向世界”的时代转变趋势，以中国精神、中华文化为载体建构支撑人类命运共同体的文化价值体系，打破西方世界主导的全球文化霸权，为人类文明新形态——中国式现代化新道路创造共情共鸣的“文化场景”，向国际社会展现博大精深的中华文明，让世界了解中国历史、中华文明精神、促进文明互鉴、促进民心相通，构建人文共同体，立体展现中国在世界文明版图重构中的新使命新担当。

中华民族有着强大的文化创造力。民族的复兴需要强大的物质力量，也需要强大的精神力量。没有先进文化的积极引领，没有人民精神世界的极大丰富，没有民族精神力量的不断增强，一个国家、一个民族不可能屹立于世界民族之林。我们党带领全体人民拼搏奋斗，正在加速走近世界舞台的中央，中华文化对世界文明的影响力越来越大。从世界“轴心文明”转移的进程来看，公元前800 年至公元前200 年是人类文明发展的第一次“轴心时代”，当时古代希腊、古代中国、古代印度等文明诞生后一直影响着人类生活。中华文化是世界第一次轴心文明的参与者和中华文明物质形态的创造者。[①] 如果把第二次“轴心文明”假定为工业革命带来的产业与科技对人类社会发展的重大贡献，以及由此带来的西方思想文化主导了世界，以中国为代表的东方世界显然落伍于时代。[②] 在这一时期，近代中国是抗拒者、学习者，现代中国是引进者、改造者，也是受益者，但总体来说是追随者。进入21世纪，西方世界进入危机全面集中爆发的阶段，形成鲜明对比的是中国的全面崛起。中国特色社会主义道路成功，世界的第二次“轴心文明”进入衰退期，其中正孕育着新的文明思想、空间载体和引领世界文明发展方向的动能和力量，都预示着世界第三次“轴心文明”时代——协同构建人类命运共同体的到来。[③] 这正是世界百年未有之大变局，在文化发展与文明变革的历史性趋势。“东升西降”的新格局加速形成，中国从落后时代到追上时代再到引领时代，构建人类命运共同体的理念、行动和成果，也预示着即将到来的世界第三次“轴心文明”时代，将是体现中华文化价值的以东亚为中心区域的新文明时代——从世界文明的地中海时代，到中国及东亚地区为中心地带的文化新高地，在中华文化复兴的历史进程中，“轴心文明”将实现新的历史迁移。

“中华文明是世界上唯一自古延续至今、从未中断的文明。长期以来，中华文明同世界其他文明互通有无、交流借鉴，向世界贡献了深刻的思想体系、丰富的科技文化艺术成果、独特的制度创造，深刻影响了世界文明进程。”[④] 这种文化基因和创新创造能力，具有建构新的轴心文

---

① 参见［德］雅斯贝尔斯：《历史的起源与目标》，魏楚雄、俞新天译，华夏出版社1989年版。

② 较早提出“第二轴心时代”概念的是英国宗教历史学家卡伦·阿姆斯特朗，参见王志成：《走向第二轴心时代：论跨文化宗教的可能性》，载《世界宗教研究》2004年第4期；陈村富：《“第二轴心时代”呼之欲出》，载《中国社会科学报》2009年11月17日，第5版。

③ 参见汤一介：《瞩望新轴心时代：在新世纪的哲学思考》，中央编译出版社2014年版。

④ 习近平：《建设中国特色中国风格中国气派的考古学 更好认识源远流长博大精深的中华文明》，载《求是》2020年第23期。

明话语的基础与特色优势。要拥抱这个新的世界文化高峰目标，必须通过现代化国家建设来推进文化现代化，铸就中华文化新辉煌。我国确定在2035年建成文化强国的目标，将极大促进世界文明轴心向中华文化主导的东亚地区的迁移。中国式的现代化新道路所体现的制度优势，实际上是先进文化的力量。中华文化与马克思主义的完美结合，使21世纪马克思主义、当代马克思主义统领的中国道路、中国之治，开辟了建设现代化国家、现代化文化强国的新路径。在百年未有之大变局、世界进入新千年时代的背景下，构建人类命运共同体的文化文明观，必将冲脱欧美主导的“第二次轴心文明”的羁绊，系统解决西方价值观导致的人与人的全面异化、西方文化霸权造成的世界分裂局面等问题，在建构“第三次轴心文明”中展现自身的新担当，以中国式现代化文化发展新道路，为人类文明的进步作出更大的贡献。

面对百年未有之大变局，在现代化新征程上构筑高度开放、收放自如、共生共荣的文化建设新格局，就是要坚持大历史观，以更加包容的胸怀和创新的实践来繁荣发展社会主义文化事业和文化产业，提高国家文化软实力，建构支撑人类文明新形态的“文化场景”。要以人类命运共同体的理念，促进国际社会共建人文共同体，通过开展对外文化交流和多层次文明对话，向国际社会展现博大精深的中华文明，促进文明互鉴、促进民心相通，以王道消除政治霸道和文化霸权，冲破西方价值围攻、突破西方话语陷阱，掌控有关中国道路、中国文化软实力等概念的定义权、解释权。我们要敢于应对意识形态领域的各种思想文化交流交锋，在价值观层面推出系统化、具象化的传播话语体系，生动鲜活地讲好中华文化的要义、中国和平发展的故事和中国共产党的故事，尤其是要借助新的载体和平台，增进国外年轻一代对中华文化的认知，以其喜爱的方式推介中国文明、中国价值、中国制度、中国成就与中国生活。①

① 参见黄坤明：《推进社会主义文化强国建设》，载《人民日报》2020年11月23日，第6版。

要深化推进新时代的文化建设，用马克思主义中国化最新成果统一思想、统一意志、统一行动，构建先进的、质朴的、刚健的主流思想文化，建设具有强大凝聚力和引领力的社会主义意识形态，把文化建设放在全局工作的突出位置。习近平总书记深刻指出，没有社会主义文化繁荣发展，就没有社会主义现代化："统筹推进'五位一体'总体布局、协调推进'四个全面'战略布局，文化是重要内容；推动高质量发展，文化是重要支点；满足人民日益增长的美好生活需要，文化是重要因素；战胜前进道路上各种风险挑战，文化是重要力量源泉。"① 文化是民族生存和发展的重要力量，是对自身文化生命力的坚定信念。进入新发展阶段，构筑新发展格局，必须继承发展好我们的文化，发挥好文化引领风尚、教育人民、服务社会、推动发展的作用。在推进社会主义文化建设的行动中，加快破解不平衡、不充分的社会基本矛盾，有效促进文化事业、文化产业的高质量发展，满足人们在文化上的更高需求，同时以社会主义核心价值体系的构建，充分发挥文化的多重功能，有效提升经济的发展质量和社会的文明程度以及人民的幸福感。要更加坚定文化自信，推动中华优秀传统文化创造性转化、创新性发展，继承革命文化，发展社会主义先进文化，使其成为激励我们克服一切艰难险阻、为实现中华民族伟大复兴而奋斗的力量源泉，创造中国式现代化文化新道路的新辉煌。

近代以来的世界大国崛起，主要是思想文化的进步、经济的强盛、体制的创新以及寻找到一条适合自身发展的道路。改革开放以来，我国创造了举世瞩目的经济和社会发展成就，国家兴旺必然带来文化兴盛，文化的兴盛则为国家的发展带来更基础、更广泛、更深厚的力量。百年文化建设实践历程和经验表明，中国共产党以马克思主义为指导，重振

---

① 新华社：《习近平：在教育文化卫生体育领域专家代表座谈会上的讲话》，载新华网，http：www. xinhuanet. com/politics/2020 – 09/22/c_ 1126527570. htm。

了中华民族的精气神和中华文化的威力；在中国共产党的领导下，中国人民才有了文化自信的底气。中国共产党是百年来中华文化建设的领导者、开拓者、创新者。推进社会主义文化事业的繁荣发展，走好中国式现代化文化新道路，我们要立足当代中国现实的世界变局，以习近平新时代中国特色社会主义思想为指导，精准把握新时代文化建设的定位和目标要求，大力弘扬伟大建党精神和以爱国主义为核心的民族精神、以改革创新为核心的时代精神，以饱满的斗争精神、过硬的斗争本领，全方位展现先进文化的价值引导力和凝聚力。坚持不忘本来、吸收外来、面向未来，更好构筑中国精神、中国价值、中国力量，不断增强国家文化软实力，加快构建引领世界发展的现代国家治理理念和文化价值体系，在如期实现建成社会主义文化强国目标、实现中华民族复兴的伟大梦想的同时，为世界的文化创新创造、人类文明的发展进步作出更大的贡献。

（原载《南京社会科学》2021 年第 10 期）

▶ **链接4：**

把握战略新机遇 促进金融创新 提升城市能级

进入新发展阶段，全力服务构建新发展格局，国内城市提升能级地位更加注重金融影响力。放眼全国的新一轮城市之间的竞争，金融业布局已经成为重中之重，除北京、上海、深圳的国家金融中心地位得到进一步强固之外，以建设区域性金融中心提升城市能级，已成为经济大省、特大城市的重要抓手。江苏作为实体经济大省，在长三角区域一体化的进程中，一直致力于自身主要城市金融地位的提高，以期与国际金融中心上海形成联动与错位发展之势。南京是江苏省会，为提升自身的首位度，在“十三五”期间就提出建设东部地区重要金融中心的定位。2017年，江苏省委、省政府明确支持建设南京泛长三角区域金融中心城市。进入“十四五”，江苏省第十四次党代会报告强调，“支持南京建设重要金融中心”。南京在区域金融中心建设上，顺势而为、乘势而上，更加清晰地确立功能定位与实现路径，提出“十四五”期间要初步建成重要金融中心城市的目标，并规划了“一核两翼，多点联动”的金融空间布局，打造以河西金融城为核心、江北新区和新街口金融商务圈为两翼的金融服务集聚区，在高质量建设区域金融中心的进程中提升城市能级，更好服务于推进长三角区域一体化、长江经济带、南京都市圈等国家战略，为践行“争当表率、争做示范、走在前列”的光荣使命作出更大的贡献。

一 在新机遇中审视城市综合优势，强化建设重要金融中心的目标定位

在国家区域战略规划中，南京是“一带一路”交汇点、长江经济带关键节点、长三角地区的地理中心和重要枢纽中心，并被赋予引领性国家创新型城市的定位，拥有国家级新区与自贸试验区等开放平台，在服务构建新发展格局的新使命中，具有拓展双向开放、联动东中西、带动长三角区域一体化的综合枢纽功能和创新引领作用，这种综合优势是南京建设区域金融中心的基础和底气。

1. 南京具备成为区域金融中心的综合实力

南京是国内最早引入新式金融的重要城市，在中国金融发展史上占据举足轻重的地位。进入新时代，作为长三角区域中心城市、江苏省会和国家批复的南京都市圈龙头城市，南京的“硬实力”越来越强，在迈向千万级特大城市的进程中，整体高质量发展成绩突出。2021 年，南京地区生产总值突破 1.6 万亿元，位列全国大中城市十强；人均 GDP17.45 万元，居省会城市第 1 位；人均社会消费品零售总额 8.48 万元，保持 GDP 超万亿城市第 1 位。特别是南京江北新区和江苏自贸区南京片区“双区”叠加优势，为南京对标《区域全面经济伙伴关系协定》（RCEP）等高标准国际经贸规则，深化以数字金融、国际人才、数据流动等为重点的制度型开放，大力拓展“一带一路”沿线新兴市场，不断提升内外需，提高进出口协调发展水平提供了重要支持。南京都市圈腹地人口达 3500 万人，消费市场规模超过 1.5 万亿元，有利于南京扩大内需、建设国际消费中心城市，为金融畅流提供源源动能，当好促进长三角中西部地区隆起的“尖峰”。

2. 南京在长三角和东部地区的金融地位不断提升

在长三角区域一体化国家战略中，区域中心城市和南京都市圈的定

位让南京的“首位度”进一步强化，特别是作为上海大都市圈和长三角中心区发展能级向长江中上游传递的“中继站”，让南京区域金融中心的地位与能级不断提升。“十三五”期间围绕打造“泛长三角区域金融中心”，南京金融业增加值年均增长 10.6%，本外币存贷款年均增长 13.04%，保费收入年均增长 36.41%，金融总资产近 8 万亿元，金融市场规模约占全省 20%。金融业增加值、存贷款余额、证券交易额、保费收入等主要金融指标均居江苏省首位。在推进区域一体化进程中，南京充分发挥在都市圈的引领带动作用，金融服务的辐射能力快速增强，促进多层次金融服务市场形成，在长三角地区的金融业增速仅次于上海。南京已有上市公司 150 多家，集聚各类金融机构和新型金融组织近 1100 家，基本形成以银行、证券、保险为主体，各种新型金融业态并举的现代金融组织体系，是苏皖赣三地金融集聚度最高、组织体系最为完善的城市。进入“十四五”，南京的全球金融中心指数排名再度跃升，2022 年 9 月发布的全球金融中心指数报告（GFCI 32）显示，在进入榜单的 119 个全球金融中心中，南京是江苏省唯一上榜城市，排名跃升至第 83 位，上升幅度居全球第二、全国首位，创历史新高。

3. 现代化新南京的金融业未来发展预期高

南京在“十四五”规划中明确提出，要“壮大做强金融产业，建设我国东部地区重要金融中心”，实现常住人口突破一千万，地区生产总值总量突破 2 万亿元的目标，从特大城市走向超大城市，成为东部地区重要金融中心。2022 年 1 月，南京市委、市政府出台《关于加快构建现代金融产业体系建设重要金融中心》的若干意见，进一步明确了以河西金融集聚区为核心的“一核两翼”发展布局和建设目标，提出到 2035 年，要努力把南京建成国际化、创新型、功能优、辐射强的金融中心城市。近年来，围绕建设重要金融中心的目标，南京系统推进金融产业体系与服务体系的改革创新，持续优化金融营商环境，加快构建现代金融体系，深化推进金融开放创新，促进了金融综合竞争力和金融服务能级不断攀升。金融业已经成为南京重点发展的支柱产业，南京的金融业占GDP的比重超过10%，在长三角地区仅次于上海，高于杭州、苏州，表明金融业在南京经济总量和产业发展中的地位更高。在载体建设上，南京金融城作为南京区域金融中心规划建设的核心功能载体，以“三区”——国际知名的中央活力区、国内领先的金融监管模范区、东部地区卓越的金融创新先行区和“四中心”——产业金融中心、科创金融中心、可持续金融中心、新兴金融中心的目标定位，托起具有国际水准、地标性的金融企业集聚区。金融城已经入驻超过一百家各类省级以上一级分支机构，数百家各类产业基金、股权投资、创业投资机构，是南京金融机构聚集度最高、外资金融机构最多的区域，其中的金鱼嘴基金街区吸引集聚各方资源并辐射带动区域高质量发展，集聚源码资本、毅达资本、华映资本等各类创投机构881家，基金注册总规模近3000亿元，备案基金管理人和管理基金规模约占全市的40%，已成为南京重要的创投平台品牌。江北新区定位“两城一中心”——芯片之城、基因之城、新金融中心，新金融中心的建设目标是以金融资产管理和区域股权交易为引领，以金融科技和保险创新为驱动，打造具有强大资产管理能力、资本吸纳能力、产融结合能力和创新转化能力的全国一流资产交易中心、股权交易中心、金融科技产业发展基地和保险创新试验区。目前江北新区集聚了先进制造业国家大基金等400多只基金、5000亿元的产业资本，为新兴产业发展提供了强大的金融与创新支撑。

二 在推进战略行动中补齐“重要金融中心”短板

金融是现代经济的核心和引擎。近年来，南京系统性地推进金融改革创新，通过建立现代多元化金融组织体系，更好地促进产业创新、服务实体经济，在迈向长三角和东部地区重要金融中心的建设目标上踔疾步稳。在服务新发展格局的战略要求下，放眼全球，立足国内和长三角地区，南京建设重要金融中心的挑战依然很大，不少在金融领域的改革创新行动才刚刚起步，以金融创新来提升城市发展能级与综合实力的路径仍在探索之中。积极借鉴国内主要城市谋划建设区域性金融中心的做法和经验，有助于南京深化推进金融中心建设的各项工作。

1. 把握国内区域金融中心城市建设的走势与本质特征

进入新发展阶段，我国经济发展的空间结构正在发生深刻变化。作为世界第二大经济体、制造业规模第一大国，我国正在加快建设多层次的金融中心，在维护国家经济安全的同时，整体提升国家中心城市与区域中心城市的能级，新一轮的金融改革开放浪潮中，以中心城市和城市群等优势区域为重点的区域发展战略成为经济增长新引擎，中心城市和城市群正在成为承载发展要素的主要空间形式，这就为中心城市建设区域金融中心提供了政策支持与制度保障。北京、上海、深圳的国际金融中心建设已具备相当发展规模和聚集度，在我国金融中心的发展过程中起到“领头羊”的作用。与此同步，建设金融机构集中、金融市场发达、金融设施先进、金融服务高效的区域金融中心，几乎成为省会城市、副省级城市的共同追求。据对各地“十四五”规划不完全统计，包括杭州、郑州、成都等逾 20 个省会城市和青岛、苏州、厦门在内近 10 个核心城市，都明确提出建立区域金融中心的规划目标，以期围绕中心城市和城市群等优势区域推动人口、资本、技术等要素的集聚，把推动区域金融中心建设作为打造开放高地，支持新兴产业发展，鼓励与自身资源禀赋、区域特色和产业特点高匹配度产业发展的重要发力点。

区域金融中心要具备优越的区位条件、较强的实体经济支撑、良好的基础设施和较为完善的金融服务体系。总体来看，国内大多数定位为区域性金融中心的城市，都具备在城市群、都市圈的区位优势，或者在经济首位度以及对外开放中具有特殊优势，如重庆的长江上游金融中心、武汉的中部金融中心。其中，武汉、长沙和郑州间中部金融中心的竞争最为激烈。武汉在2015年颁布的《武汉区域金融中心建设总体规划（2014—2030年）》明确到2020年全面建成中部地区区域性金融中心，以及以科技金融为重点的全国性专业金融中心、全国性金融后台服务基地的目标，到2030年以全国性专业金融中心为突破口，形成与武汉建设国家中心城市相匹配的全国性金融中心。2022年6月，长沙发布《关于金融助推强省会战略的实施方案（2022—2026）》，提出要把长沙建设成为服务全省、引领中西部、辐射全国的区域金融中心，到2026年底长沙金融业增加值占地区生产总值比重达到10%。同一时间，郑州发布《关于建设国家区域性现代金融中心的实施意见》，提出实施基金入郑、险资入郑、上市企业培育、郑商所优势再造等“十大工程”，力争“十四五”的主要金融指标逐步跻入全国前10位或走在全国同类城市前列，打造在国内有影响力的国家区域性现代金融中心。近几期发布的中国金融中心指数报告（CFCI）中，除上海、北京和深圳3个“全国金融中心”外，进入区域金融中心十强的城市分别是广州、杭州、成都、重庆、南京、天津、武汉、郑州、苏州和西安。金融对城市发展的促进作用体现在优化资源配置，支撑城市产业发展等方面，并体现在城市对应的经济等宏观指标上。各地官方的统计数据显示，“十三五”期间，作为衡量地区金融业发展的重要指标的金融业增加值，大多数明确建立区域金融中心的地区金融业附加值增速高于地区GDP增速。

2. 强化打造具有特色优势的区域性金融中心

在国内建设区域金融中心的热潮中，省会和区域中心城市要强化金融的引领带动功能，不能仅靠自身金融业增加值提高，必须顺应我国区域经济的发展布局与未来趋势，强化区域辐射力，以形成经济增长与金融发展的良性循环。金融与实体经济的发展特点不同，资本是跨区流动的，资金是跨区融通的，在金融服务实体经济上，不可能限制在行政区划规定的空间内，这就决定了打破行政区划限制的区域之间的金融合作非常必要，因此立足经济区、都市圈规划建设的功能性区域金融中心，就成为理性选择。此前，厦门规划的两岸区域性金融服务中心、西安立足“一带一路”人民币国际化的丝路区域金融中心、乌鲁木齐的中亚区域金融中心、沈阳的东北亚区域金融中心、哈尔滨以对俄为重点打造的东北亚区域金融中心、南宁致力于发展面向东盟的金融开放门户等，就是基于地缘与区域辐射带动优势。进入“十四五”，各地建设区域金融中心已从喊口号、定目标，发展为通过深化区域合作来突出金融对实体经济高质量发展的引领作用。2021 年 4 月，青岛西海岸新区抢抓青岛获批国家金融科技应用试点城市机遇，着力构建以银行、保险、证券为主体，多种金融形式互补的现代金融体系，高标准建设金融科创区，打造面向日韩、服务黄河流域的区域性金融中心。2022 年 8 月，《广佛全域同城化“十四五”发展规划》提出广州佛山将共建区域金融中心，支持佛山依托广东金融高新区，打造具有全国示范意义的产业金融中心、现代金融后援服务基地和资产管理中心，加大对广佛战略性新兴产业领域的金融资源投放力度，支持金融机构在先进制造业集聚区发展并购贷款业务，进一步推动金融赋能实体经济高质量发展。在我国各大功能区板块中，不同的产业体系对金融服务的需求存在一定的差异，这就决定了区域金融中心的功能定位，必须面向本地产业和实体经济，在为企业主体提供高效的金融服务中壮大自身。以杭州建设区域金融中心为例，就是把握“阿里系”电商兴起的风口，在互联网、云计算、大数据、物联网等数字信息技术带来金融科技产业大发展的背景下，整合蚂蚁金服、网易金融、恒生电子、连连支付、挖财、铜板街等创新能力极强的金融企业力量，确立打造全球金融科技中心的目标，杭州此举不仅加速推进了整体互联网金融的发展，有效拓展了金融的外延和创新服务功能，也在长三角世界级城市群的核心区域实现了和上海国际金融中心的功能错位，成为区域金融中心建设方面“换道超车”的成功样本。

3. “比学赶超”补齐区域金融中心建设短板

从上海、深圳建设国际金融中心和广州、杭州等地打造区域金融中心的策略和实施路径来看，南京建设立足长三角、面向全国的高度开放的重要金融中心，必须强化区位优势、壮大产业实力、集聚高端要素、深化金融服务创新，在“比学赶超”中认清自身的不足，加快补齐短板，在高质量实现国内重要金融中心目标的建设进程中，持续提升南京的城市能级和核心竞争优势。一是要认清在长三角世界级城市群的区域范围内，南京建设区域重要金融中心与龙头城市上海的国际金融中心存在的辐射区域及服务功能叠加，可能导致的金融资源吸引力、聚集力不强，必须进一步强化功能错位，突出分工合作、协同联动。二是要在南京都市圈和面向长江经济带的金融服务中，加快补齐金融服务体系结构不完备的短板，强化服务实体经济和新兴产业的服务导向，拉长特色金融产品与服务的优势，在南京都市圈的范围内树立起首位效应，并依托国家级新区与自贸区平台，放大带动长三角北部区域的产业金融引领作用，并加强与合肥都市圈的金融服务需求对接与战略性产投合作。三是要正确认识金融科技发展水平与上海、杭州等城市存在明显差距这一事实，前沿性的金融科技研发中心、开放式平台不多，标杆性的金融服务品牌不响，数字金融的场景应用不够丰富，破解由此造成的金融商业模式的滞后问题。四是对照生态优先绿色发展的刚性约束，南京绿色金融发展虽然起步早但成效不明显，要积极改善绿色金融产品单一、绿色低碳金融机构缺乏、绿色项目投融资缺口较大、绿色金融发展机制不健全、绿色金融政策协调性不足等一系列问题。五是按照发达金融中心从业人员的就业比重，南京的金融人才队伍上急需壮大数量，优化质量，特别是吸引高净值的专业人才及团队加入当地的金融机构。从建设区域金融中心的成效来看，南京与国内一线城市、部分新一线城市相比，还存在金融后台中心集聚度不够，对金融机构数据中心、容灾备份中心、数据处理产业基地的引进缺乏得力政策等不足。这些问题与短板，都需要在新一轮金融服务的改革创新中破解，从而以高质量的金融供给优化营商环境、促进城市发展能级的提升。

三 以区域金融中心建设提升城市能级的路径与对策

金融是现代经济的核心和引擎，现代金融的基础性、纽带性和渗透性功能对城市发展的意义重大，金融的聚集度与辐射力决定了城市的竞争力。南京树立建设社会主义现代化典范城市的目标，计划成为带动长三角地区高质量发展的核心城市，就必须综合运用好建设重要金融中心的重要抓手，通过深化金融改革创新，打造一流的市场化专业化国际化营商环境、强化创投城市功能、提升金融机构集聚度、创新金融发展模式、构建科创金融高地、健全金融保障体系等，在现代化的轨道上稳步提高南京的综合实力与核心竞争力。

1. 突出创投城市功能，加快提升南京整体创新首位度

充分把握长三角区域一体化、长江经济带、“一带一路”倡议等带来的重大机遇，积极争取更多的国家级金融改革试验任务，提升金融业规模、能级和决策层级。推动开展金融政策先行先试，促进在宁设立全国性要素市场、交易体系，以一流的营商环境和政策支持引进总部型、功能性的金融机构，壮大本土金融巨头，突出创投城市的功能引领，加速提升南京在长三角地区和新兴重点产业领域的创新首位度。

第一，要立足长三角地区构建资源共享、信息共通、合作共赢的创投生态圈。强化政策引导支持，促进创新资本快速形成、集聚以及加速循环，在确保安全的前提下发展风险投资，完善风险补偿机制，构筑基于先进制造业与数字经济的产融结合、产才融合平台与载体。在长三角地区，苏州、合肥都已提出打造创投城市的目标。苏州创投集团注册资本 180 亿元，管理资金规模超过 1300 亿元，合肥建投集团资产总额超过 5000 亿元，以成功的产业投资打造了数个千亿级的新兴产业链，都与国有创投资本的“挑大梁”直接相关。南京的产业基础和资本聚集度已有足够的实力打造国内知名的创投城市，未来重点是要加大金融改革力度，激活要素资源，进一步壮大资本市场，促进产业升级和创新集群。建议参考长三角兄弟城市苏州、合肥等的做法，加快组建百亿级的国资主导混合所有制的新型创投或产投集团，打造集银行、保险、证券、信托、创投、担保等一体化的地方金融平台，以全周期科技投资业务为支柱，聚集各路创新资本，促进对高成长企业的直接投资和融资。

第二，要面向海内外寻找城市发展的创投“合伙人”，构建未来永续发展的城市命运共同体。强化系统性的产业与金融创新政策引领，让创新创造的企业家、走在前沿的投资人，扎根南京共谋事业发展、共享项目创业创造红利。创投城市的合伙人不局限于领军人物、技术团队、战投团队，还可以是国内外具有创新引领作用的大型企业，正如华为之于深圳、阿里巴巴之于杭州、科大讯飞之于合肥（科大系贡献了 20 多家上市公司），让这些高新技术企业加速城市产业的转型升级，为城市的高质量发展赋能。建议以头部金融机构的资产管理有限公司落地为核心，形成资产管理同业项目集聚，加快构建信托、基金、律所、会计师事务所等同链产业集聚区，为南京打造创投城市提供重要的空间支撑与集成化服务。在南京金融城、江北新区大力发展股权投资、创业投资，吸引各类产业资本设立天使基金、风投基金和并购基金，建立私募股权转让平台，以高效、低成本的投融资服务“专精特新”、隐形冠军企业，以新兴产业基金撬动社会资本参与投入，为种子期、初创期、成长期、成熟期等不同阶段企业提供完备的资本服务，打造未来新兴产业的孵化地、企业成长地和资本向往地。加快构建全流程的“专精特新”企业知识产权服务体系，促进中小微科创企业将知识产权转化为“硬核资产”。

2. 完善金融服务结构体系，强化对都市圈的辐射带动力

区域金融中心的辐射带动功能，是基于城市群、都市圈的产业基础与制度化设计的。在长三角区域一体化的战略行动中，南京应积极承接上海国际金融中心开放辐射效应，围绕沪宁合产业创新主轴和扬子江城市群的协同创新，强化南京区域金融中心的产业资本聚集效应，促进南京都市圈、苏锡常都市圈与合肥都市圈的金融领域协同改革和创新，形成产业链创新链引领的信贷管理、债券发行与企业上市推荐的联动机制，共同打造国内资本市场的南京都市圈品牌。

第一，要在国家长三角一体化发展规划和国家发展改革委批复的苏皖两省共建南京都市圈的要求下，针对南京都市圈特有的跨越苏徽两省行政区的空间特征与经济发展阶段的梯次性差别，由政府金融管理机构牵头，与上交所、深交所、北交所和规模性产业基金深度合作，加快建立分层次的企业金融服务体系，围绕产业链供应链的优化布局提供资本引领的产业升级、数字化改造服务，为都市圈内的成长性企业提供全生命周期的金融服务，以高端化的金融服务平台、产业基金集群，吸引都市圈内高成长性企业来宁建立研发、管理与营销总部，加快上市步伐，壮大都市圈资本市场规模。

第二，要加强与长三角北向发展带城市政府之间的合作，借鉴广州佛山共建金融中心的思路，以金融监管机构牵头、产业基金助力，促进南京与滁州、芜湖、扬州、镇江、淮安和盐城等都市圈城市建立市场化的市域产业金融服务功能区。南京在为这些合作功能区的企业提供路演、发行、结算等专业化服务的同时，也要逐步在这些地方建立起基于主导产业与产业链的特色性产业金融基地，并同步壮大消费金融的规模，加快形成基于先进制造业与现代服务业融合发展得较为完备的南京都市圈金融服务分层体系，彰显南京作为功能性金融中心的高地带动作用，不断提升区域经济高质量发展的成效。中国金融中心指数报告（CFCI）显示，近年南京在全国的20多家区域金融中心中保持领先位势，是苏皖赣三省中金融业务量最大、机构数量最多、业务种类最全、服务功能最强的城市，在资本市场利用、集团财务公司、消费金融公司等指标和金融直接服务实体经济领域有着成功的探索，金融服务对区域的辐射带动能力强，未来在都市圈与区域一体化的金融市场建设必将发挥更大的作用。

3. 聚力打造科创金融新高地，赋能引领性国家创新型城市建设

聚创新之能，强开放之势，勇当科技与产业创新开路先锋，服务好全省“一中心一基地”的建设，打造综合性国家科学中心，建好引领性国家创新型城市，是南京在“十四五”和未来一个时期的重要使命。

第一，要进一步促进科技与产业密切结合，更高水平推进将科教资源优势转化为产业竞争优势。要以勇当长三角科技与产业开路先锋的担当，站在产业科技变革的制高点上，把握未来产业崛起的新机遇，助力新技术新模式推动产业链快速迭代，让金融高效服务科技与产业创新，高水平赋能南京建成引领性国家创新型城市和国家区域科技创新中心建设。南京的区位优势与产业优势营造的先进制造业和现代服务业协调发展的产业格局，特别是产业数字化的金融服务需求的巨大空间，为打造重要的科创资本形成中心，推动资本市场服务于科技创新而不断产生的新技术、新模式、新业态和新组织提供了新的舞台与阵地。加快打造科创金融高地，对接“一带一路”科技创新合作行动计划、长三角科技创新共同体建设，要围绕产业基础高级化、产业链现代化，为紫金山实验室基地、集成电路产业链、智能电网产业链、生物医药产业链以及人工智能和新能源汽车等战略产业和产业优势集群，前瞻设计和提供高质量的金融服务，建立科创金融服务的特色性专业性机构，在技术创新认定、知识产权评估、内部股权配置、法律服务、产业基金介入等方面提供跟踪服务，大力推进知识产权证券化和知识产权信托融资，为进入资本市场提供全过程高效服务。

第二，要通过拓展优化科技金融产品服务，进一步提升金融服务科技与产业的质效。从现代化产业体系的构建要求来看，金融业只有成为科技创新的领先应用者，才能更有力地推动科技创新，确保资金资本精准畅达地进入科技创新领域。与此对应，科技企业享受创新金融机构和组织提供融资服务的同时，也透过自身的专业技术促进了金融机构和监管部门效率的提高。建议借鉴杭州打造全球科技金融创新之都的做法，

依托南京金融监管大区总部的优势，充分用好中国证监会江苏监管局发布的《南京市资本市场金融科技创新试点实施细则》，促进科技与金融深度融合，建设现代金融科技集聚区，探索金融科技、数字金融应用的新场景，系统谋划区域金融数据中心、金融云服务平台、区块链与元宇宙的技术服务平台等新型数字化金融科技基础设施建设，以金融科技竞争力提升高端科创资源要素的聚集能力，促进城市金融服务能级提升、营商环境更加优化。放大南京联交所、“南京金服”的功能平台效应，加快构建以银行科技支行（科技金融部）、科技保险公司、小额贷款公司、融资担保公司、风险投资等为主的多层次科技金融服务体系，打造金融科技引领的科创企业新业态、新模式。

4. 构筑绿色金融大平台，展现服务“双碳”目标新担当

绿色低碳是新一轮科技革命和产业变革的重要突破方向，也是推动现代城市可持续发展的重要动能。建设社会主义现代化典范城市，南京必须牢牢把握生态文明建设、绿色发展的根本要求，让绿色金融更好地助力绿色经济、服务生态环境高质量发展。南京是长江经济带战略支点城市，在长江大保护行动、长三角一体化进程中，对苏皖沿江地区、江苏沿海地区的绿色转型发展具有战略统领作用，南京重化工业转型升级的“双碳”资源丰富，市场调配能力强，具有发展绿色金融的综合优势。在生态优先绿色发展的高要求下，南京理应为创新走好“绿水青山”转化为“金山银山”的生态产品价值实现之路提供示范，加快打造绿色金融高地、构建绿色金融服务体系，在碳达峰、碳中和的目标等重大战略部署上，全力发挥区域功能性金融中心在资源配置、风险管理和市场定价方面的支撑作用。建议在服务新发展格局的战略背景下，积极向上争取设立面向长三角地区、长江经济带和沿海发展带的绿色金融、碳金融新型平台，重点为扬子江城市群和江苏沿海地区的绿色低碳经济发展提供系统性金融服务。

第一，要把绿色金融发展融入“双碳”目标实施进程，加快创建南京国家级绿色低碳金融改革创新试验区。在充分尊重金融创新、绿色发展和产业升级的客观规律前提下，参照“长三角生态绿色一体化发展示范区”的绿色金融发展方案，大力发展绿色基金、绿色信贷、绿色担保、绿色债券、绿色保险等绿色金融服务，探索绿色产业和绿色金融融合发展新机制，建立服务大区域的生态产品价值核算平台，打造区域性的绿色金融资产配置中心。参照全国已有的北京、天津、上海、深圳、湖北、广东、重庆、福建等8个碳排放权交易试点的经验做法，力争在南京设立长江下游地区或南京都市圈碳排放交易市场，推动区域性碳交易与国内、国际碳排放权交易市场的衔接。加强与上海国际碳金融中心的合作联动，在与先进的碳交易体系链接过程中扩大碳排放交易市场的覆盖面。针对江苏沿江地区外向型经济发达的特点和外资外贸企业的特殊需求，积极探索与欧盟、日韩等的碳排放配额互换交易的可行性。加快建立新的绿色投资项目和金融产品投资参考和评价机制，探索可复制的绿色发展投融资模式。在坚持市场化主导、风险可控的前提下不断扩展碳中和债券、碳远期、碳排放权抵质押融资等多种创新型碳金融产品规模。

第二，要对照国家绿色金融标准，聚焦战略性绿色低碳产业，提供全周期、全过程的绿色金融服务。综合发挥财政资金撬动作用，加强财政政策和金融政策的协同配合，形成发展绿色金融、绿色经济的政策合力。用好生态环保项目贷款风险补偿资金，为企业开展污染防治、生态保护修复、环保设施建设等项目贷款提供增信和风险补偿。鼓励商业银行加大企业在减碳降碳方面的融资需求支持力度，通过挂钩企业“碳足迹”开展碳核算，科学建构信贷企业和信贷项目在碳排放、碳减排、碳强度等方面综合精准化评级系统。在立足绿色能源、绿色建筑、绿色交通等直接降低碳排放产业的基础上，提高对碳汇、碳捕集技术等负碳产业的识别把控能力，助力企业开展碳技术研发、碳资产管理运营、项目股权投资等业务。着力打造碳产业数字化平台，提供碳产业市场的综合解决方案，探索气候投融资和碳金融应用，创新碳资产证券化，为合格企业提供国家核证资源减排量（CCER）质押、借碳、碳回购等专业化服务。不断优化生态绿色资源与产品的价值实现机制，壮大“双碳”类产业基金，完善政府和社会资本合作（PPP）。加大扩展发行长周期的绿色发展基础设施的公募不动产投资信托基金（REITs）力度，跨区域盘活生态基础设施和存量资产，引导合格境外机构投资者参与“双碳”金融衍生产品战略投资，促进绿色金融产品与国际接轨，整体提升城市与区域绿色发展的效能。

5. 优化金融创新生态环境，不断提升区域金融中心软实力

审视国际国内区域性金融中心崛起的过程，区域中心城市的资本聚集力、产业基础、金融人才和金融服务制度等四大要素起到了决定性的作用，而金融创新的生态环境直接决定着城市金融机构的生长、金融服务的水准、资本市场的活跃度、创投的成效以及金融监管体系的韧性，高级生产要素会对区域金融中心经济增长起到倍增效应，这是城市与区域转型升级的重要特征，也是城市现代化阶段的必然结果。南京在长三角世界级城市群的空间范围内打造重要金融中心，应当充分发挥区位、产业、科教、文化以及生态等方面的综合优势，营造国内一流的金融人才生长环境，加快壮大金融人才队伍，优化金融人才结构，以各类金融服务的专业化、便利化与集成化，展现重要金融中心的比较优势，并有效提升南京城市软实力。

第一，要加大新型金融人才、高端化金融业务人才的引培力度，放大区域性金融人才高地效能。世界上的国际金融中心城市如伦敦、纽约、新加坡等，从事金融业及关联业务的人比例一般为10%左右。但国内一线城市的金融业人口明显偏低，即使是号称国际金融中心的上海占比也只有1%左右。近年来，深圳前海金融中心、杭州科技金融中心快速崛起的实践表明，构建系统性的充满活力的金融人才引培机制，促进金融业高端人才与主导产业、创新的制度环境相配合，快速创造金融新业态新模式新场景，数年内就会把金融业的规模与影响力做起来。针对南京金融业从业人员比例不高、专业金融人才结构不合理等问题，放大紫金山英才计划金融人才项目品牌效应，省市区联动加大对金融领军人才、金融创新人才的支持力度，鼓励在宁金融机构加大引进金融专业人才和紧缺人才。在江北新区金融创新集聚区、南京金融城等载体平台，针对功能性金融中心定位的人才需求，参照深圳、杭州等地对金融创新人才在个税缴纳、子女就学、荣誉供给等方面的支持，进一步健全完善高端专业金融人才培养、评价、激励发展的制度和政策机制，在市级层面形成不同类型、多层次金融人才的弹性政策框架，最大限度激发和释放科创、产业金融人才的活力与创新带动力。

第二，要健全金融发展创新的制度保障体系，加快提升南京区域金融中心软实力。现代金融中心的可持续发展，必须依托良好的金融生态环境，在激发各种金融创新活动的同时，有效防范单个金融机构风险及系统性金融风险，维护金融机构和整体金融系统稳定，如果说区域金融中心的货币（资金）、金融市场规模、金融的深度和广度以及相应的基础设施建设属于有形的、真实存在的“硬实力”，那么金融监管、法律体系、人力资源、营商环境等无形的、非物质性的要素则可称为“软实力”，这种软实力需要一定时间的积累、沉淀，进而成为城市金融发展的特殊引力，对高级生产要素聚集力大幅增强，对区域金融中心的功能升级作用巨大。南京在未来持续提升在长三角、江苏省域以及南京都市圈的金融竞争力，政府部门、金融机构以及社会各方协同在建构多层次、高效能的金融服务体系的同时，还要超前谋划对应的风险防控机制，探索数字化“监管沙盒”，以现代技术完善企业与个人信用体系建设，促进金融中介服务体系的合规运作，不断强化区域金融中心的发展韧性，促进金融发展“软实力”与“硬实力”的一体融合，彰显建设现代化城市金融创新发展的强实力。

（本文系作者主持的南京金融发展促进会2022年度课题报告。课题组成员：李晓天等）

► **链接 5：**

城市更新推动社区适老化改造：现状、挑战与应对

我国人口老龄化程度逐步加深，当前已成为世界上老年人口总量最多的国家。党的十八大以来，以习近平同志为核心的党中央高度重视老龄事业和老龄工作，国家加快出台相关政策和文件，对建设适老化宜居环境，构建老年友好型社会提出了明确要求。党的二十大报告提出“实施积极应对人口老龄化国家战略”，同时强调要提高城市规划建设治理水平，加快转变超大、特大城市发展方式，实施城市更新行动，加强城市基础设施建设，打造宜居、韧性、智慧城市。以高质量发展推进中国式现代化，必须把人民幸福安康作为推动高质量发展的最终目的，老龄事业与养老问题直接关系到全体人民的幸福安康，关系到中国式现代化是否惠及所有群体和每一个人。把握新的要求，依托城镇社区，高质量发展养老事业和养老产业，推动实现全体老年人享有基本养老服务，这是在现代化新征程上对老龄事业发展的更高要求，体现了中国式现代化高品质生活的应有之义。我国的城市化进程进入“下半场”，以城市更新行动来提升城市品质已成为推进高质量发展的必然选择。因此，将积极老龄观、健康老龄化理念融入城市规划建设管理、城市转型更新发展的各方面，着力打造“适老化”的城市宜居环境，是新发展阶段城市建设的新要求。适老化城市建设通过为老年人群的社会活动提供充分的便利，消除老年人进入公共空间、融入社会群体的空间障碍，让老年人有条件、有能力、有尊严地参与到社会生活中，实现老年人的个体价值与幸福。

一 以城市更新推进社区适老化改造的必要性

2002 年，在第二次老龄问题世界大会上，世界卫生组织正式提出“积极老龄化”理念，并将其定义为“提高老年人的生活质量，创造健康、参与、保障（安全）的最佳机遇”，强调了构建住房、设施、环境中适老功能与服务的必要性，以及促进老年人参与活动、实现自我价值的重要性。世界卫生组织 2005 年提出了“老年友好型城市”概念，2007 年颁布了《全球老年友好城市建设指南》，提出了老年友好型城市的建设目标与建设方向，逐步减少老龄化过程中遇到的各种物质与非物质障碍，推动以积极老龄化为目标的城市建设。

中国一直着力推进积极老龄化，并系统实施老年友好型城市建设行动。进入新时代十年，习近平总书记针对积极应对人口老龄化提出一系列新理念新思想新战略，强调要把积极老龄观、健康老龄化理念融入经济社会发展全过程；坚持党委领导、政府主导、社会参与、全民行动相结合，坚持应对人口老龄化和促进经济社会发展相结合。我国积极应对老龄化的政策设计与制度安排的加快实施，为全面建成小康社会和建设社会主义现代化国家起到了强基固本作用。

有效应对我国人口老龄化，事关亿万百姓福祉，事关国家发展全局。在践行新发展理念、推进高质量发展的时代背景下，推进城市更新必须遵循城市发展规律，统筹城市空间功能。我国城市中存有大量老街区、老厂区、老社区，特别是存量巨大的老旧社区，是实现社区居家养老的重要载体和依托。但由于这些老旧城市社区建造年代久远，住区内存在建筑老旧、基础设施落后、服务设施单一、存量空间低效利用等“老龄化”现象，无论从配套功能还是生活环境上，都无法满足数量庞大的老年人未来的基本生活需求。此外，老旧社区内部的高龄化人群居住的特征，进一步增加了社区空间治理的难度。在城市转向内涵式发展的总体背景下，存量空间资源再配置、既有空间使用效能提升成为核心议题，以改善居住环境、应对老龄化社会、增进邻里关系、强调公众参与为目标的渐进式适老化改造是城市更新的一种可持续发展方式。

城市人口的老龄化是城市发展的趋势，老年人口的快速增长已成为一种突出的、持续的、全球的社会现象。我国特有的快速城镇化和快速老龄化交织的特征，加之人口老龄化由“未富先老、未备先老”转向“边富边老、即备即老”，老年人服务需求从保障生存型向品质生活型转变的现实，给同步解决适老化社会需求问题提出了更高要求。在既有住区适老化改造上，以老旧小区为代表的既有住区量大面广，老年人口多，居住条件相对较差。围绕老年人日常使用多、改造意愿强的场所，因地制宜采取改造措施。在新建住区适老化建设引导上，考虑到老龄化趋势日益加深，应提高新建住区的适老化建设标准，在设计阶段考虑预留服务设施空间，确保适老化设施提早布局。

以适老化改造推进老龄友好型城市建设，是城市更新行动的重要内容。近年来，在国家层面的统筹部署之下，我国城市更新内涵不断深化，整体已进入由外部建筑提升转向内部功能提升的阶段。人口结构老龄化、城市社区空巢化、物质环境老旧化的现象，促使城市中年代久远、设施退化、功能滞后的老旧社区成为城市更新治理的重点实践对象。促进城市更新和社区适老化功能改造二者结合，增强制度设计及执行过程中的系统性、协同性，高标准的适老化改造就成为城市更新的重要内容。坚持以人为核心，注重适老化的功能导向，推进城市更新向注重社会效益与可持续的方向转型，有助于城市功能和城市品质的提升，不断满足日益增长的社区支撑的城市养老服务需求。与此同时，针对我国老龄群体的需求结构已经加快实现从生存型向发展型的转变，加快建设基于养老事业和养老产业高质量发展的老龄友好型社会，是提升社会文明程度的可行路径。在“十四五”时期内，在老年友好城市建设框架背景下，针对城市社区中存量空间资源低效利用与适老化空间需求不断增长的配给矛盾，社区适老化改造是老旧社区空间治理、应对社会老龄化的重要手段。以往仅靠物质空间更新的老旧社区改造难以应对老龄化带来的动态、复杂、高难度的治理需求，需转向以空间为载体、以问题为导向的全面强化社会属性的创新治理模式，构建系统性、可持续、全要素的适老化社区支持体系，进而有效地应对我国适老化改造中存在的困境。

新时代的城市更新实践，体现的是以人民为中心的城市建设与治理理念。我国应对快速城镇化和快速老龄化的交织，在高质量发展引领的新型城镇化与城市现代化的进程中，国内城市大力推进老龄友好城市建设，人民城市的理念得到充分体现。在践行新发展理念、转变城市发展方式的行动中，我国应对银发潮的快速来袭，加大对城市空间尤其是社区的适老化改造，带动了各领域各行业适老化转型升级。在高质量发展引领的新一轮城市更新行动中，围绕居家、社区、机构这三个养老服务的主要场域，以及与全生命周期相适应的养老服务需求，发挥家庭、社区和机构的协同作用，促进养老服务形式和养老服务资源配置的优势互补、无缝衔接、融合发展，为社区支撑的居家养老服务提供系统支持，着力构建“15分钟居家养老服务圈”，打通养老服务“最后一公里”已取得明显成效。城镇公共文化设施基本上实现免费为老年人服务开放。推进全龄友好的“完整社区”建设行动，以“一老一幼”为重点，深化社区公共服务理念，完善社区服务体系建设、增强社区服务功能。全面推进居家环境适老化改造，在为城市老年人日常生活提供硬件支持的同时，也营造出尊老敬老的社会环境氛围，较好满足了日益增加的社区养老需求，推进了新时代的老龄友好型城市建设步伐。

老龄社会是现代化国家的重要特征。强化城市更新和适老化功能改造二者结合的共识，增强政策制定及执行过程中的系统性、协同性，让高标准的适老化改造成为城市更新的重要内容，要坚持以人为核心，以适老化为导向，推进城市更新向注重社会效益与可持续的方向转型，更加重视城市功能的发挥和城市品质的提升，不断满足老年人日益增长的养老服务需求。从政策制度、物质空间、社会人文等全维度回应老龄化社区的更新需求，才能在未来面向存量的内涵式发展周期中高效、快速地实现城市的高质量发展与高水平治理。

让城市更新与老龄友好型城市建设结合，必须把社区—居家养老服务体系建设作为重要支撑。伴随着我国的社会养老服务体系建设不断完备，要加快推进居家社区机构相协调、医养康养相结合的养老服务体系构建。在养老服务体系建设的总体思路上，我国经历了“以居家为基础、社区为依托、机构为支撑”①，到“以居家为基础、社区为依托、机构为补充、医养相结合”②，再到“以居家为基础、社区为依托、机构充分发展、医养有机结合的多层次养老服务体系”③，然后到“居家社区机构相协调、医养康养相结合的养老服务体系”④ 的转变。这些变化是基于中国国情、传统养老文化以及老年人不断转变的养老服务需求加以调整的，总体呈现的发展趋势是：一直坚持“居家养老”的基础性地位，但居家、社区、机构之间的服务分割逐渐被关注，更加强调三者间的协同、互动与融合。

江苏作为人口大省，当前已经迈入中度老龄化社会，预计 2030 年全

---

① 2012 年 12 月 28 日，第十一届全国人民代表大会常务委员会第十三次会议修订通过了《中华人民共和国老年人权益保障法》。该发明确确定：国家建立和完善以居家为基础、社区为依托、机构为支撑的社会养老服务体系。参见郑功成、中国社会保障学会编：《中国社会保障发展报告 · 2016》，人民出版社 2016 年版，第 188 页。

② 2012 年以来，我国出台《关于加快发展养老服务业的若干意见》《“十三五”国家老龄事业发展和养老体系建设规划》等 70 多项政策文件，养老服务工作拓展到以居家为基础、社区为依托、机构为补充、医养相结合的养老服务体系建设。参见中华人民共和国国务院新闻办公室：《改革开放 40 年中国人权事业的发展进步》，人民出版社 2018 年版，第 41 页。

③ 2019 年，中共中央、国务院印发《国家积极应对人口老龄化中长期规划》，提出健全以居家为基础、社区为依托、机构充分发展、医养有机结合的多层次养老服务体系。

④ 参见人民出版社编：《中共中央关于坚持和完善中国特色社会主义制度 推进国家治理体系和治理能力现代化若干重大问题的决定》，人民出版社 2019 年版，第 39 页。

省60岁及以上老年人的占比将超过30%，进入重度老龄化社会。面对不断加深的人口老龄化挑战，基于城市化的阶段性特征与践行人民城市理念的要求，必须以城市更新为抓手，积极推动城市建设适老化转型，高质量推进社区适老化改造，打造更有温度的老龄友好城市。江苏省《"十四五"养老服务发展规划》提出基本建成县（市、区）、街道（乡镇）、城乡社区三级养老服务网络，实现居家、社区、机构养老服务融合发展。近年来，结合省情实际，聚焦老年人多层次、多样化的养老服务需求，江苏积极推动养老事业和养老产业协同发展，优先满足基本养老服务需求，建立并完善居家社区机构相协调、医养康养相结合的养老服务体系，提供覆盖城乡、惠及全民、均衡合理、优质高效的养老服务。第七次全国人口普查数据显示，江苏60岁以上老年人口达1850.53万、65岁以上老年人口达1372.65万，占总人口比例分别为21.84%、16.20%，老龄化率达到23.5%，已进入中度老龄化社会。全省常住人口中，居住在城镇人口占73.44%；居住在乡村的人口占26.56%。城市居民老龄化进程加快，促使城市建设开始加快创造适宜老年人生活的环境。老旧社区适老化规划改造对改善老年人的居住环境、提升生活品质，缓解老年人因身体机能衰退导致的生活自理能力差等问题具有现实意义，通过住区的整体适老化规划改造，可以降低老年人在日常生活中面临的不便和危险程度，提升老年人自我照护能力，并减轻子女兼顾工作家庭和照料的压力，促进老人在熟悉、友善、健康、安全和可负担得起的环境中高质量、高品质地持续生活，从而帮助大多数老年人实现居家养老的愿望。① 为此，江苏在"十四五"及今后一段时期，尤其注重把推进城市更新与城市社区的适老化改造进行有机结合，系统谋划适老化和无障碍设施建设，全面推动老龄友好城市建设，并将老龄友好城市作为城市高质量发展测度的重要内容，在此基础上全力部署打造"苏适养老"服务品牌。城市

① 参见包咏菲：《城市更新助力社区适老化改造》，载《群众》2022年第18期。

社区一边连接着对其有充分信任感的老年人，一边连接着各种养老服务供应机构，以社区为平台，以社区老年人养老需求为导向，整合社区周边的养老服务机构为老年人提供服务，从而使社区从直接服务提供者转变为连接需求与供给的平台，进而充分调动社区周边相关机构参与养老服务体系建设的积极性，满足社区老人多样化的养老需求。

二 城市更新提升社区适老化功能的江苏实践

实施城市更新行动，是我国现阶段顺应城市发展规律、贯彻新发展理念、推动城市高质量发展作出的重大战略部署，也是为人民群众创造高品质美好生活空间的民生工程。“人民城市人民建、人民城市为人民”，就是强调城市建设必须把让人民安居、宜居放在首位，让城市现代化建设成果更多、更公平地惠及全体人民，不断增强人民群众的获得感、幸福感、安全感。江苏是我国最早进入老龄化社会的省份之一，也是全国人口老龄化程度较高的省份。新时代的十年，江苏深入实施积极应对人口老龄化国家战略，把积极老龄观、健康老龄化理念融入经济社会发展全过程，积极推进老年人家庭适老化改造、城市无障碍设施建设、养老服务设施完善等，取得了积极显著的成效。2015 年，江苏以“居住宜老、设施为老、活动便老、服务助老、和谐敬老”为理念，在全国率先开展适宜养老住区建设试点示范工作。2018 年，在适老住区的基础上增加宜居内容，提出推进省级宜居示范居住区建设，创建了 400 多个省级宜居示范居住区。2019 年，提出美丽宜居城市建设，将适老化建设工作融入住区综合整治、街区整体塑造、建筑品质提升等试点项目中系统推动。2020 年以来，在全省面上推进城镇老旧小区改造工作，把适老化改造纳入重点改造内容。[①] 2022年12月新修订的《江苏省养老服务条例》坚持问题导向，从加强设施规划、突出家庭赋能、统筹服务资源等方面对推动居家社区养老服务高质量发展的条款内容进行了进一步扩充完善。加强居家和社区养老服务供给，建设“15分钟养老服务圈”，重点完善社区养老服务设施，以住区为核心，统筹布局老年人便民生活、养老服务、健身休闲等设施，形成“住区—街区—社区”联动的格局，持续推动居家社区养老服务提质增效。但是，面对城市快速老龄化产生的新需求，特别是与构建示范性居家社区机构相协调、医养康养相结合的养老服务体系的要求相比，单一的以社区为中心的养老服务支持体系已经难承其重。促进更高层面的城市更新计划与行动，与城市社区的适老化改造相结合，一方面有助于统筹城市空间功能的改造，加快提升老龄友好型城市建设的成效；另一方面则可以通过社区空间的功能细分，以适老化的空间服务与平台建设，实现社区支撑的养老服务水平提升。

城市更新与社区适老化改造结合，不仅加强了社区养老设施配建，也提升了居家养老服务水平。全省按照人均用地不少于0.2平方米的标准，分区分级规划设置养老服务设施。新建住宅小区按每百户不低于20平方米配套建设社区居家养老服务用房，已建成的住宅区按每百户不低于15平方米的标准调剂解决。各地积极推动居家社区养老服务设施“四同步”（同步规划、同步建设、同步验收、同步交付）。有的城市还规定，分期建设的住宅项目，养老服务设施应当于首期配套建成，并积极开展养老服务设施清查行动，对于原本规划为养老服务设施但实际未用于养老服务的，采取限期移交、罚款、置换等方式进行整改。以此为基础，大力发展居家上门服务，采取政府购买服务等方式，引导专业机构组织为有需求的居家老年人提供日常探访、生活照料、助餐助洁、紧急救援、精神慰藉等服务。2022年，江苏全省300万老年人接受居家上门服务，

① 参见包咏菲：《城市更新助力社区适老化改造》，载《群众》2022年第18期。

占比达到16%。为提高居家养老的安全性和舒适性，省政府连续3年将“完成3万户困难老年人家庭适老化改造”列入民生实事，2020—2022年全省完成改造近10万户。省级制定《家庭养老照护床位设置运营规范》，鼓励专业化养老服务机构为居家失能老年人设置标准化家庭养老照护床位，把床位“搬”回家，把服务送上门。目前共建成1.4万张，有效减轻了失能老年人家庭照护的成本和压力。

城市更新与社区适老化改造的结合，优化了社区养老服务设施布局，促进了分布式、多功能、专业化的社区养老服务设施建设。大力发展城市街道综合性养老服务中心，出台建设服务标准，目前全省已建成具备全托、日托、上门探视、紧急救助、综合培训等功能的城市街道养老服务综合体327个，能够较好解决周边3—4个社区老年人的基本养老服务需求。发展社区嵌入式护理型机构，开展社区康复用具租赁试点，积极推广供应主体多元、经营服务规范的康复辅具社区租赁服务模式。常州市在居家适老化改造工作中，抓住庞大的市场需求作为常州市康养服务业特别是康复辅助器具产业的“催化剂”，催生新的经济增长点，推动全国康复辅助器具产业创新和康复辅具社区租赁两项试点取得新的成效。苏州推出“家庭养老夜间照护床位”项目，以“政府引导、市场运作、普惠适用”三项原则，依托有资质的服务机构，在夜间时段将照护服务延伸至老年人家中，为老年人提供更为舒心而全面的养老服务。为了让社区居家养老服务更可及，江苏多地链接资源，探索各具特色的“物业+养老”服务，引导物业管家向养老服务专员转型，加强服务监管，让老人享受更便利的服务。苏州建成一批“原居安老响应中心”，物业企业不仅提供应急、陪伴等养老服务，还参与小区老年人家庭适老化改造等项目，成为居家养老服务“最后一百米”的有效补充。淮安“物业+养老”服务试点社区发挥物业企业人头熟、距离近的优势，建立社区志愿者服务队，为社区老人提供智能看护、紧急救助等服务。

借助城市更新，让构建“十五分钟养老服务圈”成为可能。基于以往“9073”的养老格局，满足90%以上的老年人依托居家社区养老的需求，江苏大力加强居家和社区的养老服务的供给，建设“15分钟养老服务圈”，重点完善社区为老服务设施，以住区为核心，统筹布局老年人便民生活、养老服务、健身休闲等设施，形成“住区—街区—社区”联动的格局，让老年人能享受类型丰富、便捷可达的社区服务和绿色开放、富有活力的公共空间，持续推动居家社区养老服务提质增效。苏州提出“原居颐养”养老服务模式，通过构建“15分钟养老服务圈”，首创“夜间照护”补齐24小时服务链，建设“虚拟养老院”引导社会力量积极参与养老服务等让老年人在原有熟悉的居住环境中颐养晚年，持续推动居家社区养老服务提质增效。扬州已实现日间照料中心、中心厨房城区街道全覆盖，通过医疗机构兴办养老护理机构，借助专业医疗资源在养老机构内设立护理院或医务室，为入住老人提供预防保健、康复锻炼和医疗护理等服务，实现医养融合。目前已初步构建城区“15分钟养老服务圈”，让老年人享有“身边、家边、周边”的居家养老服务，探索出适合扬州老年人的“宜扬养老”路径。“十四五”期间，在“社区安老”理念指导下，江苏进一步织密社区养老服务网络，重点完善社区为老服务设施，打造“15分钟养老服务圈”，实现城市街道综合性养老服务中心全覆盖，具备日托、全托、康复照料、上门服务等功能，让老人在家门口就近获得优质养老服务。

三 城市更新如何应对社区“适老化”新需求

面对不断加剧的人口老龄化趋势，我国积极推进老年人家庭适老化改造、城市无障碍设施建设、养老服务设施完善等，取得了积极成效，为适老化城市建设带来更加迫切的现实需求和建设契机。但与日益增长的老龄人群需求相比，面向高品质生活需求的适老化城市空间建设也面临着诸多复杂性问题和挑战，适老化宜居环境建设仍然存在一些薄弱环节。面对城市快速老龄化产生的新需求，特别是与构建示范性的居家社区机构相协调、医养康养相结合的养老服务体系的要求相比，单一的以社区为中心的养老服务支持体系已经难承其重。促进更高层面的城市更新计划与行动，与城市社区的适老化改造相结合，一方面有助于统筹城市空间功能的改造，加快提升老龄友好型城市建设的成效；另一方面则可以通过社区空间的功能细分，以适老化的空间服务与平台建设，实现社区支撑的养老服务水平提升。从江苏及东部发达地区的实践来看，在城市更新中推进适老化社区改造升级，依然面临一系列新的挑战。

一是满足居家养老需求的适老化城市建设任务艰巨。《江苏省老龄事业发展报告（2022年）》显示，截至2021年末，全省60岁及以上常住老年人口1883.68万人，占常住人口的22.15%，高于全国3.25个百分点；65岁及以上常住老年人口1449.6万人，占比17.04%，高于全国2.84个百分点。根据江苏老龄门户网站对老年人养老方式的调查显示，44%的老年人选择居家社区养老，31%的老年人选择居家自助养老，居家养老选择占总数的75%。现阶段的居家养老模式选择，一方面是由于社会养老机构总体供给不足，导致社会化养老需求难以满足；另一方面是当前社会化养老服务设施与服务水平有待提高，优质养老资源供给不足。因此，在增建和完善养老机构设施与服务的同时，现阶段还必须从实际出发，系统谋划居住区、道路交通、公共建筑和公共空间的适老化和无障碍设施建设，为满足全社会的养老需求，全面推动适老化城市建设。

二是城市适老化改造任务重、难度大，不充分不平衡问题依然突出。城市化快速进程累积了大量错综复杂的"城市病"，城市发展进入存量提质改善的高质量发展阶段。以往的适老化建设工作主要从新建和改扩建项目着手，通过强化建设程序管理，新建设施普遍达到适老化要求。但很多老旧小区建成年代早、建设标准不高，面广量大，普遍面临适老化程度低、基础设施不齐、功能配套不够、公共空间缺少、停车难等老百姓的“急难愁盼”问题。面对人民日益增长的美好生活需要，目前适老化城市建设还存在围绕着适老化设施供给，人民的需求已经从过去解决有无和短缺的刚性问题，转变为对更高品质居住生活向往，即从“能用”到“适用”“好用”，从解决基本需求到满足精神需求，从简单功能到智慧智能的多元功能，适老化城市建设始终应当与经济社会发展的时代需求相适应。但是当前城市建设普遍对于老年人生活、交往、休闲、健身以及精神的高品质需求考虑不足，建筑、公共空间、服务环境等适老化程度不高，设施建设水平还有待提升。

三是适老化城市建设的政策机制亟待创新。城市发展与人民生活，社区是关键承载。增进民生福祉，提高人民生活品质，社区是最直接的可观可感的场景。以建设面向老年人群体高品质生活需求的城市空间为目标，适老化城市建设的政策机制也需要适应老年人养老需求的多元化发展而不断创新。当前在适老化改造的实施过程中，因为一些政策机制的不适应性，增加了改造难度。例如在完善社区养老服务设施过程中，就遇到了空间改造面临土地和规划政策限制、长效运营难以保障等问题。在当前的城市空间格局中，新建社区和既有社区要采取不同建设模式，如商品房小区、城镇老旧小区、老旧街区、城中村等不同类型的社区，需要因地制宜和探索创新。老城区的一些小区可以将若干项目实现设施共享，既避免了空间不足或浪费的问题，也有利于社区服务项目的集成、集约和高效利用。

四是需着力提升城市社区“善治”效能。在以城市更新构建社区“适老化”硬件的同时，还应在社区营建的“软件”上去下功夫。其中最重要的是，利用制度优势深化“邻里社区关系”建设，建构城市社区版的“熟人世界”，确保在遇到公共危机及灾难事件时及时互助相帮，强化普通市民的心理归属感和安全感，共建共享，共鸣共情，不断提升城市“韧性”。要把以人为本具体化具象化细节化，在城市空间设计、公共服务供给、社区环境共建、群体社会交往等各个方面，让所有人感受到温度与尊重，营造出儿童友好、青年友好、老年友好、女同胞友好、外国人友好的城市氛围与自觉行动。参照国际城市的标准，提高无障碍改造水平，在公共停车场、医院、图书馆、酒店等增加无障碍专用车位。推出一批全龄友好公园、全龄友好社区，把老年宜居环境建设作为城市规划与建设的标配。

由此，只有将城市更新、城镇建设与老龄友好城市建设理念有机结合，打造发展模式适合、服务供给适当、情景体验适意，契合经济社会发展阶段特征和广大老年人意愿的宜居环境，从完善机制、标准提升、空间集约、金融支持、智慧应用等维度系统发力，才能加快提升我国城市适老化改造的能级与成效。

四 城市更新提升社区“适老化”成效的路径选择

将积极老龄观、健康老龄化理念融入到城市规划建设管理的各环节、城市转型更新发展的各方面，着力打造老年宜居环境，是以人民为中心城市建设与发展的重要原则。江苏在现代建设新征程上要走在前列、勇挑大梁，必须针对新时代江苏人口老龄化的新形势新特点，坚持以人民为中心，全面贯彻落实积极应对人口老龄化国家战略。

第一，完善部门联动机制，推动适老化建设落地见效。适老化社区更新是一项涉及部门广、工程量大、政策性强、协调困难、实施难度大的综合性治理工程，一方面，同时涉及土地、规划、民生、房管、发展改革委等诸多政府部门出台的多项规划；另一方面，我国由于未制定城市更新法而缺乏推动城市更新健康运行的管理办法，整体政策环境呈现出诸多法规彼此冲突和制约、政策文件缺失和滞后的现象。因此，省级职能部门应加强政策制定过程中的协同性，让适老化制度与城市更新制度相互促进，共同助力适老化更新。居家养老制度作为城市适老化建设的“上位规划”，推动了城市更新的适老化制度设计。而城市更新制度则从调整城市结构、增进城市居住职能等宏观层面，落实存量空间高效利用与整合资源合理配置医养功能的适老化需求，多维度保障适老化更新历程的不断推进。适老化改造涉及多个部门，总体上统筹协调不够，尤其是政策措施亟须系统集成。建议推动市（县）成立老龄友好城市建设工作领导小组，建立各司其职、各尽其责的跨部门协同机制。将适老化宜居环境建设列入国民经济和社会发展五年规划，编制适老化宜居环境建设三年行动计划，细化建设任务和实施时序，各部门统筹推进实施。建议考虑以“整合＋扩充”的原则，将涉及适老化更新的城市发展、养老、土地、规划文件、实施管理条例等各类政策进行整合，创新构建基于资金筹措、长期照护、更新模式、综合治理和责任规划五大类的综合更新政策平台。省级层面先行试点成立统一协调机制机构，负责适老化改造工作。此外，需要协同社会福利制度的完善，政府、企业、科研院校和居民多方力量参与适老化更新的制度设计，让居民积极参与、确保公私多方合作。此外，应进一步将高龄困难老年人保障、家庭适老化改造、居家上门服务、区域性养老服务中心建设、适老化宜居环境建设等纳入高质量发展监测指标和民生实事，纳入地方高质量发展考核和文明城市评选的重要内容，形成齐抓共管、统筹推进的管理机制。通过考核指挥棒，督促各地切实加大养老服务体系建设力度。

第二，以城镇社区为更新单元推动“老龄友好”场景实在化。在城市存量活用和团地再生阶段，适老化更新要针对地域内低效利用的存量空间进行资源整合，着力改善老旧化的居住环境实现老龄友好型社会需求。城市社区一边连接着庞大的居家养老群体，一边连接着各种养老服务供应机构。以社区为平台，以社区老年人养老需求为导向，整合社区周边的养老服务机构为老年人提供服务，从而使社区从直接服务提供者转变为连接需求与供给的平台，进而充分调动社区周边相关机构参与养老服务体系建设的积极性，满足社区养多样化的养老需求。在社区层面，建议以现有社区空间结构为基础，调配整合所有存量空间资源，通过对其更新模式的适宜性评价，嵌入医疗、介护、保健、娱乐等普惠服务，在全面覆盖社区老年人多层次需求的基础上实现存量空间的可持续再生。

在社区层面，建议以现有社区空间结构为基础，调配整合所有存量空间资源，通过对其更新模式的适宜性评价，嵌入医疗、介护、保健、娱乐等普惠服务，在全面覆盖社区老年人多层次需求的基础上实现存量空间的可持续再生。在未来养老体系重心“下沉”，社区支持的居家养老服务成为新趋势的情况下，必须大力加强社区支撑居家的养老服务供给。通过市场之手扶持培育居家养老上门服务机构和企业，大力发展以生活照料、康复护理、精神慰藉等上门服务为主要内容的居家养老服务，从而满足大多数老年人居家养老、在家中有尊严老去的精神需求。在具备条件的老城区，建设综合护理系统支撑的现代养老社区。在未来的实践中，坚持家庭医疗、社区护理和在地终身工作的理念，在住宅区中建立依托智能服务网络化系统的社区医疗福利基地，使养老服务惠及全社区。帮助老年人就医，指导社区养老服务机构通过签约合作、与医疗卫生服务机构开展医疗康复合作等方式提供医养结合服务，满足老年人对养老服务和医疗卫生服务的双重需求。

要进一步织密街道、社区、小区衔接有序、功能互补的三级社区养老服务网络，构建“15 分钟生活圈”。民政部门应加强社区级养老服务设施建设，提供多层级、多类型的养老服务，将养老服务圈纳入城市 15 分钟社区生活圈统筹建设，提升社区养老服务设施覆盖率。文化、教育部门要加强社区老年文化活动、老年学校等设施建设。自然资源部门应加强用地保障，鼓励建设具备文体娱乐、生活照料、保健康复等功能的社区综合为老服务中心，可与社区服务中心综合设置，将无障碍设施建设要求纳入规划许可。

在加快老龄友好的硬件支撑体系与软件服务体系，与全面高质量发展的同步对应的同时，还要彻底扭转将老龄化社会视为“社会老化”的传统认知，促进老年人的角色转变，让积极老龄化行动突破以往“养老育幼”的局限，向全人群、全生命周期拓展，着力营造“全龄友好型”的制度环境和“不分年龄人人共建共治共享”的社会氛围，在全社会树立起老龄化是现代文明体现、是一种新的社会形态的全新认知。

第三，进一步完善老龄事业发展投入政策和融资机制。当前，居家社区养老适老化改造项目仍属于政府的惠民工程，资金主要来自政府公共财政预算。但在实际推进工作中，面对老龄化快速发展而产生的巨大需求，当下的政府资金投入远远不够。与此同时，民间资本的实质性参与尚处在起步阶段。政府要进一步加大资金投入，统筹整合涉及老旧小区改造各类项目资金，重点支持适老化设施改造。鼓励小区居民通过自筹捐资、使用房屋维修基金、提取住房公积金、让渡小区公共收益等方式，出资参与适老化改造提升。探索设立养老服务产业引导基金，搭建投融资对接服务平台，引导和撬动社会资本加大投入。存量更新项目周期长、伴有连锁性、需要资金量大，项目进行中容易受到市场或者政策的影响。通过税费减免、提升金融服务、“代建租用”运营补贴与奖励机制等政策，以市场化机制吸引社会资本参与加装电梯、养老设施等建设改造运营。在引入社会力量方面，按照谁受益、谁出资的原则，鼓励社会资本参与适老化改造。通过投资改造，社会资本获得小区公共空间和设施的经营权，提供物业服务和增值服务，可采取提供专业化物业服务、“改造＋运营＋物业”等方式。对于改造难度大、盈利难的住区，通过大片区统筹、跨片区多个小区组合等方式，鼓励社会资本以“投资＋设计＋施工＋运营”的方式参与改造。

为了避免经营的高风险，建议借鉴日本完善的租赁住房市场发展经验，以及改造旧建筑的租赁型适老化社区模式，开展中国特色存量用地市场运营机制，对于自持物业资产体量巨大的大型国有企业，可通过将这些存量资产证券化，发行REITs、类租金证券产品等方式，将原本流动性很低的房地产投资变成资本市场上的证券资产交易。

第四，高起点统筹养老事业和养老产业协同发展。我国城市的养老事业和养老产业协同正处在优化发展的关键时期，需要更加有为来破解协同发展不足，通过理念重塑、路径选择和机制重构的改革创新，形成养老事业和养老产业良性互动的新格局，推动江苏养老事业和养老产业协同的高质量发展。在养老事业和养老产业协同发展的机制重构方面，要借鉴发达国家和地区的成功经验。一是构建准市场筹资机制。充分利用免、补、创政策，以“政府购买服务”和“服务补贴”为主要形式，用政府的筹资作为杠杆，撬动市场资源，起到筑巢引凤的作用。二是需要统筹兼顾适老化改造的社会效益与经济效益，注重事业链、产业链、价值链在新社区空间的运营。鼓励市场和社会力量的更大力度介入，发挥市场主体作用，建设多层次养老服务体系，扩大多样化、个性化的养老服务和产品供给，逐步建立和完善住区适老化改造的多元化专业服务体系，激发养老服务消费市场活力。三是要抓住机遇，创新长期护理保险制度，让长期护理保险制度落地实施，对居家养老起到源头活水作用。以长期护理保险制度嵌入社会集体参与的介护服务，推行社区居家养老，扩展专业化服务运营，明确城市更新的重点是空间改善背后的社会效益与公平和可持续发展，在物质空间改造的基础上加强空间资源再生与社会公共产品与服务的有机连接，以“细分市场”原则进行存量更新。

在养老产业高质量发展上，要突出产业聚集。养老产业具有突出的特点：投入大、利润低、风险高、投资回收期长，发展养老产业首先要解决聚集度的问题，通过政府规划、政策引导，进一步突显养老产业聚集的区域平台，用清单制梳理和整合规划、土地、住房、财政、投资、融资、人才等各种相关政策，把相关政策用足。如培育适老化改造企业，促进适老化产业形成；如未来重点推进智能养老服务机器人产业发展。其次是解决养老产业的盈利商业模式，引导企业到养老领域自主创业，营造好养老产业生态圈，同时，强化养老服务人力资源支撑。加快养老服务人才职业体系建设，健全养老服务从业人员权益保障、职业培训、考核定级、特殊岗位津贴等政策制度，增强从业吸引力。

第五，完善城市更新中的养老设施建设与服务标准。目前，国家相关部委、中国工程建设标准化协会等行业协会以及部分省市均制定了有关老年人服务设施、无障碍设施、住宅适老化改造等标准规范。既有标准规范存在更新换代不及时、概念界定不一、设施配置和划分标准存在差异等问题，例如《城镇老年人设施规划规范》《社区老年人日间照料中心建设标准》《城市居住区规划设计标准》等都涉及社区老年人服务设施配置要求，但各标准之间衔接不畅。另外，从广度和深度上，涉及适老化环境建设、适老化改造与设计等领域的国家标准规范缺失，建设实施上位依据不明晰。国家层面针对老年人的规范标准主要集中在养老设施及建筑方面，面对大量居住在老旧住区中居家养老的老年人，针对他们居住环境的适老化改造只有改造项目清单，对于改造相关技术没有统一规范和标准的指导。此外，涉及老人活动及安全等问题，在改造实施后一旦出现问题很容易引发纠纷，这也在一定程度上阻碍了适老化改造的规模化推进。

因此，需要进一步加强与适老化城市建设相关的标准体系化，减少“空白”和“盲区”，从住宅内、小区内延展至城市空间范围，如制定针对公共空间、公共设施的适老化改造与设计、适老化环境建设的标准。地方标准的制定应考虑与国家标准的衔接，考虑存量改造和新建设施间的对接协调，制定通用标准的细化导则和专项导则，如在居家适老化改造通用标准规范基础上，制定菜单式改造的专项指南、设计图集等，为改造实施提供技术支撑。要加快养老服务领域标准的制修订工作，亟需构建统一的养老服务质量标准、等级评定与认证体系，鼓励地方和社会组织制定养老服务领域标准，用标准规范引导养老服务机构发展，以其刚性要求最大程度保障群众利益，推动养老服务实现高质量发展。建议市场监督部门制定“标准文本”质量体系，建立健全适老化改造标准体系，建立老旧住宅区的住宅内部及公共服务设施区域无障碍改造标准，建立老街区、老厂区适老化改造标准体系，制定适老化改造产品质量安全标准，制定适老化服务标准，结合智慧化进程以及老龄群体特点制定智能产品系统或平台应用的国家标准。

第六，加强智慧助老设施建设，提升智能化服务水平。数字化时代新兴技术的发展，为应对老龄化挑战提供了新的机遇。利用新一代信息技术，优化养老资源的配置效率，提升养老服务质量，对于解决养老供需矛盾，驱动健康养老治理变革，为推进积极老龄化提供科学、精准的决策依据，推动健康养老产业高质量发展，激发银发经济新动能具有重要意义。要进一步加大政策对智慧养老的支持力度。随着数字技术与人工智能的广泛应用，智慧健康养老行业正在从探索期进入快速发展期，需要构建创新协同的工作机制和标准化共享体系，促进行业规范化发展。完善部门协同工作机制，建立面向智慧健康养老的跨部门、跨区域协调机制。探索业态模式，拓展智慧创新应用。鼓励并引导企业、社会主体，立足自身资源优势，面向老年人健康养老需求，探索形成多种可持续造血的业态模式。创新智慧应用场景，在居家、社区、机构基础上结合老年人深层次需求在精神文明、娱乐互动等方面拓展智慧化应用场景，探索使用VR/AR、人工智能等技术在康复护理、疾病预防、安全监测的普及应用。探索智慧化科技在养老服务培训中的应用，提升家庭养老照护者的服务水平。此外，加快已有的智慧养老服务平台升级优化，并下沉至社区内的居家养老服务中心，将智慧养老服务平台作为智慧养老综合体的核心。依托强大的数字技术优势，建立起集数据库、服务平台、功能系统、辅助系统等于一体的综合性信息化养老服务平台，支撑起社区居家养老服务“供应链”。

（本文系江苏省决策咨询研究重点基地课题“城市更新推动社区适老化改造的对策研究”的成果。课题主持人：李程骅。课题组成员：包咏菲等）

主要参考文献

［1］中共中央马克思恩格斯列宁斯大林著作编译局编译：《马克思恩格斯文集》（第2卷），人民出版社2009年版。

［2］中共中央文献研究室：《毛泽东文集》（第6卷），人民出版社1999年版。

［3］《邓小平文选》（第2卷），人民出版社1994年版。

［4］《习近平谈治国理政》（第1卷），外文出版社2018年版。

［5］《习近平谈治国理政》（第2卷），外文出版社2017年版。

［6］《习近平谈治国理政》（第3卷），外文出版社2020年版。

［7］中共中央党史和文献研究院：《习近平关于城市工作论述摘编》，中央文献出版社2023年版。

［8］习近平：《高举中国特色社会主义伟大旗帜 为全面建设社会主义现代化国家而团结奋斗——在中国共产党第二十次全国代表大会上的报告》，人民出版社2022年版。

［9］习近平：《在纪念孔子诞辰2565周年国际学术研讨会暨国际儒学联合会第五届会员大会开幕会上的讲话》，人民出版社2014年版。

［10］习近平：《决胜全面建成小康社会 夺取新时代中国特色社会主义伟大胜利——在中国共产党第十九次全国代表大会上的报告》，人民出版社2017年版。

［11］中共中央党史和文献研究院编：《十九大以来重要文献选编》（上册），中央文献出版社2019年版。

［12］中共中央党史和文献研究院编：《十九大以来重要文献选编》（中册），中央文献出版社 2021 年版。

［13］中共中央党史和文献研究院编：《十九大以来重要文献选编》（下册），中央文献出版社 2023 年版。

［14］［美］曼纽尔·卡斯特：《网络社会的崛起》，夏铸九、王志弘等译，社会科学文献出版社 2001 年版。

［15］［美］哈瑞·穆迪、［美］詹妮弗·萨瑟：《老龄化》，陈玉洪、李筱媛译，江苏人民出版社 2018 年版。

［16］费孝通：《美好社会与美美与共》，三联书店 2019 年版。

［17］周晓虹：《文化反哺：变迁社会中的代际革命》，商务印书馆 2015 年版。

［18］厉以宁、程志强：《中国道路与人口老龄化》，商务印书馆 2018 年版。

［19］韩振秋：《老龄化问题应对研究——基于科学与社会的视角》，知识产权出版社 2018 年版。

［20］林宝：《积极应对人口老龄化：内涵、举措和建议》，中国社会科学出版社 2021 年版。

［21］胡澎、郭佩：《日本"积极老龄化"的经验及启示》，中国社会科学出版社 2022 年版。

［22］罗荣渠：《现代化新论——世界与中国的现代化进程》，商务印书馆 2004 年版。

［23］［美］约瑟夫·奈：《注定领导世界：美国权利性质的变迁》，刘华译，中国人民大学出版社 2012 年版。

［24］倪鹏飞、［秘鲁］马尔科·卡米亚：《全球城市竞争力报告（2020—2021）》，中国社会科学出版社 2023 年版。

［25］许嘉璐：《中华文化的前途和使命》，中华书局 2017 年版。

［26］［德］雅斯贝斯：《历史的起源与目标》，魏楚雄译，华夏出版

社 1989 年版。

［27］［美］费正清、费维恺主编：《剑桥中华民国史：1912—1949 年》（下卷），刘敬坤等译，中国社会科学出版社 1993 年版。

［28］［美］罗伯特 · E. 帕克等：《城市社会学》，宋峻岭等译，华夏出版社 1987 年版。

［29］［阿根廷］丝奇雅 · 沙森：《全球城市——纽约、伦敦、东京》，周振华等译，上海社会科学院出版社 2005 年版。

［30］［美］莎伦 · 佐金：《城市文化》，张廷佺、杨东霞、谈瀛洲译，上海教育出版社 2006 年版。

［31］［美］艾伦 · J · 斯科特：《城市文化经济学》，董树宝、张宁译，中国人民大学出版社 2010 年版。

［32］［美］安东尼 · 奥洛姆、［美］陈向明：《城市的世界》，上海人民出版社 2005 年版。

［33］包亚明：《后大都市与文化研究》，上海教育出版社 2005 年版。

［34］鲍宗豪：《国际大都市文化导论》，学林出版社 2010 年版。

［35］曾军：《创意城市：文化创造世界》，格致出版社、上海人民出版社 2010 年版。

［36］单霁翔：《从“功能城市”到“文化城市”》，天津大学出版社 2007 年版。

［37］单霁翔：《文化遗产保护与城市文化建设》，中国建筑工业出版社 2009 年版。

［38］高汝熹、吴晓隽：《上海大都市圈结构与功能体系研究》，三联书店 2007 年版。

［39］黄鹤、吴良镛：《文化规划：基于文化资源的城市整体发展策略》，中国建筑工业出版社 2010 年版。

［40］［加］简 · 雅各布斯：《美国大城市的死与生》，金衡山译，译林出版社 2005 年版。

［41］江波、史晓婷：《日本城市与城市文化》，中国社会科学出版社 2011 年版。

［42］刘士林：《风泉清听：江南文化理论》，上海人民出版社 2010 年版。

［43］［美］刘易斯·芒福德：《城市发展史——起源、演变和前景》，宋俊岭等译，中国建筑工业出版社 2005 年版。

［44］［美］刘易斯·芒福德：《城市文化》，宋俊岭等译，中国建筑工业出版社 2009 年版。

［45］［美］马里奥·盖德桑纳斯：《X－城市主义——建筑与美国城市》，中国建筑工业出版社 2006 年版。

［46］［英］迈克·费瑟斯通：《消费文化与后现代主义》，刘精明译，译林出版社 2000 年版。

［47］［英］迈克·詹克斯等：《紧缩城市——一种可持续发展的城市形态》，中国建筑工业出版社 2004 年版。

［48］孙逊、杨剑龙：《都市空间与文化想象》，上海三联书店出版社 2008 年版。

［49］汪德华：《中国城市设计文化思想》，东南大学出版社 2009 年版。

［50］王军：《城记》，生活·读书·新知三联书店 2003 年版。

［51］王宁：《全球化与文化》，北京大学出版社 2002 年版。

［52］王旭、黄柯克：《城市社会的变迁——中美城市化及其比较》，中国社会科学出版社 1998 年版。

［53］奚洁人：《世界城市精神文化论》，学林出版社 2010 年版。

［54］薛晓源、曹荣湘：《全球化与文化资本》，社会科学文献出版社 2005 年版。

［55］杨东平：《城市季风——北京和上海的文化精神》，新星出版社 2006 年版。

［56］杨汝万：《全球化背景下的亚太城市》，科学出版社 2004 年版。

［57］叶辛、蒯大申：《城市文化研究新视点：文化大都市的内涵及其发展战略》，上海社会科学院出版社 2008 年版。

［58］张鸿雁：《城市文化资本论》（第 2 版），东南大学出版社 2010 年版。

［59］郑也夫：《城市社会学》，中国城市出版社 2002 年版。

［60］周振华：《世界城市：国际经验与上海发展》，上海社会科学院出版社 2004 年版。

［61］赵伟：《城市经济理论与中国城市发展》，武汉大学出版社 2005 年版。

［62］郑京淑：《现代跨国公司的区位体系与世界经济》，中山大学出版社 2004 年版。

［63］陆铭：《空间的力量》，格致出版社 2013 年版。

［64］纪晓岚：《论城市本质》，中国社会科学出版社 2002 年版。

［65］纪宝成等：《创新型城市战略论纲》，中国人民大学出版社 2009 年版。

［66］江曼琦：《城市空间结构优化的经济分析》，人民出版社 2001 年版。

［67］李程骅：《商业新业态：城市消费大变革》，东南大学出版社 2004 年版。

［68］李程骅：《城事论衡》，中国建筑工业出版社 2013 年版。

［69］李程骅：《优化之道：城市新产业空间战略》，人民出版社 2008 年版。

［70］李程骅：《中国城市转型研究》，人民出版社 2013 年版。

［71］李程骅：《城市与区域创新发展论》，中国社会科学出版社 2014 年版。

［72］李程骅：《文化自信》，江苏人民出版社 2019 年版。

［73］李程骅：《现代服务业推动城市转型研究》，中国社会科学出版社 2017 年版。

［74］李丽萍：《国际城市的理论与实践》，新华出版社 2005 年版。

［75］李庆余、周桂银等：《美国现代化道路》，人民出版社 1994 年版。

［76］李江帆：《中国第三产业发展研究》，人民出版社 2005 年版。

［77］李彦军：《中国城市转型的理论框架与支撑体系》，中国建筑工业出版社 2012 年版。

［78］李培林：《当代中国城市化及其影响》，社会科学文献出版社 2013 年版。

［79］厉以宁：《转型发展理论》，同心出版社 1996 年版。

［80］厉无畏，王振：《创新型城市建设与管理研究》，上海社会科学院出版社 2007 年版。

［81］罗荣渠：《现代化新论——世界与中国的现代化进程》，北京大学出版社 1993 年版。

［82］陆铭：《空间的力量：地理、政治与城市发展》，格致出版社 2013 年版。

［83］倪鹏飞等：《南京城市国际竞争力报告》，社会科学文献出版社 2011 年版。

［84］倪鹏飞：《中国城市竞争力理论研究与实证分析》，中国经济出版社 2001 年版。

［85］饶会林：《城市经济学》，东北财经大学出版社 1999 年版。

［86］屠启宇：《谋划中国的世界城市：面向 21 世纪中叶的上海发展战略研究》，上海三联书店 2008 年版。

［87］王兴中等：《中国城市社会空间结构研究》，科学出版社 2000 年版。

［88］王兴平：《中国城市新产业空间：发展机制与空间组织》，科学

出版社 2006 年版。

[89] 王旭、黄柯可主编：《城市社会的变迁》，中国社会科学出版社 1998 年版。

[90] 王旭：《美国城市史》，中国社会科学出版社 2000 年版。

[91] 魏后凯等：《中国区域协调发展研究》，中国社会科学出版社 2012 年版。

[92] 吴奇修：《资源型城市竞争力的重塑与提升》，北京大学出版社 2008 年版。

[93] 吴良镛：《人居环境科学导论》，中国建筑工业出版社 2001 年版。

[94] 吴忠民：《渐进模式与有效发展——中国现代化研究》，东方出版社 1999 年版。

[95] 吴维平等编译：《多维尺度下的城市主义和城市规划——北美城市规划研究最新进展》，中国建筑工业出版社 2011 年版。

[96] 武廷海、于涛方、李郇：《城市与区域规划研究：城市化模式转型》（第 5 卷第 2 期）（总第 14 期），商务印书馆 2012 年版。

[97] 谢芳：《美国社区》，中国社会出版社 2004 年版。

[98] 谢文惠、邓卫编著：《城市经济学》，清华大学出版社 1996 年版。

[99] 夏杰长、李勇坚等：《迎接服务经济时代来临——中国服务业发展趋势、动力与路径研究》，经济管理出版社 2010 年版。

[100] 肖林、王方华：《中国都市圈服务经济与全球化竞争策略》，格致出版社 2008 年版。

[101] 叶南客、李程骅：《中国城市发展：转型与创新》，人民出版社 2011 年版。

[102] 杨重光、梁本凡：《中国城市经济创新透视》，中国社会科学出版社 2002 年版。

[103] 姚士谋、朱英明、陈振光等：《中国城市群》（第二版），中国科学技术大学出版社 2001 年版。

[104] 姚为群：《全球城市的经济成因》，上海人民出版社 2003 年版。

[105] 尹继佐：《世界城市与创新城市》，上海社会科学院出版社 2003 年版。

[106] 于洪俊、宁越敏：《城市地理概论》，安徽科学技术出版社 1983 年版。

[107] 尤建新等：《创新型城市建设路径的思考：上海与深圳的比较》，清华大学出版社 2007 年版。

[108] 张志宏：《后危机时代城市经济转型与深圳案例研究》，社会科学文献出版社 2011 年版。

[109] 张颖熙：《城市转型与服务业发展：国际经验与启示》，载《中国服务业报告 No. 8》，社科文献出版社 2010 年版。

[110] 朱晓青、寇静：《北京现代服务业的现状与发展路径研究》，经济管理出版社 2011 年版。

[111] 朱英明：《城市群经济空间分析》，科学出版社 2004 年版。

[112] 周一星：《城市地理学》，商务印书馆 1995 年版。

[113] 周振华：《上海迈向全球城市：战略与行动》，上海人民出版社 2012 年版。

[114] 周振华：《城市转型与服务业经济发展》，格致出版社 2009 年版。

[115] 周长城：《经济社会学》，中国人民大学出版社 2003 年版。

[116] 洪银兴：《中国式现代化论纲》，江苏人民出版社 2023 年版。

后　记

加快构建中国特色哲学社会科学的学科体系、学术体系、话语体系，是新时代哲学社会科学工作者的重要使命和责任担当。本书定名《中国式现代化区域创新论》，即是从中国式现代化理论逻辑和实践要求出发，运用区域发展、城市社会学与管理学等相关学科的理论，对新发展理念引领的我国区域协调发展战略、新型城镇化战略等进行多维度观照，并重点以江苏"区域样本"的生动实践探索，来验证中国式现代化道路的深厚根基、强大动能与光明前景，力求为构建上述的"三大体系"贡献一己之力。

本书主要内容是在2019年到2023年完成的，重点是围绕"区域创新"的新方略新路径新实践进行理论与学术阐释，涉及经济、文化、社会等多个领域，相关论文在国内知名的学术杂志先行刊出。党的二十大确立了中国式现代化的使命与任务，强调中国式现代化既有各国现代化的共同特征，更有基于自己国情的中国特色，创造了人类文明新形态。作为长期研究区域发展战略与城市化战略的学者，我便有了对照中国式样现代化的鲜明特征与本质要求，撰写、整理出"中国式现代化与区域创新发展"著作的想法。随后，基于原来的研究内容与框架基础，又集中完成了绪论"在中国式现代化理论逻辑中推进区域创新"与前两章"中国式现代化视域下区域协调发展的新方略新路径""中国式现代化区域新实践：范式转变与动能提升"的写作，由此形成了本书现在的逻辑结构与内容支撑，以求搭建一个研究中国式现代化区域创新发展的分析框架与话语体系。

以“中国式现代化新道路”和“中国式现代化的理论体系与实践要求”为总体观照，在以人为本的新型城镇化战略以及城市群、都市圈的一体化发展的时代命题之下，从空间与人、政府与市场、文化与经济等视角来系统分析探讨新时代区域创新的原则、方向、动能与路径等，是本书作为学术著作的重要追求。先行完成的论文在《江海学刊》《江苏社会科学》《天津社会科学》《学海》《江苏行政学院学报》《江南大学学报》等知名学术期刊上刊发后，产生了一定的反响，其中的篇章还被《新华文摘》《中国社会科学文摘》等转载转摘。特别需要说明的是，本书的第三、第四章都涉及了扬子江城市群的研究，其中第三章《“中国式现代化新道路”的生动实践与重要支撑》的主要内容，原为本人已经出版的著作《扬子江城市群与区域一体化战略研究》（中国社会科学出版社2021年版）的“绪论”部分，后充实完善刊发在《江南大学学报》2021年第5期，并被《新华文摘》全文转载，被《中国社会科学文摘》转摘。第四章是在《扬子江城市群与区域一体化战略研究》著作出版后，本人感觉意犹未尽，又以扬子江城市群为样本，进一步阐发中国特色城市群现代化道路的价值引领与实践进路，文章刊发在《江海学刊》2022年第2期。这两章内容，着力探讨中国式现代化新道路上“中国情景”城市群与区域一体化发展的模式、路径，嵌入本书的结构体系之中，期待对现代城市群、都市圈空间一体化趋势下的区域创新具有实践启示作用。

本书的各章内容及相关论文，也是本人近年承担的国家与省级重大、重点课题所完成的学术成果，这些课题主要为江苏社科重大项目“江苏沿江协同发展与扬子江城市群建设研究”、中央“马工程”重大项目暨国家社科基金特别委托项目“全面建成小康社会的文化方略研究——改革开放以来江苏文化强省建设的实践探索与启示”子项目、国家社科基金中国历史研究院重大招标项目子课题“近代长三角地区中国式城镇化的经验启示研究”等。参与课题调研的团队主要成员有南京大学胡小武副教授，南京市社科院吴海瑾研究员、郑琼洁研究员，江苏省委党校房冠辛副教授等。群众杂志社江苏群众工作研究基地的李佳婧、何乐、贾潇潇、段培华、包咏菲等参与了部分课题的调研工作。我在南京大学社会学院指导的博士生庞飞、刘心怡、张钒等参与了多个课题的调研工作。其中的部分课题成果论文，是和胡小武、庞飞、刘心怡、张钒等联名发表的。没有他们的参与和支持，相关课题是无法如期完成的。

在书稿即将交付出版之际，要感谢江苏省习近平新时代中国特色社会主义思想研究中心、江苏省中国特色社会主义思想理论体系研究中心、江苏省社科联和江苏省社科规划办的持续学术支持，感谢当代中国出版社王茵副总编对本书编辑出版的付出。让我们踏着龙年的春光远行，为构建中国特色的哲学社会科学话语体系精耕细作，不断奉献出无愧于时代的学术成果。

2024年仲春记于金陵牛首河畔